高等职业教育"十二五"创新型规划教材

统计学原理

主　编　谢景文　吴小平

主　审　彭友华

副主编　武　超　蒋　琼

北京理工大学出版社
BEIJING INSTITUTE OF TECHNOLOGY PRESS

版权专有　侵权必究

图书在版编目(CIP)数据

统计学原理/谢景文,吴小平主编. —北京:北京理工大学出版社,2010.7 (2019.8 重印)
　ISBN 978－7－5640－3717－8

　Ⅰ.①统…　Ⅱ.①谢…②吴…　Ⅲ.①统计学-高等学校-教材　Ⅳ.①C8

　中国版本图书馆 CIP 数据核字(2010)第 164489 号

出版发行 / 北京理工大学出版社	
社　　　址 / 北京市海淀区中关村南大街 5 号	
邮　　　编 / 100081	
电　　　话 / (010)68914775(办公室)　68944990(批销中心)　68911084(读者服务部)	
网　　　址 / http://www.bitpress.com.cn	
经　　　销 / 全国各地新华书店	
印　　　刷 / 北京虎彩文化传播有限公司	
开　　　本 / 710 毫米×1000 毫米　1/16	
印　　　张 / 15.25	
字　　　数 / 286 千字	责任编辑 / 王玲玲
版　　　次 / 2010 年 7 月第 1 版　2019 年 8 月第 11 次印刷	责任校对 / 周瑞红
定　　　价 / 39.00 元	责任印制 / 边心超

图书出现印装质量问题,本社负责调换

前　　言

本书是高职高专职业技术教育财经类、经济类专业基础课程教材，以教育部教高〔2006〕16号文件《关于全面提高高等职业教育教学质量的若干意见》为指导，按照高等职业教育高素质人才培养目标与要求编写，吸取了以往高职高专教材的成功经验，反映了教研教改成果。

本书以通俗易懂的文字阐述了统计学的基本理论和基本方法，其主要特色是：①文字精练、通俗易懂；②图文并茂，案例简单明了，涉及范围广；③实践性强；④每章配有习题。

为了更好地满足教学需要，我们组织了具有丰富教学经验及很强实践技能的优秀教师编写，本书由谢景文、吴小平担任主编，由武超、蒋琼担任副主编。第1、5、7章由怀化职业技术学院吴小平编写；第2、6章由怀化职业技术学院蒋琼编写；第3、4章由怀化职业技术学院武超编写；第8、9章由怀化职业技术学院谢景文副教授编写。

本书在编写过程中得到了彭友华的大力支持和关心，李启秀、朱周华等多位同仁提出宝贵意见，在此表示衷心的感谢！

本教材授课学时建议为60学时，其中理论授课48学时，实践实训12学时。

由于时间紧迫，编者水平有限，书中难免出现疏漏和不妥之处，希望广大读者给予批评指正！

编　者

目 录

- 第1章　总论 ·· 001
  - 第一节　统计的产生和发展 ·· 001
  - 第二节　统计工作过程和研究方法 ··· 007
  - 第三节　统计工作的任务 ·· 010
  - 第四节　统计学中几个基本概念 ·· 012
- 第2章　统计调查 ··· 022
  - 第一节　统计调查的意义、要求和种类 ·································· 022
  - 第二节　统计调查方案 ··· 025
  - 第三节　问卷调查 ·· 027
  - 第四节　统计调查方法 ··· 032
- 第3章　统计整理 ··· 043
  - 第一节　统计整理的意义和步骤 ·· 043
  - 第二节　统计分组 ·· 045
  - 第三节　分配数列 ·· 049
  - 第四节　统计表和统计图 ·· 053
- 第4章　总量指标与相对指标 ··· 064
  - 第一节　总量指标 ·· 064
  - 第二节　相对指标 ·· 072
- 第5章　平均指标 ··· 091
  - 第一节　平均指标的意义和作用 ·· 091
  - 第二节　平均指标的种类和计算方法 ····································· 092
  - 第三节　平均指标的应用 ·· 104
  - 第四节　标志变异指标 ··· 106
- 第6章　时间数列 ··· 120
  - 第一节　时间数列的概念和种类 ·· 120
  - 第二节　时间数列的水平指标 ··· 123
  - 第三节　时间数列的速度指标 ··· 130
  - 第四节　时间数列的长期趋势和季节变动分析 ······················· 133
- 第7章　统计指数 ··· 146
  - 第一节　指数的概念和种类 ·· 146
  - 第二节　总指数的编制 ··· 148

第三节　指数体系与因素分析 ………………………………… 156
　　第四节　平均指标变动的因素分析 ……………………………… 162
　　第五节　几种常用的经济指数 …………………………………… 166
第 8 章　抽样调查 ……………………………………………………… 179
　　第一节　抽样调查概述 …………………………………………… 179
　　第二节　抽样误差与抽样估计 …………………………………… 187
　　第三节　样本容量的确定 ………………………………………… 197
　　第四节　全及指标的推断 ………………………………………… 200
第 9 章　相关分析与回归分析 ………………………………………… 211
　　第一节　相关关系 ………………………………………………… 211
　　第二节　相关分析 ………………………………………………… 214
　　第三节　线性回归分析 …………………………………………… 221
　　第四节　非线性回归分析 ………………………………………… 228
参考文献 ………………………………………………………………… 237

第1章 总论

【教学目的和要求】

了解社会经济统计学的学科性质、研究对象和国家统计的职能、统计研究的基本方法,重点掌握统计学中的几个基本概念。

【重点和难点】

统计研究的方法,总体、总体单位、标志、指标、变量、变量值的概念和作用。

第一节 统计的产生和发展

一、统计的含义

统计作为一种社会实践活动已有悠久的历史。在外语中,"统计"一词与"国家"一词来自同一词源。因此,可以说自从有了国家就有了统计实践活动。最初统计只是为统治者管理国家的需要而搜集资料,弄清国家的人力、物力和财力,是管理国家的依据。

今天,"统计"一词已被人们赋予多种含义,因此很难给出一个简单的定义。在不同场合,统计一词可以具有不同的含义。它可以是指统计数据的搜集活动,即统计工作,也可以是指统计活动的结果,即统计数据资料,还可以是指分析统计数据的方法和技术,即统计学。

(一) 统计工作

统计工作,是指利用各种科学方法,对现象的总体数量特征进行搜集、整理、分析和研究等工作过程的总称。统计工作在人类历史上出现比较早。随着历史的发展,统计工作逐渐发展和完善起来,使统计成为国家、部门、事业和企业、公司和个人及科研单位认识与改造客观世界和主观世界的一种有力工具。统计工作,可以简称为统计。例如,国家统计机构进行的国情国力基本情况的调查,营销人员对产品所作的市场供求情况调查，等等。这些活动都属于统计工作。

（二）统计资料

统计资料，就是统计实践活动所取得的各种信息，其中主要是反映统计对象总体数量特征的数字资料。不管是个人、集体和社会，还是国家、部门和事业、企业、公司及科研机构，都离不开统计数据资料。个人要进行学习、工作和家政管理，需要对有关的统计数据资料进行搜集和分析，以指导自己的学习、工作和生活；公司和企业要管理好生产和销售，必须进行市场调研、生产控制、质量管理、人员培训、成本评估等，这就需要对有关的生产资料、市场资料、成本资料、人员资料、质量数据等进行搜集、整理、分析和研究。

（三）统计学

一般来说，统计学是对研究对象的数据资料进行搜集、整理、分析和研究，以显示其总体的特征和规律性的学科；是统计工作的经验总结，是一门认识社会和自然现象的方法论科学。

显而易见，统计工作的好坏直接影响统计资料的数量和质量，其关系是统计活动过程与活动结果的关系；统计学与统计工作又存在一种理论与实践的双向作用关系。

二、统计学的产生和发展

统计是适应社会发展和国家管理的需要而产生和发展的。统计发展的历史包括统计实践活动的发展历史和统计理论的发展历史两个方面。

我国统计实践活动的历史比较悠久，萌芽于远古时代。"结绳记事""刻木记数"可以说是最原始的统计。在我国，根据历史记载，夏禹时代"平水土，分九州，计民数"，进行了我国最早的人口调查，分中国为九州，人口1355万，土地2431万顷[①]，唐朝有"计口授田"的统计计算，等等。在国外，古代埃及、希腊和罗马的历史中也有许多类似的记载。公元前3050年左右，埃及为了规划金字塔的建筑和建立大型农业灌溉系统，曾先后调查了全国人口状况。

到资本主义社会，生产力得到了迅速发展。统计活动逐步发展成为一个独立的部门，在内容和方法上成为完整意义上的统计活动，并逐步形成了工业、农业、商业、交通、邮电、海关、银行、保险等分支专业的统计。20世纪后半期，又先后出现了国民经济统计、社会统计、科技统计等指标体系，使统计的内容趋于系统化。概率论和其他数学方法的引入，使统计方法更加科学，更加完善。在现代社会，各国的统计标准日益协调，统计的发展日益国际化，统计信息处理手

---

① 1顷=66 666.67平方米。

段日益现代化。从统计学的产生和发展过程来看，可以把统计学划分为古典统计学、近代统计学和现代统计学三个时期。

（一）古典统计学时期

古典统计学时期是指17世纪中叶至18世纪末统计学的萌芽时期，当时分为记述学派和政治算术学派。

1. 记述学派

记述学派又称国势学派，产生于18世纪。所谓国势学就是以文字来记述国家的显著事项的学说，提出这一学说的学派称为记述学派，又叫国势学派，它的发源地是德国。由于当时在德国许多大学里讲授国势学这门课程，故又称为德意志大学教授学派。记述学派主要代表人物为康令（H. Conring，1606—1681）和阿亨瓦尔（G. Achenwall，1719—1772）。

最早讲授国势学的是康令，他在德国赫尔莫斯达德大学讲授"欧洲最近国势学"，奠定了国势学的基础。阿亨瓦尔在哥廷根大学开设"国势学"课程，其主要著作为《欧洲各国国势学概论》，内容研究"一国或多国的显著事项"。国势学派在研究各国的显著事项时，主要是用对比分析的方法研究关于国家组织、人口、军队、领土、财产等国情、国力，以比较各国实力的强弱，在研究时偏重事物性质的解释，而不重视数量的分析。

这个学派是歌颂普鲁士君主政体的。随着资本主义的发展，对数量关系的计算变得越来越需要，该学派发生了分裂，分化出表式学派，并逐步发展为政府统计。

国势学派所研究的是历史学的组成部分，属实质性的社会科学。

这一学派对统计学的贡献是：

（1）阿亨瓦尔在1749年首先提出"统计学"这一学科名词，它把"国势学"称为"Statistics"，即"统计学"，这个名词一直沿用至今。

（2）提出了统计学的一些术语，如"统计数字资料""数字对比"等。国势学派主要用对比方法研究各国实力的强弱，在对比方面是比较成功的。

2. 政治算术学派

政治算术学派产生于17世纪中叶，其发源地在英国伦敦，代表人物是威廉·配第（W. Petty，1623—1687），配第写了著名的《政治算术》一书，书中用大量的数字对英、法、荷三国的经济实力进行比较，采用了与过去不同的方法，用数字、重量和尺度来表达他想说的问题。马克思对威廉·配第评价很高，认为他是"政治经济学之父，在某种程度上也可以说是统计学的创始人"。

政治算术学派的另一代表人物是约翰·格朗特（J. Graunt，1620—1674），他利用政府公布的人口变动资料，写了一本统计著作《关于死亡表的自然和政治的观察》。首先提出通过大量观察，男女婴儿出生比例是比较稳定的，创造性地编制了初具规模的"生命表",对各种年龄的死亡率与人口寿命作了分析。

政治算术学派是用计量方法研究社会问题,运用大量观察法、分类法以及对比、综合、推算等方法解释与说明社会经济生活。他们在自己的著作中初具规模地建立了社会经济统计的研究方法,但由于受历史、经济等条件的限制,在很大程度上还处于统计核算的初期阶段,只能以简单、粗糙的算术方法对社会经济现象进行计量和比较。

政治算术学派虽然以数字表示事实,但它还未从政治经济学中分化出来,这一学派所探讨的规律,都是用数字表示的社会经济规律,所以也属于实质性的社会科学。

(二) 近代统计学时期

近代统计学时期是指 18 世纪末到 19 世纪末,在这个时期统计学又形成了许多学派,其中最主要的有数理学派和社会学派。数理统计学派产生于 19 世纪中叶,其奠基人是比利时的生物学家、数学家和统计学家阿道夫·凯特勒。凯特勒认为统计学既研究社会现象又研究自然现象,是一门独立的方法论科学。他把概率论引入统计学,根据大数定律的原理,利用统计观察资料计算和研究社会现象和自然现象的数量规律性,并用于预测未来的情况,从而开创了统计理论和实际应用的一个新领域。社会统计学派产生于 19 世纪后半叶的德国,其主要代表人物是恩格尔和梅尔。社会统计学派在一定意义上是政治算术学派的继续,他们认为统计学是一门社会科学,是研究社会现象变动原因和规律性的实质性科学。统计学所研究的是社会总体而不是个别的社会现象,由于社会现象的复杂性和总体性,必须对社会现象总体进行大量的观察和分析,研究其内在的联系,才能反映社会现象的规律性。

(三) 现代统计学时期

现代统计学时期是指 20 世纪初到现在,在这个时期中,数理统计在随机抽样的基础上建立起了推断统计的理论和方法。它是一种以随机抽样为基础推论有关总体数量特征的理论和方法,导源于英国数学家哥塞特的小样本 t-分布理论。其后费希尔对其进行充实,波兰统计学家尼曼等人加以发展,并建立了统计假设理论。其后,美国统计学家瓦尔德对统计学中的估计和假设理论予以归纳,创立了决策理论。美国的科克伦等在 1957 年提出实验设计的理论和方法,拓宽了统计学的范围。与此同时,社会经济统计学在俄国十月革命后逐步建立和发展起来。其学术渊源来自古典统计学和凯特勒确定的近代统计学,且受社会统计学派的影响。该学派认为统计学是一门独立的社会科学,它在与质的方面的密切联系中,研究大量社会现象的数量方面,研究社会发展规律在具体时间、地点、条件下的数量表现。20 世纪 60 年代以后统计学的发展趋势是:随着数学的发展,统计学越来越广泛地运用数学方法,成为通用方法论科学;统计学的新的分支和以统计学为基础的边缘科学不断形成,其应用日益广泛和深入,电子计算机技术被引进统计领域,统计学的面目为之一新。当前,现代统计学仍处于不断的发展之中。

三、统计学的研究对象及其特点

(一) 统计学的研究对象

统计是从量的方面对社会经济现象进行观察研究的,即统计的认识对象是社会经济现象的数量方面。虽然统计是研究社会经济现象的数量方面,但它对现象数量方面的研究并不是孤立进行的,而是在质与量的相互联系中研究量的,如果离开了事物质的方面,为研究量而研究量,那就不是统计学了。统计研究事物数量方面的目的,在于通过对事物量的方面的观察和量变规律的研究,逐步把握事物的质和对事物质的方面的认识。统计学的研究对象是大量的社会经济现象的数量特征和数量关系,即通过社会经济现象在时间、地点、条件下的数量表现、数量关系及数量界限来揭示其规律性。由于统计学与统计工作是理论与实践的关系,因此,二者的研究对象应该是一致的,即统计工作的对象也应是大量的社会经济现象的数量方面。

(二) 统计学研究对象的特点

统计的研究对象具有以下特点。

1. 数量性

统计的认识对象是宏观事物的数量方面,即数量多少、现象之间的数量关系、质量互变的数量界限等。

(1) 数量的多少。数量的多少主要是指现象在数量方面的绝对数量值的多少,如某企业职工人数为 2 000 人,某月工资总额为 340 万、某年销售收入为 9 600 万元等。数量的多少可以使我们了解现象的规模或水平。

(2) 现象之间的数量关系。社会经济现象之间并不是孤立的,而是相互依存、相互制约、相互影响地存在和发展的,如产量和成本的关系、价格和销售的关系、流动资金和利润的关系等。

(3) 质变的数量界限。统计学所研究的数量方面,绝不是纯数量上的分析,而是在质与量的密切结合中的数量。即必须在质与量的统一中,研究社会经济现象的数量方面,才能正确地反映经济现象的数量规律。

社会经济现象的质量和数量两个方面是辩证统一的。要了解事物的存在和发展并掌握其变化规律,就必须分析、研究事物的量的方面及其发展规律性在具体的时间、地点、条件下的数量表现。认识事物的数量表现，是深入把握事物的质量的前提和基础。例如，一个国家的人口数量、结构和分布，国民财富的数量、构成和利用情况，国民经济的规模、发展速度、人民生活水平等数字，都是反映该国家基本国情、国力的基本方面。通过一系列统计指标对这些基本情况有所了解，才可能对该国家有一个客观的认识。

从另一个角度看，要准确反映事物的数量方面，又要求对所研究现象的质有一个基本的认识。例如，要计算国民生产总值指标，首先要对国内生产总值所反映的国民经济总量有一个基本认识，根据这种认识，才能正确界定国内生产总值的计算口径、范围和方法，也才能得出较为准确的国内生产总值的数据。正是在这种与质量研究相结合的过程中，社会经济统计才成为人们认识客观事物的得力工具。

2. 总体性

总体性也称大量性。统计学是要研究社会经济现象总体的数量方面，是从宏观的角度认识社会经济现象量的方面，如国民经济总体、社会总体、地区总体、部门总体等，当社会经济统计认识这些总体时，需要通过对组成这些总体的个别事物量的认识来达到对总体的认识，但认识这些个别事物的量的方面并不是社会经济统计的最终目的。例如，人口总体是一定时间点上一定地区或一个国家所有具有生命现象的个人的总和，它就是人口统计的研究客体人，在人口统计研究中，并不是要去认识个别人的数量和状况，而是通过人口总数人口性别构成、人口年龄构成、人口民族构成、人口职业构成、出生率、死亡率等指标来描述人口总体的状况。人口统计如此，其他社会经济统计也是这样。又如调查职工的文化程度，目的不在于了解个别职工的文化程度，而是要反映一个地区、一个部门、一个单位职工在文化程度上呈现出的总体数量特征。

3. 具体性

统计学要研究的是具体事物的数量方面，而不是抽象的量，这是统计学与数学的一个重要区别。数学研究客观世界的空间形式和数量关系时，具有高度的抽象性，可以撇开所研究客体的具体内容；而统计所研究的量都是客观现象在具体时间、具体地点、具体条件下的具体数量的表现，而不是抽象的量。如2007年，我国国内生产总值达到24.66万亿元，比2002年增长65.5%，年均增长10.6%，从世界第六位上升到第四位；全国财政收入达到5.13万亿元，增长1.71倍；外汇储备超过1.52万亿美元。全国粮食连续四年增产，2007年产量达到50 150万吨。2007年进出口总额达到2.17万亿美元，从世界第六位上升到第三位。这些数据都是客观存在的数量特征，反映了2007年我国经济发展的规模和水平，离开了具体时间、地点和条件的数字，不是统计数字。

4. 变异性

统计研究现象总体的数量特征，其前提就是总体中各单位的数值表现存在差异。

例如：职工的年龄、身高、月收入等方面都有所不同。

正是由于这些差异的存在，才需要调查每个职工的情况，也就是说，有差异才需要统计。如果每个事物的特征都相同，也就不需要统计了。

第二节　统计工作过程和研究方法

一、统计工作过程

一项统计工作通常要经过许多部门、地区和单位的密切协作和相互配合才能完成。参加该项工作的各方面、各环节形成密集的统计网络。一般来说，任何一个部门、单位或个人不可能完成一项大型调查工作的全部，而只能从事其中某一个或几个环节的具体工作，而每个环节的工作又将影响整个工作的全过程。一般来讲，一项完整的统计工作可分为四个阶段，即统计设计、统计调查、统计整理和统计分析。

（一）统计设计

统计设计，是根据统计研究对象的特点和研究的目的、任务，对统计工作的各个方面和各个环节的通盘考虑和安排，并制订出可行方案，以指导实际工作。它是统计认识过程的第一阶段，即定性认识的阶段。统计设计之所以必要，是因为统计是一项需要高度集中统一的工作，没有预先的科学设计、没有具体的工作规范，就难以达到预期的目的。因此在一项大规模的统计活动开始前，必须进行统计设计。具体内容：确定统计研究的目的和任务；确定统计指标和指标体系；确定统计分类和分组；制订统计调查与整理方案；根据统计调查、整理和分析的要求设计统计表；确定统计工作各环节的工作进度和时间安排，并做好各有关方面的配合、协调工作；其他方面的工作安排。

（二）统计调查

统计调查，是根据统计研究的对象和目的要求，根据统计设计的内容、指标和指标体系的要求，有计划、有目的、有组织地搜集统计原始资料的工作过程，是统计认识过程的第二个阶段，是定量认识的阶段。统计用数字说话，而各种统计数字都直接来自于统计调查，管理者和决策者都需要根据大量翔实的统计信息进行管理和决策，科研工作者也需要根据统计调查得到的资料进行科学研究。调查是统计的基础，没有调查，就没有发言权。调查的方式主要有统计报表制度、普查、抽样调查、典型调查、重点调查等。

（三）统计整理

统计整理，是指根据统计研究的目的，将统计调查得到的原始资料（和次级资料）进行科学的分类和汇总，使其条理化、系统化的工作过程，是统计认识过程的第三阶段。这个阶段的主要任务就是为统计分析阶段准备能在一定程度上说明总体特征的统计资料。但在实际工作中，统计整理、统计调查和统计分析并非总是截然分开的，而是相互交织在一起的，它是统计调查的继续，也是统计分析的开始。统计调查和统计整理都是一种定量认识活动。

（四）统计分析

统计分析，是统计认识过程的最后阶段，是在统计整理的基础上，根据研究目的和任务，利用科学的统计分析方法，对统计研究对象的数量方面进行计算、分析的工作过程。统计认识的结论要从分析中得出，因此，这一阶段虽然是对统计资料的计算分析，但其目的却是要揭示统计研究对象的状况、特点、问题、规律性等，所以这是统计认识的定性阶段。

因此，从认识的顺序来看，统计设计、统计调查、统计整理和统计分析这四个阶段，是从定性认识开始，经过定量认识，再到定性认识的循环往复的过程。统计认识过程的这四个阶段的划分，在很大程度上只是理论上的、相对的；在实践中，统计工作过程是很难这样分开的。

二、统计研究的基本方法

统计学研究对象的性质和特点，决定着统计学的研究方法。在统计工作的各环节上又有着不同的工作内容和要求，这就需要使用与之相适应的各种不同的专门研究方法。当然，同一种研究方法可以用于不同的研究对象。这里所讨论的是统计学研究中使用的最基本的方法。

（一）大量观察法

大量观察法是指统计在研究社会经济现象的数量方面时，必须对总体现象中的全部或足够多的个体单位进行观察和研究，以消除个体单位的偶然性差异，使现象的数量表现显示出必然的状态和特征来。社会经济总体现象是复杂的，它是在各种错综复杂的因素影响下形成的，总体中的个体之间存在着数量上的差异，如果统计仅对少数个体进行观察，就会失之偏颇，得不出合乎实际的结论来。概率论证明：随着观察次数的逐步增多，样本指标和总体指标之间的离差将缩小，样本平均数将逐步逼近总体平均数，样本的分布将逐步趋同于总体的分布。因此，只有被观察的个体"足够多"的时候，才能消除偶然因素影响造成的误差，样本对总体才有足够的代表性，用样本指标推断总体指标时，才具有较高的可靠性。"足够多"意味着样本容量要比较大，理论认为，样本容量 30 以上为大样本。但在实际中，人们为了确保统计结果的可靠性，往往选取更多的个体进行观察，具体数目可由抽样原理计算确定。

（二）统计分组法

社会现象是千差万别的，决无完全相同的现象，但是，有些社会现象在某一方面可能有共同之处，根据统计研究的目的与需要，可以按其相同点把所研究的对象划分为不同类型或不同组别。"相同者合并，不同者分开"。可以选择不同的分组标准对总体进行不同的分组以反映总体的构成和现象之间的依存关系。例如，要研究我国国有企业的有关情况，选择"企业规模"为标准进行分组，结果可以反映国有企业中大、中、小型企业的数量和比例；选择"盈亏状况"进行分组，可以观察国有企业的亏损面及亏损额，发现问题的严重性，等等。

（三）综合指标法

所谓综合指标法，就是根据大量观察获得的资料，计算、运用各种综合指标，以反映总体一般数量特征的统计分析法。通常使用的综合指标主要有总量指标、相对指标、平均指标、变异指标等。这些指标各自从不同的角度对总体的特征进行刻画，将其结合运用，可以更加全面、深入地分析社会经济总体现象的数量方面。如某地区的人口数、土地面积、国内生产总值、产业结构、居民收入水平及变动程度等都是通过综合指标来反映。

（四）时间数列分析法

这是一种分析社会经济现象在较长时间内发生、发展情况及变化趋势的统计方法。一般来说，现象在较长历史时期内，会发生较大的变化，这种变化是受多种因素影响形成的，这些因素有些是可以量化、可以预期的，有些是难以或不能量化和预期的，前者可以用统计的方法进行分析，而后者则不能。影响时间数列变化的因素主要有长期趋势、季节变化、循环波动、偶然性因素等。通过适当的方法对这些因素进行必要的测算和分析，是统计研究的重要方面。

（五）指数分析法

现象的总体是复杂的，其发展变动受其构成要素变动的影响，但这些构成要素往往不可以直接相加，很难进行直接的观察比较，因此需要逐个因素进行分析，分析它们的变化对总体变动的影响程度和影响方向。例如，多种不同类型商品价格的总变动受各种商品价格变动的影响，多种产品总成本的变动受每种产品单位成本变动的影响，社会劳动生产率的变动受各部门、各行业劳动生产率变动的影响，等等。指数分析法就是用来解决此类问题的。

（六）相关分析法

现象是复杂的，同时现象之间也是相互联系的。有些现象相互间存在着确定的联系，当某一现象变动一定量时，相关现象随之变动，且变动的量是确定的。比如在价格既定的条件下，鲜蛋的销售量和销售额之间的关系，就是确定的联系。但有些现象之间存在的是一种不确定的联系，如施肥量和作物产量之间的关系、工业品生产批量和单位成本之间的关系、人们身高和体重之间的关系等，这些现象之间的关系是密切的，但却是不固定的。它们相关的程度和方向是视情况不同而不同的，相关分析就是要研究这些现象之间相互关系的程度和方向，为对现象之间关系的进一步研究分析奠定基础。

（七）抽样推断法

抽样推断法，是指按照随机原则从总体中选择一部分单位进行调查，并根据登记结果对总体的数量特征做出有一定正确性和一定把握性的估计的统计方法。这种方法主要用于难以进行全面调查的场合（如总体规模巨大或总体为无限总体等）和不宜或不能进行全面调查的场合（如对部分工业品质量性能的破坏性试验等）。当然在可以进行全面调查或进行其他非全面调查的场合，抽样调查仍然具有独到特点。比如人口调查，可以用普查的方法取得全面资料，也可以用抽样的方法推断全面的情况。抽样推断所依据的虽然是少数单位的情况，但其目的却在于取得总体的数量特征。目前，抽样的方法在经济、社会、医疗卫生、体育、科研等许许多多的领域中都得到了广泛的应用，而且在各种非全面统计调查方法中居于主导地位。

第三节 统计工作的任务

一、统计在国民经济核算中的作用

（一）统计是认识世界的一种有武器

人们要改造世界，就必须认识世界。要认识世界，无论是认识自然界还是认识人类社会，都离不开统计。因为统计是为了反映客观实际而进行的一种活动，而其活动的目的正是为了解决对客观世界的正确认识。例如，天气预报只有在搜集了大片地区的气象数据和经过统计方法处理后，才有可能提高预报的准确程度；一种新药也只有依靠大量临床服用的反馈数据及应用统计方法，才能确定其疗效的高低；国家经济的发展是否存在比例失调以及经济效益好坏的确定，都有赖于大量统计资料的提供和正确统计方法的应用，等等。这些例子充分说明，人们要更好地认识世界就必须借助于统计这个工具。统计作为对客观世界的一种基本的认识工具，反映了人类认识活动的一般特征和规律，即从定性认识到定量认识，从对个体的认识到对总体的认识，从静态的认识到动态的认识，从对历史、现状的认识到对未来的认识，从对"量"的一般认识到对"量"的规律性认识。人们按照这一认识活动规律的要求，进行正确的社会经济活动，以获取最佳的社会经济效益，达到认识世界、改造世界的目的。所以，社会经济统计成为人们认识社会的一个强有力的武器。

（二）统计是获取有用信息的主要手段

统计学的方法是自然科学、工程技术、社会经济等各个研究领域和工作部门进行数量分析的基本手段，是从大量资料中提取有用信息的工具。

人们当今生活的世界，是广泛运用统计数据的世界，是信息的时代。现代社会越发展，科学技术越进步，对获取大量的、灵敏的、可靠有用的信息的需求就越加迫切。

统计信息更是社会经济信息的主题，商品生产与交换越发展，经济越开放、搞活，就越需要有健全的、发达的现代化统计工作，以便能够及时地调查、分析和提供准确、丰富的统计数据，以作为人们进行生产经营活动和科学研究的向导。统计在管理决策和进行决策控制过程中所起的作用具体表现为：①统计是制定决策的依据，要进行科学的决策，就必须掌握及时、准确、全面的统计信息，信息不准确或不全面都有可能导致决策的失误；②统计为决策提供科学方法，对占有的大量统计信息进行加工整理，把原始信息变为决策信息，并对决策方案进行评论、论证，以便选出最优方案；③统计也是决策控制的手段，要对决策的实现进行有限控制，就要对决策实施情况进行信息反馈，并依据反馈信息对决策方案进行调整或修订。

（三）统计服务与监督作用

我国的统计工作必须为社会主义经济建设服务。统计是通过各种统计信息的提供来发挥它的服务作用的。要努力实现统计服务的优质化，这就要求它从广度和深度两个方面加强工作。从服务的广度上说，统计在坚持为各级领导机关服务的同时，要更好地为社会各界和科学研究部门服务，为对外交流服务，以多种多样的方式提供资料和咨询、办好开放式统计，实现统计信息社会化。从服务的深度来看，要适应各方面的不同要求，及时提供准确的系统，使用统计数据，并力求提高统计分析报告水平，预测经济发展趋势和提出决策性建议。

统计不仅要起到服务作用，而且要发挥监督作用。统计监督有两种：一是通过统计调查、统计分析和统计预测，指出社会经济生活中存在的问题，揭露矛盾，提出建议，供各级领导决策和采取措施时参考，这实际上也是一种高层次的服务，服务之中有监督；二是对虚报、瞒报统计数字，伪造、篡改统计资料的违法行为进行监督。

二、统计工作的任务

（一）进行统计调查、统计分析

统计的首要任务是进行统计调查，以获取所需要的统计信息。统计调查是指按照统计调查制度规定的调查目的、调查内容、调查方法、调查组织方式等，向统计调查对象搜集原始统计资料的活动。通过统计调查取得统计资料是统计工作的基础和直接目的。统计分析，是指运用统计分析方法和技术手段，对已经取得的统计资料进行深入、系统的比较和研究，以获得对经济社会运行规律、内在联系和发展趋势等方面认识的活动。

（二）提供统计资料和统计咨询意见

统计资料，是通过统计调查、统计分析所取得的、反映国民经济和社会发展情况的各种数据信息。统计资料既包括统计调查取得的原始资料，也包括整理、分析后获得的综合统计资料。政府统计机构和有关部门应当依照本法和国家有关规定及时向政府、其他有关部门提供统计资料，并应当按照规定定期公布统计资料。统计咨询意见，是指在已有统计资料的基础上，对国民经济和社会发展情况进行综合分析、专题研究，为政府管理和决策提供参考意见和对策建议。提供统计资料和统计咨询意见，是统计工作的重要任务。

（三）实行统计监督

统计监督是指在统计调查中取得统计资料并进行分析的基础上，对国民经济和社会运行情况、趋势等进行定量检查、监测和预警，以保障和促进经济、社会全面协调、可持续发展。统计监督是对统计信息和咨询职能的进一步拓展。

第四节 统计学中几个基本概念

统计学在研究社会经济现象的时候，经常要使用到一些基本的概念，理解这些概念的含义，将有利于本书各章节的学习。

一、统计总体和总体单位

由许多性质相同的个别事物组成的整体，叫统计总体，简称总体。组成总体的性质相同的个别事物，叫总体单位，简称单位，也叫个体。个体的同质性，是构成统计总体的必要条件，性质相异的个体是不能组合成总体的。统计上所讲的单位同日常生活中所说的单位并不完全相同，它可以是一个人、一家企业、一所学校、一件产品等。如"全国高等学校"是一个总体，则全国的每一所高校都是总体的一个总体单位，这时的"单位"同日常生活中所说的单位，其意义是相同的。但如果把"全国总人口"作为一个总体，那么，每一个具有中华人民共和国国籍的公民都是其中的总体单位，这时的"单位"同平常所说的单位就不一样。因此，我们可以概括出统计总体的特征如下。

（一）同质性

同质性是要求构成总体的各个具体单位在某一方面要有共同的性质。例如，在研究我国工业企业发展情况时，全国所有的工业企业便构成统计总体，该总体各单位的共性是"从事工业生产经营活动"，凡从事非工业生产活动的企业就不能成为该总体的总体单位。同质性是构成统计总体的基础，是统计研究的前提条件，如果没有这个基础和前提，统计汇总和分析就没有任何意义。

（二）大量性

大量性即总体应该由为数众多的单位构成。因为统计研究的目的是要揭示现象发展变化的趋势和规律，而这种趋势和规律只能在大量事物的普遍联系中表现出来，所以只有通过大量的偶然性才能表现出必然性来。例如，我们不能以个别学生成绩的变化情况来说明和评估整个班级成绩的变化情况。因为影响各个学生成绩变化的因素是不一样的，带有一定的特殊性和偶然性。只有组成总体的个体足够多，这种特殊性和偶然性因素的影响才趋于相互抵消，才有可能显示出必然性来。

（三）差异性

差异性即构成总体的各单位除了某一方面或几方面性质相同以外，必须在其他方面存在着差别，这是统计的必要条件。例如，在调查我国工业企业的情况时，在我国工业企业这个总体中，每一个工业企业除了具有"工业生产经营活动"的共性外，其他方面如生产规模、职工人数、销售额等数量表现是不相同的，也不可能是完全相同的。

总体按其包含的单位数目是否可数分为有限总体和无限总体。如果一个总体的单位是可数的，我们称为有限总体，否则是无限总体。社会经济统计所研究的大多是有限总体。如某厂职工人数、某市工业企业个数、某市总人口数等都是有限总体。而某种野生动物的数量是难以确定的，则可以称为无限总体。对无限总体无法进行全面调查。

总体和单位的这种关系不是永远固定不变的，而是随着研究目的和研究对象的变化而变化的，即总体可能成为单位，单位也可能成为总体。例如：调查全市各县的工业生产情况时，总体是全市的所有县，总体单位是每个县；而调查某个县的工业生产情况时，总体是该县的所有工业企业，总体单位是每个工业企业。从上面两个例子可以看出，对某个县来说，在第一个调查任务中，它是总体单位；而在第二个调查任务中，它则是总体。

二、标志和指标

（一）标志

标志是说明总体单位特征的名称或概念，有数量标志和品质标志之分。说明总体单位数量特征的名称或概念，叫做数量标志；说明总体单位属性特征的名称或概念，叫做品质标志。例如，人口总体中的每一个人都有年龄、性别、身高、体重、民族、受教育程度等方面的特征，这些特征使得某个人同其他人区别开来。这里，年龄、身高、体重等是数量标志，而性别、民族和受教育程度等是品质标志。各种标志都有自己的标志表现，数量标志表现为具体的数值，如在人口研究中某人的年龄28岁、体重70千克等，这里的28和70都是标志值；品质标志表现为对特征加以描述的文字，如民族的"汉"、性别的"男"等。

（二）统计指标

1. 统计指标的概念

统计指标是反映同类社会经济现象某种综合数量特征的范畴，它表明现象总体在具体时间、地点、条件下的综合数量表现。一个完整的统计指标应包括指标名称、指标数值、指标计量单位、指标所属的时间和空间范围等要素。例如2008年我国国民总收入302 853.4亿元，2008年末全国总人口为132 802万人等，都反映了具体、翔实、丰富的社会经济信息。但人们在理论上使用的统计指标通常只是一个指标名称，如国内生产总值、耕地面积、居民储蓄额、人口密度等。

2. 统计指标的特征

（1）可量性。统计指标是对现象的某种综合数量特征进行概括而形成的科学范畴。但不是所有作为概括现象的范畴都能形成统计指标，只有那些能用数字加以计量的范畴才有可能被称为统计指标。例如国内生产总值、从业人数、税收总额等。那些无法用数字加以计量的范畴，就不能成为统计指标。例如股份制企业的组织形式、筹资方式等就不是统计指标。可见，凡是统计指标都必须用数字加以计量。

（2）综合性。统计指标是反映总体综合数量特征，其数值既是同质总体各单位某一数量标志值的总计，又是各单位某一数量标志值的差异综合。所以凡是统计指标都是综合指标，都是说明总体综合数量特征的。

（3）具体性。统计指标是反映具体现象在具体时间、地点、条件下的具体数量特征，而不是抽象的现象、概念和数字，它是指特定的现象，包含着特定的时间、空间、内容和计量单位，因而不存在脱离具体内容的统计指标。

3. 统计指标的类别

统计指标按其表现形式不同分为绝对数指标、相对数指标、平均数指标。绝对数指标反映现象的总规模和总水平，如人口总数、总产出、工资总额、增减量等。相对数指标反映现象之间的对比关系，如发展速度、经济比例等。平均数指标反映现象总体内部各单位的一般水平，也可以反映发展的平均水平和平均速度，如粮食平均亩产量、平均年龄、平均发展速度等。

指标按其反映现象的内容不同可以分为数量指标和质量指标。数量指标反映现象的绝对量的多少，如工业总产值、利税总额等。质量指标反映现象间的数量关系，如各种相对数和平均数等。

指标按其所反映现象的时间状况不同分为静态指标和动态指标。静态指标反映既定时间上现象的规模、水平、数量关系等，如一般平均数、绝对数和许多相对数等。动态指标反映现象在不同时间内发展变化的情况，如序时平均数、发展速度、增长速度等。每一类别的统计指标都有详细的分类研究，这将在本书的不同章节分别予以阐述。

4. 指标和标志的关系

指标和标志是一对相关的概念，它们有区别也有联系。指标是说明总体数量特征的，标志是说明总体单位特征的，统计指标都表现为具体的量，具体的数值，不论是数量指标还是质量指标。标志说明总体单位的特征，数量标志能用数值表示为一定的量，但品质标志只能用适当的文字来表达。凡是和总体对应的都是指标，凡是和单位对应的都是标志。但由于总体和单位的关系是相对的，不是绝对的，因此当总体和单位的地位发生了变化的时候，指标和标志的地位也会随之发生相应的变化，即总体变成单位的时候，原说明总体特征的指标就变成新情况下的说明单位特征的标志了；反之，当单位变化成总体的时候，原说明单位特征的数量标志就成了新情况下的说明总体特征的指标了。

三、变异和变量

如果某一标志的具体表现在总体各单位相同,则称该标志为不变标志;如果某一标志的具体表现在总体各单位不尽相同,则称该标志为可变标志。可变标志的标志表现由一种状态变到另一种状态,统计上把这种现象或过程称变异。变异是一种普遍现象,有变异才有必要进行统计。

变异有属性变异和数量变异之分。属性变异表明质的差别,数量变异表明量的差别。

不变的数量标志称常量或参数。

可变的数量标志和所有的统计指标称变量。变量的数值表现称变量值,即标志值或指标值。

(一) 确定性变量和随机性变量

受某些确定性因素影响,现象的量会沿着某一方向持续变化,这样的量就是确定性变量,如由于科学技术的不断提高和医疗卫生条件的不断改善,人类的死亡率在逐步降低,人类的平均寿命在不断延长,因此从长期来看,人的平均寿命和死亡率都是确定性变量。有些变量的变动受许多因素影响,变量值的大小没有明确的方向,出现什么样的数值,带有偶然性,这样的变量称为随机性变量。例如按随机原则从总体中选取容量一定的样本,每一次都会得到不同的结果,因此,样本是个随机变量。又如检查某一批灯泡的使用寿命,每只灯泡的使用时间没有任何规律,纯属偶然,所以灯泡的使用寿命是随机变量,等等。随机变量在抽样理论、数理统计中经常使用。

(二) 连续变量和离散变量

这里,变量的连续性或离散性,是以变量值是否可以无限分割为标准的,即凡是一个变量相邻的两个变量值之间可以继续分割,取得新的变量值,那么,这样的变量称为连续变量,如道路的长度、耕地面积、人的平均身高、劳动生产率、粮食总产量等,它们通常需用计算或测量的方法取得变量值。凡是一个变量相邻的两个变量值之间不可能再分割出新的变量值,这样的变量称为离散变量,如人数、企业数、产品件数等。离散变量通常以点数的方法取得变量值。这两种概念多在变量数列分析中使用。

案例 2009年度全国旅行社统计调查公报

依据《统计法》《旅行社条例》和《旅游统计调查制度》,我局组织开展了2009年度全国旅行社统计调查,现将统计调查资料信息公报如下:

一、2009年度全国旅行社基本情况

(一) 行业规模

截至2009年底,全国有旅行社21 649家,同比增长4.63%。参加年度统计调查的有21 224家,占总数的98.04%。

截至2009年底,全国旅行社总资产585.96亿元,同比增长12.28%,其中,负债345.99亿元,同比增长15.34%;所有者权益239.97亿元,同比增长8.15%。按形态分,固定资产106.31亿元,占总量的18.14%,同比增加14.23%;流动资产430.39亿元,占总量的73.45%,同比增加20.95%;其他类型资产49.26亿元,占总量的8.41%。

旅行社直接从业人员为340 894人,其中,导游人员112 777人,领队人员29 593人,会计人员32 845人,经理人员84 271人,其他人员81 408人。

(二) 经营规模和效益

参加统计调查的21 224家旅行社中,填报数据有效的共计20 399家。据有效数据统计,2009年度全国旅行社营业收入1 806.53亿元,同比增长8.64%;毛利润总额134.36亿元,毛利率为7.44%;净利润总额11.48亿元,净利率为0.64%;旅游业务营业收入1 745.58亿元,同比增长8.87%;旅游业务毛利润为120.28亿元,旅游业务毛利率为6.89%;实缴税金为12.69亿元,同比增长12.37%;外汇结汇10.51亿美元,同比减少11.24%;全年促销费支出6.76亿元,同比增长13.87%。

(三) 旅游业务分项

1. 入境旅游业务

2009年度全国旅行社入境旅游业务营业收入为222.15亿元,同比减少1.21%,占全国旅行社旅游业务营业收入总量的12.73%;入境旅游业务毛利润为18.69亿元,同比增加4.72%,占全国旅行社旅游业务毛利润总额的15.54%,毛利率为8.42%。

入境外联1 261.43万人次,同比减少4.78%,其中外国人516.83万人次,同比减少15.81%;外联人天数为5 615.89,同比减少3.28%,其中外国人为2 399.31人/天,同比减少15.22%;接待入境旅游者1 873.38万人次,同比减少7.85%,其中外国人774.84万人次,同比减少16.45%;接待入境旅游者人天数为6 304.59,同比减少1.61%,其中接待外国人2 604.42人/天,同比减少16.89%。

2. 国内旅游业务

2009年度全国国内旅游业务营业收入1 139.10亿元，同比增长11.79%，占全国旅行社旅游业务营业收入总量的65.26%；国内旅游业务毛利润为76.33亿元，同比增长16.64%，占全国旅行社旅游业务毛利润总额的63.46%，毛利率为6.70%。

国内旅游组织10 123.47万人次，同比增长18.53%，30 018.97人/天，同比增加18.12%；接待136 96.05万人次，同比增加31.07%，26 339.34人/天，同比增加14.69%。

3. 出境旅游业务

2009年度出境旅游业务营业收入384.34亿元，同比增长6.92%，占全国旅行社旅游业务营业收入总量的22.02%；出境旅游业务毛利润为25.25亿元，同比增长28.99%，占全国旅行社旅游业务毛利润总额的21.00%，毛利率为6.57%。

出境旅游组织1 234.68万人次，5 767.87人/天，其中，出国游685.29万人次，同比增长13.54%，4 073.87人/天，同比增长17.17%；我国港澳游519.58万人次，同比增长6.61%；1 694.01人/天，同比增长7.94%；组织边境游29.82万人次，同比减少30.53%。

二、2009年度全国旅行社总体结构

（一）旅行社区域分布

旅行社数量排在前十位的省（自治区、直辖市）依次为：山东（1 802家）、江苏（1 704家）、浙江（1 501家）、河北（1 116家）、辽宁（1 110家）、广东（1 085家）、河南（1 052家）、湖北（886家）、北京（875家）、上海（873家），十省市旅行社总量占全国旅行社总量的55.45%。

（二）旅行社经营状况分布

经对各省（直辖市、自治区）旅行社经营的旅游业务营业收入、旅游业务毛利润、实缴税金、外汇结汇、入境外联人天、入境接待人天、国内组织人天、国内接待人天等八项指标进行综合排名，前十名地区为北京、广东、浙江、上海、山东、辽宁、江苏、云南、湖南、四川。

（三）旅行社类别分布

2009年度获得国家旅游局批准的出境游组团社共计1 069家，占全国旅行社总数的4.94%；旅游业务营业收入1 037.31亿元，占全国的59.42%；旅游业务

毛利润 74.54 亿元，占全国的 61.97%；实缴税金 6.76 亿元，占全国旅行社的 53.25%；外汇结汇 8.22 亿美元，占全国的 78.23%；入境外联人天、入境接待人天分别为 4 873.23 万、5 166.84 万，占全国的 86.78% 和 81.95%。

2009 年度获得国家旅游局批准的外商投资旅行社共计 38 家：外商独资旅行社 21 家，外商控股合资旅行社 8 家，中方控股合资旅行社 9 家；北京 19 家，广东 7 家，上海 6 家，湖南、福建、天津、云南、浙江、海南各 1 家。外资旅行社旅游业务营业收入 25.14 亿元，占全国的 1.44%；旅游业务毛利润 2.71 亿元，占全国的 2.25%；实缴税金 0.25 亿元，占全国的 1.97%；外汇结汇 1.36 亿美元，占全国的 12.93%；入境外联人天、入境接待人天分别为 23.14 万、110.55 万，占全国的 0.41% 和 1.75%。

（四）旅行社所有制结构分布

全国旅行社中，国有独资企业占 8.23%，股份制企业占 76.24%，其他类型企业占 15.53%。

【问题】

1. 文中运用哪些统计学的基本概念和统计认识的基本方法来反映 2009 年度全国旅行行业基本情况？

2. 文中使用了哪些统计指标？试总结一下它们的特点。

习　题

一、单项选择题

1. 要了解某企业职工的文化水平情况，则总体单位是（　　）。
① 该企业的全部职工　　　② 该企业每一个职工的文化程度
③ 该企业的每一个职工　　④ 该企业全部职工的平均文化程度

2. 总体与总体单位不是固定不变的，是指（　　）。
① 随着客观情况的变化发展，各个总体所包含的总体单位数也是在变动的
② 随着人们对客观认识的不同，对总体与总体单位的认识也是有着差异的
③ 随着统计研究目的与任务的不同，总体和总体单位可以相互转化
④ 客观上存在的不同总体和总体单位之间，总是存在着差异

3. 下列总体中，属于无限总体的是（　　）。
① 全国的人口总数　　　　② 水塘中所养的鱼
③ 城市年流动人口数　　　④ 工业中连续大量生产的产品产量

4. 下列标志中，属于数量标志的是（　　）。
① 学生性别　　② 学生年龄　　③ 学生专业　　④ 学生住址

5. 下列标志中，属于品质标志的是（ ）。
① 工人性别　　② 工人年龄　　③ 工人体重　　④ 工人工资
6. 下列属于数量指标的有（ ）。
① 劳动生产率　② 废品量　　③ 单位产品成本　④ 资金利润率
7. 下列属于质量指标的有（ ）。
① 平均工资　　② 工资总额　　③ 销售总量　　④ 上缴利润额
8. 某工人月工资150元，则"工资"是（ ）。
① 数量标志　　② 品质标志　　③ 质量指标　　④ 数量指标
9. 标志与指标的区别之一是（ ）。
① 标志是说明总体特征的，指标是说明总体单位的特征
② 指标是说明总体特征的，标志是说明总体单位的特征
③ 指标是说明有限总体特征的，标志是说明无限总体特征的
④ 指标是说明无限总体特征的，标志是说明有限总体特征的
10. 变异是指（ ）。
① 标志的具体表现不同　　　② 标志和指标各不相同
③ 总体的指标各不相同　　　④ 总体单位的标志各不相同
11. 下列变量中，属于连续变量的是（ ）。
① 大中型企业个数　　　　② 大中型企业的职工人数
③ 大中型企业的利润额　　④ 大中型企业拥有的设备台数
12. 一个统计总体（ ）。
① 只能有一个标志　　　　② 只能有一个指标
③ 可以有多个标志　　　　④ 可以有多个指标

二、多项选择题

1. 对某地区工业生产进行调查，得到如下资料，其中，统计指标有（ ）。
① 某企业亏损20万元　　　② 全地区产值3亿元
③ 某企业职工人数2 000人　④ 全地区职工6万人
⑤ 全地区拥有各种设备6万台
2. 社会经济统计的特点，可概括为（ ）。
① 数量性　② 同质性　③ 总体性　④ 具体性　⑤ 社会性
3. 在工业普查中（ ）。
① 机器台数是统计指标　　② 机器台数是离散变量
③ 工业总产值是离散变量　④ 工业总产值是指标
⑤ 每个企业是总体单位
4. 品质标志和数量标志（ ）。
① 数量标志可以用数值表示　② 品质标志可以用数值表示
③ 数量标志不可以用数值表示　④ 品质标志不可以用数值表示

⑤ 两者都可以用数值表示
5. 总体和总体单位不是固定不变的，随着研究目的的不同（　　）。
① 总体单位可转化为总体　　　② 总体可转化为总体单位
③ 总体和总体单位可以互相转化　④ 只能是总体单位转化为总体
⑤ 只能是总体转化为总体单位
6. 下列标志中，属于数量标志的有（　　）。
① 性别　　　② 工种　　　③ 工资　　　④ 民族　　　⑤ 年龄
7. 统计指标根据作用和表现形式不同，可分为（　　）。
① 数量指标　　② 总量指标　　③ 相对指标　　④ 平均指标
⑤ 质量指标

三、简答题
1. 统计学发展史上有哪几个主要学派？
2. "统计学"一词有哪几种含义？
3. 统计研究的基本方法是什么？
4. 统计总体与总体单位的关系是怎样的？
5. 统计标志和统计指标的关系是怎样的？
6. 统计标志有哪些分类？试举例说明各类标志。
7. 变量和变异之间的关系是怎样的？
8. 如何理解统计研究对象及其特点？
9. 指标和标志有哪些区别和联系？试举例说明指标和标志可以相互转化。

第 2 章
统计调查

【教学目的和要求】

了解统计调查的基本任务和要求；重点掌握统计调查的方法和调查方案的制订。

【重点和难点】

统计调查的基本要求；调查方案应包括的内容；统计报表、普查、典型调查、重点调查、抽样调查的概念和适用条件。

第一节 统计调查的意义、要求和种类

统计调查是获取社会经济数据的重要渠道。统计调查可以是统计部门专门组织的统计调查，如全国农业普查、全国人口普查和抽样调查等，也可以是其他部门或机构为特定目的而进行的调查，如民意测验、市场调研等。本章介绍社会经济数据的搜集方式和方法——统计调查。

一、统计调查的意义和要求

（一）统计调查的概念

统计调查是指根据统计研究的目的和要求，运用科学的调查方法，有组织、有计划地向客观实际搜集和登记统计数据或统计资料的过程。

统计调查所涉及的统计资料有两种：原始资料和次级资料。原始资料是指未进行加工整理的，反映总体单位特征的第一手资料；次级资料是指已进行加工整理并在一定程度上能说明总体特征的统计资料，次级资料也被称为第二手资料。

统计调查一般指的是对原始资料的搜集，并对其进行加工整理、汇总，使其成为从反映个体特征过渡到总体特征的资料，有时也包括对次级资料的搜集。

（二）统计调查的意义

统计调查是统计数据的直接来源，也是获取直接统计数据的重要手段。统计调查在统计工作中具有重要的意义，它是统计工作的基础环节和初始阶段，是认识事物的起点，是统计数据整理和统计分析的前提。

（三）统计调查的要求

为了保证统计工作的质量，统计调查搜集到的数据必须满足准确、及时、系统和完整的要求。

1. 准确性

统计调查所得到的原始资料必须真实可靠，要如实反映客观实际，这是统计工作质量的关键环节。失去了真实性，也就失去了利用价值。

2. 及时性（或时效性）

按照规定时间完成统计调查任务，上报统计资料。在尽可能短的时限内尽快完成原始资料的收集和登记工作。如：我国第五次人口普查，要求在 2000 年 11 月 1 日至 11 月 10 日之间全部完成，以保证数据的时效性。

3. 完整性

完整性要求统计调查资料必须完整、系统、全面，不重复、不遗漏，否则就不能反映总体特征。

4. 经济性（或效益性）

经济性就是指在满足一定准确度和把握度的前提下，尽可能以最少的投入（人力、财力、物力）获得最大的产出（质量高、数量多的原始资料）。

5. 系统性

系统性要求所收集的原始资料中的数据有条理，符合逻辑顺序，不杂乱无章，便于下一步的整理和汇总。

二、统计调查的种类

（一）按照调查对象所包括的范围不同，分为全面调查和非全面调查

全面调查是对调查对象的所有个体一一进行调查登记的调查方法。其目的是要获取总体的全面、系统、完整的统计资料。常见的类型有普查，如全国人口普查、农业普查、工业普查、经济普查等。

非全面调查是只对调查对象所包括的部分个体进行调查登记的调查方法。如要了解湖南省城乡居民收入—消费情况，只要抽取该省部分城乡居民家庭进行调查。常见的类型：重点调查、典型调查、抽样调查和非全面的统计报表等。

（二）按调查组织方式不同，可分为统计报表和专门调查

统计报表是指按照《中华人民共和国统计法》的规定，自上而下统一布置，自下而上逐级提供基本统计数据的一种调查方式。如日报、月报、季报等。

专门调查是指为研究某些特殊问题而专门组织的统计调查，多属于一次性调查。如要了解某市物流企业经营情况专门组织的市场调研。专门调查包括普查、抽样调查、重点调查和典型调查。

（三）按调查登记时间是否有连续性，可分为经常性调查和一次性调查

经常性调查是连续性调查，按被调查对象在一段时期内的发展变化进行连续不断的调查登记。其主要目的是获取一定时期内事物发展过程及结果的统计资料。如企业的销售量、销售额、产值等统计数据的登记。

一次性调查是不连续性调查，是指对被调查对象每间隔一段时间登记一次，以取得现象在一定时点上（或瞬间）状况的统计资料。如我国的人口普查一般间隔10年进行一次，以了解在某一时点上我国的人口结构和人口素质的变化情况。

（四）按照调查方法的不同，可分为直接观察法、报告法、访问调查法和网络调查法等

1. 直接观察法

直接观察法是调查人员亲自到现场，对调查对象进行观察以取得统计资料的一种方法。例如科研人员为了解新品种农作物的产量而到现场进行收割和测量。如企业为了解产品的销售状况，调查人员亲自到商场进行观察、计数等。这种调查方法的优点在于能保证资料的完整性和准确性，但缺点在于耗费较多的人力、物力和时间，不适合过多采用。

2. 报告法

报告法是基层单位根据上级部门的要求，以各种原始记录和核算资料为基础，填写调查表并逐级上报的一种调查方法。如我国的统计报表制度。

3. 访问调查法

访问调查法是指调查人员向被调查者提问，根据被调查对象的答复以获取统计资料的一种调查方法。常见的类型有个别口头询问、被调查者填写调查表格、开调查会等。

4. 网络调查法

网络调查法是20世纪90年代开始兴起的一种调查方法。如通过收发电子邮件、被调查者在网络上填写调查问卷等方式进行。

第二节　统计调查方案

统计调查方案是指事先制订的、用来组织和协调统计调查全面开展的工作计划书。

统计调查方案是统计设计阶段的一项重要内容，是保证统计调查顺利进行的前提，也是准确、即时、系统和完整地取得调查资料的重要条件。在统计调查中，首要任务是设计调查方案。调查方案一般应包括以下内容。

一、确定调查目的和任务

设计调查方案的首要问题是确定调查目的和任务。它所要解决的是"为什么调查"的问题。调查目的和任务主要根据我国现代化建设的实际情况和现实需要来确定。

二、确定调查对象和调查单位

调查对象是需要进行调查的某一社会经济现象的总体，它由许多性质相同的调查单位组成。调查单位是调查对象中需要调查的具体单位（或个体），在某项调查中登记其具体特征的单位。

确定调查对象和调查单位要解决的问题是"向谁调查"、由谁来具体提供调查资料。科学、合理地确定调查对象，才能正确界定统计研究的总体范围，才有可能保证所搜集到的数据的准确性和有用性。例如，要全面了解我国的国有大型企业的经营情况，则我国所有的国有大型企业构成的整体是调查对象，每一家国有大型企业就是一个调查单位。

调查对象和调查单位的关系是统计总体与个体的关系，调查对象是统计总体而调查单位是统计个体。调查对象包含调查单位，调查单位可以是调查对象中的全部单位可以是部分单位。如全国工业企业普查中，调查单位是调查对象中的全部单位（即所有的工业企业）。而在全国人口1%的抽样调查中，调查单位只是调查对象中的部分单位。

调查单位与报告单位有一定的联系。报告单位即填报单位，是负责向上级部门报告并提交统计资料的单位。报告单位通常具有一定的经济、行政独立性的单位，而调查单位可以是企事业、个人或事物。调查单位与报告单位有时一致有时不一致。如全面调查某市商业企业的经营状况，则该市所有的商业企业构成的整体是调查对象，每一家商业企业就是调查单位，也可以是报告单位。

三、确定调查项目和设计调查表

(一) 确定调查项目

调查项目是指统计调查的具体内容,调查中所要登记的调查单位的特征,即统计标志。调查项目可以是调查单位的品质特征也可以是数量特征。它要解决的是"调查什么"的问题。如居民家庭纯收入调查表中的性别、收入等调查项目。

(二) 设计调查表

调查表也就是调查问卷,将调查项目按照一定的顺序排列而成的一种表格形式,是统计工作中搜集原始资料的基本工具。在统计调查中用于登记、搜集原始统计资料的表格。只记录调查单位(即统计个体)的特征,不能反映统计总体的数量特征。

通常调查表有两种形式,单一表和一览表。单一表中只登记一个调查单位,它可以容纳较多的调查项目(调查内容),适合详细的调查,如居民家庭收入调查中的每一个家庭填写一张调查表。一览表可登记较多调查单位,如果调查项目不多,可采用一览表。如某班全体学生的统计学考试成绩登记表。

调查表一般由表头、表体和表脚三部分构成。表头用来说明调查表的名称,填写调查单位的名称、性质、隶属关系,便于核实和复查调查内容;表体是调查表的主要部分,包括调查的具体项目;表脚一般由填报人签名,报表填写日期和填表说明等。

四、确定调查时间

调查时间包含有两层含义:

(1) 调查资料所属的时间,如果调查的是时期现象,则要规定调查现象所属的起止时间,从具体某一天开始直到具体某一天止的资料,如果调查的是时点现象,要规定资料所属的标准时点,如对某企业的原材料的库存量进行月底清盘。

(2) 调查时限,整个调查工作的起止时间,包括搜集资料和报送资料所需要的时间,以便保证统计调查数据的时效性,如某校组织学生进行社会调查要求在 2009 年 6~9 月进行,调查时限为 4 个月。

五、调查的组织实施计划

周密、细致的组织工作是保证统计调查顺利进行的前提。调查工作包括以下内容：调查工作的组织领导机构，调查人员的培训，调查工作完成的期限和工作进度，调查经费的预算开支方法，调查方案的传达、试点以及其他调查前期的准备工作等。

第三节 问卷调查

问卷调查是调查者根据调查目的和要求设计的一系列问题、备选答案、说明等组成的一种调查方式，是用来搜集数据、获取信息的工具。问卷调查始于20世纪30年代的美国，主要用于政治生活中的民意测验和民主选举、市场营销、经济预测等方面。如今，问卷调查已成为信息搜集的主要方式，被应用于各种领域。

问卷调查的关键在于设计一份合适的调查问卷。

一、调查问卷的设计原则或要求

调查问卷是一种特殊形式的调查表，其特点是用一系列按照严密逻辑设计的问题，向被调查者了解具体事实和个体对某一问题的看法。调查问卷是统计调查中搜集统计资料的一种常用工具。

从形式上看，调查问卷可以是表格形式、卡片形式等。一份好的调查问卷必须能将问题准确传达给被调查者，便于被调查者理解并使被调查者愿意并乐于回答问题。

（一）主题突出

根据调查目的和任务确定调查问卷主题，问卷题目的拟定应围绕调查的主题。问卷中的问题目的明确，重点突出。保证问卷中的问题应该符合调查研究的信息需要。

（二）问题的排列顺序符合逻辑性

调查问卷中的问题的排列要有一定的逻辑顺序，层次分明，详点与略点得当，符合应答者的思维顺序。一般应先易后难，先简后繁，先问事实，后问态度和意向方面的问题，对于较难的问题和较敏感的问题可放在问卷的最后，以保证问卷调查的顺利进行。

（三）通俗易懂，便于回答

问卷要尽量避免使用专业性术语及不规范的简称，应充分考虑到被调查者的文化程度和文化背景，使被调查者易于理解，愿意回答并能清楚无误地回答问题。问卷中语气要亲切。

（四）避免诱导性提问

问卷提出的问题不能带有倾向性，而应保持中立。否则被调查者受到影响，调查组织者难以得到真实的答卷。

（五）避免使用双重否定

双重否定的问卷令被调查者不知道应该回答同意还是不同意。

（六）尽量避免敏感性问题

被调查者不愿意回答涉及个人隐私的问题，如收入、个人生活问题、政治方面的问题等。

对于敏感性问题，若采用匿名问卷的方式，被调查者则会倾向于如实回答较为敏感的问题。尊重回答者的私人隐私，注意保密。

（七）其他注意事项

控制调查问卷的篇幅，回答问题的时间控制在 15~20 分钟为宜。在问卷内容的编排上，将自己所需要的数据转换成若干个简单易答的问题，以便于数据的整理和汇总，从而利于调查分析。

二、调查问卷的组成

一份完整的调查问卷包括调查问卷的标题、说明信（也称为封面信）、指导语、被调查者的基本情况、调查事项的问题和答案等。

（一）调查问卷的题目

调查问卷的题目是问卷的主题。主题必须准确、醒目和突出。

（二）说明信（又称封面信）

说明信一般放在问卷的开头，是调查者写给被调查者的一封短信。通过说明信，引起被调查者的重视和兴趣，争取他们的支持与合作。在说明信中，调查者表明身份，说明调查的目的，调查结果的使用和保密措施与承诺。说明信应态度诚恳、口吻亲切，消除被调查者的顾虑。写好说明信，取得被调查者的合作与支持，是问卷调查取得成功的保证。

（三）指导语

指导语是告诉应答者如何正确地填写问卷，或提示调查员如何正确完成问卷调查工作的语句。如"限选一种答案""请在适合您情况的答案后的方框中打√"。

（四）被调查者的基本情况

如果被调查者是个人，基本情况包括姓名、性别、年龄、民族、文化程度、职业、家庭收入等；如果被调查者是单位，基本情况包括单位名称、经济类型、行业类、职工人数、规模、资产等项目。

（五）调查事项的问题和答案

问题和答案是问卷的主体，即最主要最基本的组成部分。问卷的其他部分如封面信等都是为问题和答案服务的。各调查问卷不同，但从内容和形式上分析都存在许多相同或相似点。

调查问卷的问题从形式上看，有开放式和封闭式两种。

开放式问题是指只提问题，没有备选答案，而由回答者根据自己的想法自由填答的问题。例如：

"您喜欢看哪类电视节目？"

"您对目前的生活状况有何评价？"

封闭式问题是指在提出问题的同时，给出问题的若干个特定的答案，由被调查者根据自己的实际情况选择回答问题。例如：

"您喜欢看哪类电视节目？"（只选一个答案）

A 新闻节目　　　B 电视剧　　　C 体育节目　　　D 广告节目

"您对目前的生活状况有何评价？"（限选一项）

A 很好　　　B 好　　　C 一般　　　D 不好　　　E 很糟糕

开放式问题的主要优点有：问题比较灵活，它允许被调查者按自己的方式自由表达个人的想法和意见，而不受限制。这种回答最能反映出被调查者的特征、态度和行为，适于搜集深层次的信息，也能搜集到一些调查者意料之外的资料。

但开放式问题也存在一定的缺点：由于受到被调查者知识水平和语言表达能力的影响，存在调查误差。

封闭式问题的优缺点与开放式问题的优、缺点相反。其缺点在于：

（1）由于封闭式问题已经为答卷者提供了可以选择的答案，所以它实际上也就限制了答卷者的回答范围和回答方式。封闭式问题常常失去开放式问题的自主性和灵活性，这是封闭式问题的主要缺点之一。

（2）封闭式问题回答的偏差难以发现。在开放式问题中，调查者可以从答卷看出被调查者对问题是否存在误解，而封闭式由于只要打勾、画圈等，难以观察到被调查者是否正确理解问题。

封闭式问题的优点在于：问题清楚具体，应答者容易回答，节约回答时间，资料集中，所取得的资料非常便于统计处理和定量分析。

（六）填写说明和解释

在问卷的最后可写上几句话，表示对被调查者的感谢，或征求被调查者对问卷设计和问卷调查的意见和感受。

三、调查问卷设计的程序

调查问卷的设计过程包括从初步探索到印刷装订成册的全部工作。主要步骤包括问卷设计的准备工作、探索性工作、设计问卷初稿、试用与修改、问卷定稿等方面。

（一）问卷设计的准备工作

在正式动手设计问卷前，调查研究者需要进行一定的准备工作，将在整个问卷设计过程中占据重要的位置，需要花费研究者不少的时间和精力。设计前的准备工作包括以下内容。

1. 确定调查的总体目标

问卷设计的出发点是调查和研究的总体目标。问卷设计者应考虑：问卷的主要目的是什么；希望获取什么样的信息作为结果；应该如何确定调查对象；根据研究的目的和调查对象的特征，应该采取哪种类型的问卷；采用何种问卷方式；还需要考虑政治、道德、理论的问题等。只有在设计具体问题前对整个调查的总体目的有一个明确的认识，调查研究者才能在实际设计中做到心中有数、系统缜密。

2. 了解调查对象的基本情况

在设计问卷之前，最好了解调查对象的基本情况。如分析调查对象的文化程度分布情况、年龄结构、性别结构、社会习俗、职业结构等情况。

3. 确定所需要的信息范围

一项具体的社会调查通常主要围绕着某种特定的问题，正是这种特定的问题决定了调查所需要的信息范围，在确定信息范围时所应遵循的总的原则是"先宽后窄，先松后紧"。根据调查主题的要求，初步列出调查主题所需的全部信息，分析哪些是主要信息，哪些是次要信息，哪些是可要可不要的信息，哪些是不必要的信息。

4. 参考以前的调查问卷

通过查阅相同或相似的主题的其他问卷调查文献，或从别人的调查报告或调查分析来设计问卷，可为将要调查的问题打下良好的基础。

（二）探索性工作

问卷设计者亲自进行探索性工作，不能由别人代替。探索性工作最常见的方式是：问卷设计者深入到社会生活中进行一段时间的非正式访问，即围绕着研究的主题，自然地与各种类型的调查对象进行交谈，向他们询问。调查研究者可以从中获取将要进行的问卷设计中的各方面问题的提法、实际语言、可能的回答种类等内容的初步印象。研究者可通过其他方式观察来达到了解情况的目的。

（三）设计初稿

经过前面步骤的研究工作后，调查研究者对研究所涉及的主要问题及答案有了基本的印象和认识。此时重要的问题是如何将这些零散的问题组成一份合适的问卷。在实际设计中，人们常采用两种方法：卡片法和框图法。本书介绍卡片法。

卡片法的步骤是：①设计者将探索性工作中的问题和答案逐一写在一张单独的卡片上，每张卡片上只写一个问题和答案；②将卡片上的内容或问题进行分类。把询问同一类问题或同一方面问题的卡片放在一起；③按照一定的逻辑顺序，对每一个卡片堆的问题进行排序；④按照一定的逻辑顺序，将全部卡片连接成一份完整的问卷；⑤按照答卷者阅读和填写问卷是否方便、是否会造成对答卷者心理影响等不同方面，检查问卷的问题排序是否恰当，对不妥之处进行调整；⑥最后将卡片上的问题和答案排列出来，并加上封面信、指导语、填写说明和解释等内容，形成调查问卷初稿。

对于调查问卷设计者，可利用文献，参考相同或相似主题的其他调查所使用过的问题，可以为自己的问卷设计打下良好基础。

（四）审议、试用与修改、定稿

研究者设计好调查问卷初稿后，应认识到初稿还不能用于正式调查。在正式调查之前，必须进行试用与修改，这一步不十分重要。调查问卷设计好以后，在小范围内进行问卷测试，以确保质量，不断发现问题并及时调整调查问卷中的问题，最后定稿印制。

第四节 统计调查方法

我国统计调查方法有统计报表制度、普查、重点调查、典型调查和抽样调查。其中统计报表制度、抽样调查和普查是我国目前基本的统计方法。

一、统计报表制度

统计报表以表格形式提出反映经济社会发展情况的各种书面报告。在我国长期以来已经制度化，所以又称为统计报表制度。统计报表是我国依照《中华人民共和国统计法》的规定，自上而下统一布置、自下而上逐级提供基本统计数据的一种调查方式。

统计报表制度是一国掌握经济社会发展动态变化的基本情况，稳定获取统计资料的重要途径。国家统计部门利用统计报表，为政府制定政策、编制和检查计划提供了大量可靠的依据，也可以指导有关部门、企业的生产、经营、管理和决策。统计报表具有可靠性、全面性、统一性和经常性（周期性）等特点。

统计报表在经济建设中发挥重要作用，但也存在一定的局限性：花费大量的人力、物力和财力；内容和程序比较固定缺乏灵活性；数据资料的获取时间较长；还有一部分重要的数据无法通过统计报表获得，如居民消费数据等。所以，统计报表必须和其他调查方式结合使用。

（一）统计报表的种类

1. 按报送范围不同可分为全面报表和非全面报表

全面报表是一种全面调查方式，要求调查对象的所有单位都必须填报。非全面报表只要求调查对象的部分单位填报。如我国工业和商业企业报表，只要求部分重点企业填报。

2. 按报表所属时期长短不同可分为定期报表和年报

日报、月报、季报、半年报属于定期报表。报表所属时间长短和指标的详简程度相关。一般情况下，报表所属时间越短，指标项目就越简单，反之指标项目就越详细。

3. 按报送的方式不同可分为表式报表、电信报表和网络报表

表式报表是通过邮局收发的报表。该种报表方式报送时间相对较慢，年报和季报等时效性要求不高的报表可采用。

电信报表是采用电话、电报、传真等方式报送的报表。这种报表方式传送速

度快，但费用高。通常日报、旬报采用此方式。

网络报表是通过互联网等现代化工具传送资料，传送速度快，价廉。

4. 按填报单位不同，可分为基层统计报表和综合报表

基层统计报表由企事业单位填报的报表，它是统计调查的基本资料。填报基层报表的单位被称为基层填报单位。综合报表是由主管部门根据基层报表逐级汇总填报的统计报表。填报综合统计报表的单位被称为综合填报单位。

5. 按实施范围不同，统计报表分为国家统计报表，部门统计报表和地方统计报表

国家统计报表是用来反映国民经济和社会发展情况的统计报表，也称为国民经济基本统计报表。它由国家统一制定并在全国范围内实施，用来搜集全国性资料，为全国性的计划和决策提供依据。如《2008年中华人民共和国国民经济和社会统计年鉴》。

部门统计报表是为各部门业务管理的需要而制定并颁发的专业性统计报表。如《中国农业年鉴》《中国物流年鉴》等。

地方统计报表是为本地区工作和管理需要而制定的统计报表，其实施范围是各省、市、县等，主要搜集地方性统计资料，为地方经济社会发展服务。

（二）统计报表的内容

统计报表制度是我国重要的国家管理制度，其基本内容包括报表目录、表式和填表说明。

1. 报表目录

在统计报表制度中，编制全面、详细的报表目录非常重要，它有利于填报单位及时完成报表的上报任务，也有利于统计资料在全国范围内的汇总整理。

各种不同的统计报表列入报表目录中，报表目录是各种统计报表的一览表，规定了各报表的填报单位、调查对象、报送时间和程序等。填报单位根据报表目录了解何时用何种方式向哪一级主管部门报送什么报表及报表数量。

2. 报表的表式

表式是由国家统计部门根据研究的任务与目的而专门设计制订的统计报表表格，即统计报表的具体格式。表格包括：主栏项目、宾栏项目、补充资料项目等。每张表中列有表名、表号、审批单位、制表单位、批准文号、填报单位、报出日期，以及报送单位负责人和填表人的签名。

3. 填表说明

填表说明是对统计报表的统计范围、指标、项目分类等作出的规定，即填表时应注意的一些具体事项和要求。具体有：①填报范围；②指标解释，对列入表式的统计指标的口径、计算方法、计算中应注意的问题等进行具体的说明，以防止填报时引起误解而错报资料；③分类目录，统计报表主栏中应进行填报的有关

项目的分类，是填报单位的重要依据；④其他有关事项的规定，如报送日期、接受报表的上级机构、报送方式等。

为保证报表的质量，制定统计报表制度应遵循以下原则。

(1) 适用与精简相结合。在满足统计调查研究的目标和任务下，力求统计报表言简意赅，切实可行。

(2) 客观与实际紧密联系。统计报表应根据实际情况制定，需要填报的内容是能搜集到的资料。各填报单位应如实填写，不允许弄虚作假，虚报瞒报。

(3) 统一与配套。统计报表的制定与颁发，只能由统计部门或业务部门的综合统计机构统一组织，不能分别制定与下达；即使由统计部门与主管部门分别制定、分别下达，必须尽可能做到基层表格形式的统一。

(三) 统计报表的资料来源

统计报表的资料来源于基层的原始记录、统计台账和内部报表。

统计报表的最基本资料来源是原始记录。原始记录是基层单位通过一定的表格形式，对其生产、经营、管理活动的具体内容和状况进行的最初的数字和文字记载。如企业产品产量记录、职工出勤记录、产品入库单等。原始记录具有广泛性、经常性、群众性和真实性的特点。原始记录是统计报表的基础和依据。在制定原始记录时应注意以下几点：①从实际出发，原始记录的制定不能强求一致，符合企业特点的需要；②原始记录要符合统计核算、会计核算和业务核算的需要；③制定原始记录要简明扼要、通俗易懂。

统计台账是基层单位根据统计报表要求和基层经营管理需要而按时间顺序设置的一种系统积累统计资料的表册。统计台账有单指标和多指标的统计台账。统计台账可以作为填报统计报表的依据，又可以积累统计资料，是积累历史资料的手段和工具。

基层的内部报表只适合本企业，它是对本企业内部的生产、经营活动情况的填报。基层内部报表是向本单位领导提供资料而编制，填报上级规定的统计报表而布置的一种报表，它是统计报表的资料来源。

二、普查

(一) 普查的意义

普查是专门组织的、一次性的全面调查。

普查是一种重要的调查方式，主要用来收集那些不能够或不适宜采用定期的全面统计报表收集的统计资料，是其他方式不可代替的。虽然有时可以通过统计报表经常搜集全面的基本统计资料，但它不能代替普查。一般用来调查社会经济现象在一定时点或一定时期内所达到的状态或水平。如我国的人口普查、经济普查等。通过普查可摸清一个国家或地区的人力、物力和财力等情况，还可以取得某些专门问题的详细资料，为政府部门进行宏观经济决策，制定长远发展规划等提供依据。所以对普查资料的要求是全面、详尽、系统，但普查的工作量大，耗时、耗资较多，一般不宜经常采用。

（二）普查的组织

普查的组织方式一般有两种：一种是通过专门组织的普查机构，配备大量的普查人员，对调查单位直接进行登记，如我国的人口普查；另一种是利用调查单位的原始记录和核算资料，对调查单位发放统一的调查表格，由登记单位按要求如实填报来取得调查资料，如我国的物资库存普查。

普查是一次性的全面调查，调查任务繁重，调查内容要求高、时效性强，通常需要动员和组织许多人力、物力和财力。在具体组织普查时必须遵循以下几项基本原则。

（1）为避免数据资料的重复和遗漏，必须统一规定普查的标准时点。所有的普查资料都反映这一时点上的状况。如我国第五次人口普查的标准时点为2000年11月1日零时。

（2）在普查范围内，各调查单位和调查点要尽可能同时行动，并尽可能在最短时间内完成，以做到步调一致、报送及时。如我国第三次人口普查，调查、登记的时间规定在10天之内完成。

（3）普查项目和指标统一规定，不得任意改变或增减，以免影响汇总综合。同一现象的普查在各时期的普查项目也应尽可能保持相同，便于对比分析。

（4）根据普查任务，正确选择普查时间。普查时间的间隔，应尽可能保持一定周期。如我国人口普查基本上是每10年进行一次，便于对比分析。

[**普查相关知识**] 我国的普查制度

每逢年份的末尾数字为"0"的年份进行人口普查；
每逢年份的末尾数字为"1"或"6"的年份进行基本统计单位普查；
每逢年份的末尾数字为"3"的年份进行第三产业普查；
每逢年份的末尾数字为"5"的年份进行工业普查；
每逢年份的末尾数字为"7"的年份进行农业普查。

三、典型调查

典型调查是根据调查目的和任务，在对调查对象全面分析的基础上，有意识地选择少数有典型意义或有代表性的单位进行深入、细致调查研究的一种非全面调查方式。

(一) 典型调查的特点

（1）调查范围小，调查单位少。可节省调查时间和调查费用。根据调查任务，可多设计一些调查项目进行深入、细致的调查，用来研究某些复杂的专门问题。

（2）典型调查的目的是通过典型单位来揭示事物的本质和规律，因此调查单位是有意识选择的有代表性和典型性的单位，它们应具有所研究问题的本质特征或属性。

(二) 典型调查的组织

典型调查的关键是如何正确选择典型单位。典型单位是指一部分或个别单位在被研究总体中，能最现实、最充分、最集中表现总体某一方面共同本质特征的单位（个体）。应当根据调查研究目的、任务来进行选择不同的典型单位，常见的方法如下。

1. 选择新生事物做典型

如果要深入研究新生事物的发展趋势，预测其发展前景，可从新生事物中选择个别事物作为典型，研究其发展现状，从而预见新生事物的发展趋势，促使新生事物按照一定的目标和方向发展。

2. 挑选先进和落后的事物为典型

如果为了总结经验，则可选择成功或失败的典型例子作为典型单位进行调查研究。如为了解我国当前的国情、国力，应选择经济落后地区、经济较发达地区、经济发达地区作为典型进行调查研究。

3. 选择中等水平的对象作为典型

如果为了了解一般情况或事物发展的一般规律，应挑选中等水平的事物为典型。中等水平的对象可以代表总体的一般水平。

(三) 典型调查的作用

（1）可以研究新生事物，预测新生事物发展的趋势。

（2）典型调查资料可以弥补全面调查和其他非全面调查的不足。

（3）典型调查可以用来研究事物变化发展的规律。典型单位具有调查对象的总体共性特征，包含了某些普遍性或共性的东西，并表现出一定规律性，找出事物的普遍性和共性，就能找出事物总体的规律。

（4）一般情况下，典型调查的资料不能推断出总体指标。当需要及时掌握全面情况而又无法采用其他调查方式取得全面资料时，则可利用典型调查的资料进行估计。

四、重点调查

重点调查是一种专门组织的非全面调查，在调查对象中选择一小部分重点单位进行调查，以了解总体的基本情况。

重点调查的关键在于正确选择重点单位。重点单位是指在总体中虽然个数不多，而它们的标志值的总和在总体标志总量中却占绝大部分比重的那一小部分调查单位。例如要了解我国的钢铁行业的经营情况，只须选择宝钢、首钢、武钢、包钢等几个大型钢铁集团进行调查。

一般而言，当调查任务只要求掌握现象在某些标志上的基本情况，而部分单位又能比较集中地反映时，采用重点调查较为适宜。

重点调查具有调查范围小，省时省力，是一种有效的调查方式。但重点单位与一般单位的差别较大，通常不能用重点调查的结果来推断出总体指标。

五、抽样调查

抽样调查是一种专门组织的非全面调查。它是按照随机原则，从调查总体中抽取部分单位进行观察，并根据这部分单位的调查资料，从数量方面推断总体指标的一种非全面调查。被抽取出来的这部分单位叫样本。抽样调查就是用样本指标数值来推断出总体指标数值的调查方法。

抽样调查具有许多优点，不仅节省人力、物力、财力和时间，还能提高资料的时效性，获取比较准确的全面统计资料。关于抽样调查的其他具体内容将在第8章详细介绍。

重点调查、典型调查以及抽样调查都是非全面调查，但是它们存在较大的区别。抽样调查根据随机原则抽取样本单位，可以根据样本指标推断总体数量特征，而重点调查和典型调查的调查单位不是随机调查，调查结果不能推断总体指标。

案例 "湖南洪江古商城"景区潜在旅游客源市场问卷调查表

尊敬的先生/女士：

您好！

湖南洪江古商城景区开发已经启动，为了获得准确的相关信息，在全省范围内（市区为重点）组织开展洪江古商城景区潜在客源市场的问卷调查，请您在百忙之中填写以下问卷，感谢您的大力支持与配合！我们将对您个人的任何资料和观点予以保密。请您消除顾虑，实事求是地填答问卷。

湖南怀化职业技术学院

怀化市旅游招商局

2010年6月10日

1. 您的性别（   ）
A 男　　　　　　　　B 女

2. 您的年龄（   ）
A 12 岁以下　　　　　B 13～22 岁　　　C 23～35 岁
D 36～60 岁　　　　　E 60 岁以上

3. 您的户籍所在地（   ）
A 怀化市区　　　　　　　　　　　　　B 怀化市其他市县
C 怀化洪江市各乡镇　　　　　　　　　D 湖南省其他市（州）
E 其他省（市、区）（不包括我国港、澳、台）
F 我国港、澳、台　　　　　　　　　　G 其他国家

4. 您的职业（   ）
A 企业（公司）员工　B 农民　　　　　C 教师　　　　　D 学生
E 军人　　　　　　　F 机关公务员　　G 私营业主　　　H 其他

5. 您的文化程度（   ）
A 小学　　　　　　　B 初中　　　　　C 高中　　　　　D 大专
E 本科　　　　　　　F 研究生

6. 您的月收入水平（   ）
A 不固定　　　　　　B 500 元以下　　C 500～1 000 元　D 1 000～2 000 元
E 2 000～3 000 元　　F 3 000 元以上　G 无收入（如学生）

7. 您闲暇时间的主要活动（可多选）（   ）
A 旅游　　　　　　　B 健身　　　　　C KTV　　　　　　D 上网
E 打牌（麻将）　　　F 逛街　　　　　G 其他

8. 每年您的出游频率（   ）
A 1～2 次　　　　　　　　　　　　　　B 3～5 次
C 超过 5 次　　　　　　　　　　　　　D 近年无外出旅游

9. 您喜欢的出游时间（可多选）（   ）
A 周末　　　　　　　B 节假日　　　　C 平日

10. 您喜欢的出游季节（可多选）（   ）
A 春　　　　　　　　B 夏　　　　　　C 秋　　　　　　D 冬

11. 您每次旅游花费水平意向（   ）
A 100 元以下（郊游）　　　　　　　　B 100～500 元
C 500～1 000 元　　　　　　　　　　　D 1 000 元以上

12. 您喜欢的出游方式（可多选）（   ）
A 单位组织　　　　　B 个人出游　　　C 家庭出游　　　D 朋友结伴

13. 您旅游的住宿选择（可多选）（   ）
A 城区星级酒店　　　B 普通招待所　　C 郊区度假别墅

D 野营地　　　　　　E 家庭旅馆　　　　　F 其他

14. 您出游最关心的因素（　　）

A 距离与交通条件　　　　　　　B 景点本身的吸引力
C 综合服务设施　　　　　　　　D 花费

15. 您喜欢的旅游活动类型（可多选）（　　）

A 名山胜水风光游　B 休闲度假旅游　C 宗教旅游　　D 民俗旅游
E 文物古迹游　　　F 乡村旅游　　　G 其他

16. 您对旅游活动项目的偏好（可多选）（　　）

A 登山览胜　　　　B 民俗表演、体验　C 漂流、划船
D 垂钓等休闲活动　E 烧香拜佛　　　　F 瓜果采摘
G 品尝美食　　　　H 购物　　　　　　I 科普教育　　J 其他

17. 您对湖南旅游景区景点的了解途径是（可多选）（　　）

A 电视广告　　　　B 报纸广告　　　C 亲朋推荐
D 旅游宣传册　　　E 互联网　　　　F 其他

18. 您对湖南洪江古商城的了解程度（　　）

A 没听说过也没去过　　　　　　B 听说过但没去过
C 去过（1次或多次）

19. 假如您去过洪江古商城，您认为古商城最有吸引力的是（　　）

A 自然生态环境　　B 古建筑　　　　C 旅游文化（古商城知名度高）
D 古商城内节目表演　E 其他

20. 古商城开发以后，您是否去旅游？（　　）

A 不一定　　　　　B 会常去　　　　C 不会去　　　D 偶然去一去

21. 假如您去过古商城，请您对它作总体评价（　　）

A 很好　　　　　　B 好　　　　　　C 一般
E 差（没有开发价值）

22. 您认为古商城景区最好采用（　　）

A 通票制（即一票制）
B 多票制（即不收进寨门票，但每个景点均收取一定的门票）

23. 假如古商城景区实行通票制，您能接受的门票价位是（　　）

A 20 元以内（含 20 元）　　　　B 21～30 元
C 31～40 元　　　　　　　　　　D 40～50 元
E 50 元以上

24. 您曾游览过的周边旅游景点有（可多选）（　　）

A 雪峰上漂流　　　B 芙蓉楼　　　　C 安江农校杂交水稻纪念馆
E 芷江侗文化城　　F 芷江受降坊　　G 张家界

25. 请您对洪江古商城景区开发提出建议。

习 题

一、单项选择题

1. 某地区对小学学生情况进行普查,则每所小学是（   ）。
① 调查对象　　　② 调查单位　　　③ 填报单位　　　④ 调查项目

2. 对百货商店工作人员进行普查,调查对象是（   ）。
① 各百货商店　　　　　　　② 各百货商店的全体工作人员
③ 一个百货商店　　　　　　④ 每位工作人员

3. 对某停车场上的汽车进行一次性登记,调查单位是（   ）。
① 全部汽车　　　② 每辆汽车　　　③ 一个停车场　　　④ 所有停车场

4. 在统计调查阶段,对有限总体（   ）。
① 只能进行全面调查
② 只能进行非全面调查
③ 既能进行全面调查,也能进行非全面调查
④ 以上答案都对

5. 某城市拟对占全市储蓄额五分之四的几个大储蓄所进行调查,以了解全市储蓄的一般情况,则这种调查方式是（   ）。
① 普查　　　② 典型调查　　　③ 抽样调查　　　④ 重点调查

6. 有意识地选择三个农村点调查农民收入情况,这种调查方式属于（   ）。
① 重点调查　　　② 普查　　　③ 抽样调查　　　④ 典型调查

7. 统计报表大多属于（   ）。
① 一次性全面调查　　　　　② 经常性全面调查
③ 经常性非全面调查　　　　④ 一次性非全面调查

8. 目前我国进行的职工家庭收支调查是（   ）。
① 普查　　　② 重点调查　　　③ 全面调查　　　④ 抽样调查

9. 人口普查规定统一的标准时间是为了（   ）。
① 避免登记的重复和遗漏　　　② 具体确定调查单位
③ 确定调查对象的范围　　　　④ 为了统一调查时间、一齐行动

10. 第五次人口普查的标准时点为2005年11月1日零点,11月1日调查员在各家调查时,得知王××家10月31日23点38分生了一个小孩,过了半小时李家也生了一个小孩,则这两个小孩如何登记？（   ）。
① 两家小孩均应登记
② 两家小孩均不予登记
③ 王家小孩应予登记,李家小孩不应登记
④ 王家小孩不应登记,李家小孩应予登记

11. 在统计调查中，调查单位和填报单位之间（　　）。
① 一致的
② 是无区别的
③ 是无关联的两个概念
④ 一般是有区别的，但有时也一致

12. 在统计调查中，填报单位是（　　）。
① 调查项目的承担者
② 构成调查对象的每一个单位
③ 负责向上报告调查内容的单位
④ 构成统计总体的每一个单位

13. 区别重点调查和典型调查的标志是（　　）。
① 调查单位数目不同
② 搜集资料方法不同
③ 确定调查单位标准不同
④ 确定调查单位目的不同

14. 非全面调查中最完善、最有计量科学根据的方式方法是（　　）。
① 重点调查　　② 典型调查　　③ 抽样调查　　④ 非全面统计报表

15. 统计调查时间是（　　）。
① 调查工作的时限
② 调查资料所属时间
③ 调查登记的时间
④ 调查期限

二、多项选择题

1. 普查是（　　）。
① 非全面调查　　② 专门调查　　③ 全面调查
④ 经常性调查　　⑤ 一次性调查

2. 非全面调查形式有（　　）。
① 重点调查　　② 抽样调查　　③ 典型调查
④ 非全面统计报表　　⑤ 统计报表

3. 乡镇企业抽样调查中，抽取的每一个乡镇企业是（　　）。
① 调查主体　　② 调查对象　　③ 调查单位
④ 调查项目　　⑤ 填报单位

4. 全国工业企业普查中（　　）。
① 全国工业企业数是调查对象
② 每个工业企业是调查单位
③ 每个工业企业是填报单位
④ 全国工业企业数是统计指标
⑤ 全国工业企业是调查主体

5. 属于一次性调查的有（　　）。
① 人口普查
② 大中型基本建设项目投资效果调查
③ 职工家庭收支变化调查
④ 单位产品成本变动调查
⑤ 全国实有耕地面积调查

6. 下列统计调查中，调查单位与填报单位一致的是（　　）。
① 工业企业设备普查
② 零售商店调查
③ 人口普查
④ 工业企业普查
⑤ 学校学生健康状况调查

7. 重点调查是在调查对象中，选择其中的一部分重点单位所进行的调查，所谓重点单位是（　　）。
① 在总体中举足轻重的单位
② 它们在总体单位数中占有很大比重
③ 在总体中它们的数目不多
④ 能够反映出总体的基本情况的那些单位
⑤ 就调查的标志值来说，它们在总体中占有很大比重

8. 调查单位和填报单位既有区别又有联系，是指（　　）。
① 某一客体不可能既是调查单位又是填报单位
② 某一客体可以同时作为调查单位和填报单位
③ 调查单位是调查项目的承担者，填报单位是向上报告调查内容的单位
④ 调查单位是向上报告调查内容的单位，填报单位是调查项目的承担者
⑤ 调查单位和填报单位都是总体单位

9. 专门组织的调查包括（　　）。
① 典型调查　　② 统计报表　　③ 重点调查
④ 普查　　　　⑤ 抽样调查

10. 重点调查（　　）。
① 可用于经常性调查　　　　② 不能用于经常性调查
③ 可用于一次性调查　　　　④ 不可用于一次性调查
⑤ 既可用于经常性调查，也可用于一次性调查

三、简答题

1. 在工业企业生产设备普查中，工业企业的每一台生产设备是调查对象、调查单位、调查项目还是填报单位？

2. 统计调查的时点和时限有什么区别？

3. 要了解我国节日铁路运输情况，对我国的主要铁路枢纽进行调查，这种调查方式是哪一种？

4. 重点调查中的重点单位的含义是什么？

5. 典型调查的特点和作用是什么？

6. 要了解某厂家生产的产品合格情况，抽取部分该厂的产品进行检测来推断出该产品的合格率，这种调查方式属于何种调查？

【调查实践】

某大学计划对在校生的消费观念、消费支出、费用来源进行调查以获取大学生消费支出的数据资料，你认为可采取什么调查组织方式？并说明理由。请尝试设计一份合适的调查问卷。

第 3 章
统计整理

【教学目的和要求】

了解统计资料整理的意义和步骤；掌握统计分组的意义和方法；掌握分配数列概念、种类；掌握变量数列编制的方法；熟练掌握统计表的构成、种类及编制规则；掌握统计图的构成、种类及绘制要求。

【重点和难点】

统计分组的方法；变量数列的编制；统计表的编制规则；统计图的绘制要求。

第一节 统计整理的意义和步骤

一、统计整理的意义

统计整理是统计工作过程中的中间环节，它既是统计调查的继续，又是统计分析的前提。

通过统计调查所获得的各项原始资料只是一些个别单位的有关标志的表现，是零星的、分散的、不系统的原始资料，它只能反映失误的表面现象，还不能反映现象的本质，更不能从数量方面来揭示现象发展变化的规律。因此，就必须对这些杂乱无章的资料去粗取精、去伪存真，由此及彼、由表及里进行科学的加工整理，得出反映总体数量特征的综合资料。

统计整理就是根据统计研究的目的，将统计调查所获得的各项原始资料按照科学的方法进行分类和汇总，使这些资料系统化、条理化，从而得到能反映总体特征的综合资料的工作过程。其中还包括系统地积累资料与为研究特定问题而对资料的再加工。例如，对某市所有家电销售企业进行调查。所收集到的每个家电销售企业的资料，一般都只是反映每个企业自己的情况，如企业销售额、销售利润、职工人数、仓储费用等，而想得到该市家电销售企业整体的情况就必须对以上所搜集到的资料进行分类、汇总、整理等加工处理，这样才能更进一步分析该市家电销售企业的经营状况、发展规模等,从而到达对该市家电销售企业的全面、系统的认识。

统计整理是整个统计工作的第三个阶段,是统计调查和统计分析之间必须经过的一个步骤,它起到连接和过渡的作用,通过统计整理能将感性认识提升到理性认识。一方面,它是统计调查的继续和深入,统计研究的基础是通过统计调查收集到的大量统计资料,但是仅仅依靠这些原始资料是不足以得到分析结果的,所以需要对这些原始资料进行科学的整理和汇总;另一方面,统计整理又是统计分析的前提和基础,统计调查获得的原始资料只有经过科学的加工、整理之后才能进行统计分析。所以统计资料整理是否科学合理,直接影响到统计分析和预测能否得到正确的结论。

二、统计整理的基本步骤

统计资料整理是一项细致的工作,需要有计划、有步骤的进行。一般来说,统计资料整理分以下几个步骤。

(一) 设计统计资料整理方案

设计统计整理方案是进行统计整理工作的基础,是统计整理效果的保障,正确地制定统计整理方案能有效地保证统计整理工作有序的进行。在进行具体的统计整理之前要进行统计整理方案的设计,所以应当首先明确统计研究的目的,以及统计整理的目标。同时还要确定怎样进行统计分组,采用那些汇总指标、汇总形式和统计资料如何体现等。

(二) 对原始资料进行审核

在进行统计汇总前,为了保证统计资料的可靠性,要对它们的准确性、完整性和及时性进行审核,及时发现问题并加以修改。

资料的准确性是指调查项目的结果是否合理、无误,统计的数据在计算过程中是否有错误等。具体核对的方法有逻辑检查和计算检查两种。逻辑检查是利用逻辑理论来检查指标之间或数据之间有无矛盾;计算检查是检查资料的计算方法和计量单位等是否符合要求,计算结果是否正确、是否符合实际情况。

资料的完整性是指所有应当调查的单位没有重复或者一样,调查表中的所有项目资料应该齐全。对完整性的核对主要就是核对资料是否有重复或者一样的情况。

资料的及时性是指资料应该按照规定的时间搜集和上报。及时性的核对就是针对资料是否按照规定的时间搜集,是否按照规定的时间上报等。

（三）对原始资料进行分组、汇总和计算

按照资料整理的要求进行分组汇总，计算各组单位数和总体单位数，计算各组指标和综合指标。

（四）汇总后检查

对整理好的资料进行检查，检查纵横平衡关系、逻辑上的差错等，以便及时纠正在汇总过程中所产生的各种差错。

（五）编制统计表或绘制统计图，反映汇总结果

统计表或统计图的制作是统计整理中的最后一个环节，在进行这个环节前应当对整理好的资料再次进行核对，及时纠正在汇总过程所发生的各种差错。要通过统计表或者统计图简明、扼要地反映社会经济现象总体及总体各部分数量方面的有机联系和数量特征，最后得到统计整理的结果，也就是统计表或者统计图。

第二节 统 计 分 组

一、统计分组的含义

统计分组是指根据统计研究的目的和被研究对象的本质特征，将统计总体按照一定的标准划分为若干性质不同的部分。

各统计总体之间既有共性又有一定的差异，而统计分组工作就是建立在这样的共性和差异的对立而统一的基础上的。进行统计分组的目的就是通过对原始数据的分组来揭示现象内部各部分之间的差异，并将不同性质的单位分开来，把性质相同或者相近的单位合在一起。也就是说，统计分组工作对统计总体来说是分，把统计总体按照一定的标准分为若干个部分；而对于总体的单位来说是合，把性质相同或者相近的个体组合起来。而选定分组标志时就应该做到同组的个体单位之间都要具有一定的相同之处，而不同组的个体单位之间应具有一定的差异。所以，统计分组实际上是对统计总体内部的个体单位进行分类的工作，而这种分类可以体现在性质、数量以及空间等方面。

统计分组贯穿于整个统计工作。统计分组的合适与否直接影响到能否整理出统计研究的目的所需要的统计资料，所以说一个良好的统计分组对整个统计工作的成败有决定性的作用。

对社会经济现象进行分析研究，不仅需要分析研究总体的数量特征，而且还

需要对总体中各个组成部分进行分析研究，这样才能更全面、深刻地认识事物的本质及其规律性。

二、统计分组的作用

(一) 区分社会经济现象的类型

例如：企业按所有制形式可分为国有企业、集体企业、私营企业和其他类型企业，通过对比分析，可以充分揭示出各类企业的特征及其发展规律。

(二) 研究总体内部结构及其变化

利用统计分组可将社会经济现象分成若干个组成部分，计算出各组成部分的数值在总体中所占的比重，就可揭示总体的内部构成情况。以我国三次产业结构为例，见表 3-1。

表 3-1　我国三次产业结构　　　　　　　%

年份 产业	1978	1980	1985	1990	1995	2000
第一产业	28.1	30.1	28.4	27.1	20.5	15.9
第二产业	48.2	48.5	43.1	41.6	48.8	50.9
第三产业	23.7	24.1	28.5	31.3	30.7	33.2

(三) 探讨现象之间的依存关系

社会经济现象之间都不是孤立的，而是相互联系、相互制约的。通过统计分组，可以揭示现象之间这种依存关系。以某镇按工人劳动生产率分组为例，见表 3-2。

表 3-2　某镇按工人劳动生产率分组表

工人劳动生产率/(万元·人$^{-1}$)	企业个数/个	成本利润率/%
2 以下	6	15
2~3	16	17
3~4	18	20
4~5	10	21

三、统计分组的方法

统计分组的关键是选择分组标志和划分各组界限。因此，统计分组的方法就是指分组标志的选择和各组界限的划分方法。

（一）分组标志的选择

分组标志是分组的标准或依据。因此，分组标志选择得恰当与否，直接关系到能否正确反映总体内部的性质特征。所以在实际工作中应根据统计研究的目的与任务正确选择分组标志。

（二）正确划分各组界限

划分各组界限，就是要在分组标志的变异范围内，划定各相邻组间的性质界限或数量界限。

划分各组界限，应当依据统计研究的目的和要求，确定总体在已选定的分组标志下有多少种性质不同的具体表现，再研究确定各组之间的具体界限。

1. 按品质标志分组

按品质标志分组就是按事物的性质、属性分组。品质标志分组一般较简单，分组标志一旦确定，组数、组名、组与组之间的界限也就确定。有些复杂的品质标志分组可根据统一规定的划分标准和分类目录进行。参见表3-3。

表3-3 某班学生按性别分组表

性别	人数/人	人数比重/%
男	15	37.5
女	25	62.5
合计	40	100.0

2. 按数量标志分组

按数量标志分组就是按事物的数量特征分组。按数量标志分组的目的并不是单纯确定各组在数量上的差别，而是要通过数量上的变化来区分各组的不同类型和性质。参见表3-4。

表3-4 某班学生考试成绩分组表

成绩/分	人数/人
60以下	4
60~70	7
70~80	15
80~90	8
90~100	6
合计	40

数量标志分组方法从以下几个方面来说明。

（1）单项式分组和组距式分组。

对离散变量，如果变量值的变动幅度小，就可以一个变量值对应一组，称单项式分组。如居民家庭按儿童数或人口数分组,均可采用单项式分组。

离散变量如果变量值的变动幅度很大,变量值的个数很多,则把整个变量值依次划分为几个区间,各个变量值则按其大小确定所归并的区间,区间的距离称为组距,这样的分组称为组距式分组。

也就是说,离散变量根据情况既可用单项式分组,也可用组距式分组。在组距式分组中,相邻组既可以有确定的上下限,也可将相邻组的组限重叠。

连续变量由于不能一一列举其变量值,只能采用组距式的分组方式,且相邻的组限必须重叠。如以总产值、商品销售额、劳动生产率、工资等为标志进行分组,就只能是相邻组限重叠的组距式分组。

在相邻组组限重叠的组距式分组中,若某单位的标志值正好等于相邻两组的上下限的数值时,一般把此值归并到作为下限的那一组(适用于连续变量和离散变量)。

组距式分组使资料的真实性受到一定程度的损害。组距式分组的假定条件是:变量在各组内的分布都是均匀的(即各组标志值呈线性变化)。

通过组距式分组以后,把各组内部各单位的次要差异抽象去了,而把各组之间的主要差异突出来,这样,各组分配的规律性可以更容易显示出来。由此可知,如组距太小,分组过细,容易将属于同类的单位划分到不同的组,因而显示不出现象类型的特点;但如果组距太大,组数太少,会把不同性质的单位归并到同一组中,失去区分事物的界限,达不到准确反映客观事实的目的。因此,组距的大小、组数的确定应根据研究对象的经济内容和标志值的分散程度等因素,不可强求一致。

(2) 等距分组和不等距分组。

等距分组是各组保持相等的组距,也就是说各组标志值的变动都限于相同的范围。不等距分组即各组组距不相等的分组。

统计分组时采用等距分组还是不等距分组,取决于研究对象的性质特点。在标志值变动比较均匀的情况下宜采用等距分组。等距分组便于各组单位数和标志值直接比较,也便于计算各项综合指标。在标志值变动很不均匀的情况下宜采用不等距分组。不等距分组有时更能说明现象的本质特征。

(3) 组限和组中值。

组距两端的数值称组限。其中,每组的起点数值称为下限,每组的终点数值称为上限。上限和下限的差称组距,表示各组标志值变动的范围。

各组标志值的平均数,各组标志数的平均数在统计分组后很难计算出来,就常以组中值近似代替。组中值仅存在于组距式分组数列中,单项式分组中不存在组中值。

组中值的计算是有假定条件的,即假定各组标志值的变化是均匀的(与组距式分组的假定条件相同)。一般情况下,组中值=(上限+下限)÷2。

对于第一组是"多少以下",最后一组是"多少以上"的开口组,组中值的计算可参照邻组的组距来决定。即:缺下限开口组组中值 = 上限 − 1/2 邻组组距,缺上限开口组组中值 = 下限 + 1/2 邻组组距。

(三)简单分组与复合分组

(1)简单分组,是指对总体只按某一个标志进行分组。

(2)复合分组,是指对总体用两个或两个以上的标志进行层叠分组。参见表 3 – 5。

表 3 – 5　某校教师按性别、职称复合分组表

组　别	人数/人	比重/%
男性	92	42.2
教授	4	1.8
副教授	18	8.3
讲师	40	18.3
助教	30	13.8
女性	126	57.8
教授	3	1.4
副教授	22	10.1
讲师	56	25.7
助教	45	20.6
合　计	218	100.0

第三节　分配数列

一、分配数列的概念和种类

(一)分配数列的概念与构成要素

1. 概念

分配数列——在统计分组的基础上,将总体的所有单位按组归类整理,并按一定顺序排列,形成总体中各个单位在各组间的分布,称为次数分配数列,简称分配数列。

在分配数列中,分布在各组的总体单位数目叫次数,又称频数;各组次数与总次数(总体单位总量)之比叫频率。

各组的频率大于 0,所有组的频率总和等于 1。

在变量分配数列中,频数(频率)表明对应组标志值的作用程度;频数(频率)越大,表明该组标志值对于总体水平所起的作用越大;反之,频数(频率)越小,表明该组标志值对于总体水平所起的作用越小。

2. 构成要素

次数分布主要由两个要素构成:一是总体按某个标志所分的组;二是各组的总体单位数,叫次数或频数,如果用比重表示,则称频率,频率是各组单位数(次数)与总体单位总数对比所得的相对数。

分配数列在统计研究中具有重要意义。分配数列是统计分组结果的主要表现形式,也是统计分析的一种重要方法。它可以表明总体单位在各组的分布特征、结构状况,并在这个基础上来进一步研究标志的构成、平均水平及其变动规律性。

(二)分配数列的种类

1. 品质数列

品质标志分组所编制的分配数列叫品质分配数列,简称品质数列。见表 3-6。

表 3-6 某大学在校学生的性别分布情况

性　别	学生人数/人	学生人数比重/%
男性	11 696	85.5
女性	1 984	14.5
合计	13 680	100.0

编制品质分配数列,只要分组标志选择得好,分组标准定得恰当,则事物性质的差异表现得比较明确,总体中各组的划分较容易。因而品质分配数列一般比较稳定,能准确地反映总体的分布特征。

2. 变量数列

按数量标志分组所编制的分配数列叫变量数列。变量数列又可分为单项式变量数列和组距式变量数列。

(1)单项式变量数列。

按每个变量值分别列组,所编制的变量数列叫单项式变量数列,又称单项数列。这样的数列组数等于数量标志所包含变量值的数目。见表 3-7。

表 3-7 某车间工人看管机器台数分布

按工人看管机器分组	工人数/人	工人比重/%
5	18	22.5
6	26	32.5
8	24	30.0
10	12	15.0
合计	80	100.0

单项变量数列一般在变量值不多且变量值的变动范围不大的条件下采用。

（2）组距式变量数列。

用表示一定变量范围（或距离），以起止的两个变量分别列组，所编制的变量数列叫组距式变量数列，又称组距数列。见表3-8。

表3-8 某企业职工月工资情况

按工资水平分组/元	按工人数/人	比重/%
100~150	180	18.0
150~200	320	32.0
200~250	400	40.0
250以上	100	10.0
合计	1 000	100.0

在组距数列中，要弄清以下几个概念。

① 组限。表示各组界限的变量值叫组限。组限又分上限和下限。下限是每组最小的变量值，上限是每组最大的变量值。表3-8中100~150元一组，100元和150元是组限，100元为下限，150元为上限。

② 组距。每组下限与上限之间的距离叫组距，它等于上限与下限之差，即组距＝上限－下限。

③ 组中值。每组下限与上限之间的中点数值叫组中值，组中值＝$\frac{上限+下限}{2}$。表3-8中的第一组的组距＝150－100＝50（元），组中值＝$\frac{150+100}{2}$＝125（元）。

编制组距式变量数列时，往往使用最小组缺下限或最大组缺上限，这样不确定组距的组，称为开口组，表3-8中第四组为开口组。开口组的组距以相邻组的组距作为本组的组距，确定其下限和上限，再计算组中值。表3-8中第四组的组中值＝$\frac{250+300}{2}$＝275（元）。

必须指出，组中值代表各组内的一般水平，这种代表有一定的假定性，即假定次数在组内分布是均匀的。

组距变量数列，根据各组的组距是否相等，可分为等距数列和异距数列。等距数列由于组距相等，各组次数的分布不受组距大小的影响，它和消除了组距影响的次数密度的分布是一致的。异距数列各组次数多少受组距不同的影响，组距大则次数数值可能大，组距小则次数数值可能小。为了清除此影响，需要计算次数密度。次数密度是单位组距的次数多少，又称为频数密度，次数密度＝$\frac{次数}{组距}$。

表3-8中第一组次数密度为$\frac{180}{50}$＝3.6。

组距变量数列，一般在变量值较多，且变量值的变动范围较大时采用。

二、组距数列的编制

某班学生统计学考试分数：
87、63、88、93、65、94、84、85、44、78
69、78、50、76、69、77、56、60、91、83
92、62、94、65、70、69、73、85、74、79
86、90、89、91、80

（一）将原始资料按其数值大小重新排列

只有把得到的原始资料按其数值大小重新排列顺序，才能看出变量分布的集中趋势和特点，为确定全距、组距和组数作准备。

设某班学生统计学考试分数数据排列如下（单位：分）：

44、50、56、60、62、63、65、65、69、69
69、70、73、74、76、77、78、78、79、80
83、84、85、85、86、87、88、89、90、91
91、92、93、94、94

（二）确定全距

全距是变量值中最大值和最小值的差数。$R = X_{max} - X_{min}$。确定全距，主要是确定变量值的变动范围和变动幅度。如果是变动幅度不大的离散变量，即可编制单项式变量数列，如果是变量幅度较大的离散变量或者是连续变量，就要编制组距式变量数列。

（三）确定组距和组数

前面已经介绍过组距数列有等距和不等距之分，应视研究对象的特点和研究目的而定。

组距的大小和组数的多少，是互为条件和互相制约的。当全距一定时，组距大，组数就少；组距小，组数就多。在实际应用中，组距应是整数，最好是5或10的整倍数。在确定组距时，必须考虑原始资料的分布状况和集中程度，注意组距的同质性，尤其是对带有根本性的质量界限，绝不能混淆，否则就失去分组的意义。

在等距分组条件下，存在以下关系：

$$组数 = 全距/组距$$

（四）确定组限

当组数、组距确定以后，还需划定各组的数量界限，才可编制组距变量数列。组限的确定，除了应区分事物的性质和反映总体的分布特征外，还应注意下列几点。

（1）最小组下限低于最小变量值，最大组上限高于最大变量值。

（2）确定组限的形式。由于变量有连续型变量和离散型变量之分，其组限的划分要求也不同。对于连续型变量，划分组限时相邻的组限必须重合，而习惯上规定，各组不包括其上限变量值的单位，即所谓"上组限不在内"的原则。对于离散型变量，划分组限时相邻组的组限必须间断。但是，在实际工作中，为了保证不重复、不遗漏总体单位，对于离散型变量也常常采用连续型变量的组限表示方法。

（3）确定开口组和闭口组。当变量出现极大值或极小值时，可采用开口组，即用××以下或××以上表示。

（五）编制变量数列

经过统计分组，明确了全距、组距、组数和组限及组限表示方法以后，就可以把变量值归类排列，最后把各组单位数综合后填入相应的各组次数栏中。见表3-9。

表3-9　某班统计学考试成绩表

按考试分数分组/%	学生人数/人
60 以下	3
60~70	8
70~80	8
80~90	9
90 以上	7
合计	35

第四节　统计表和统计图

一、统计表

（一）统计表的概念

统计表是指用纵横交叉的线条所绘制的，用以表现统计资料的表格。它是表现统计资料最常用的一种形式。

统计表是把一系列结果统计整理的统计资料按照一定的秩序和逻辑关系加以排列，利用表格的形式表达出来的一种方法。

从广义上讲，统计工作各阶段使用的一切表格都是统计表，如调查表、分组表、分析表等都可以称为统计表。但是从狭义上来说，统计表是指统计整理阶段的统计表，专门是指分析表和包含各种统计资料的表格。我们这里主要研究的是狭义上的统计表。

(二) 统计表的构成

统计表从形式上看由以下四个部分构成。

(1) 总标题，是统计表的名称，简明、扼要地说明统计表中所反映的统计资料的基本内容，并为表中的资料指明时间和空间范围，一般位于表的上端正中央。

(2) 横标题，是统计表中数据所说明的对象，即总体各组或单位的名称，可以用来说明统计资料所反映总体、总体单位及分组名称，一般位于表的左端。

(3) 纵标题，是说明总体、总体单位及各组的统计指标的名称，一般位于表的右上方。有些时候根据具体需要，可以将统计表的横标题和纵标题交换位置，也就是横标题在表格的右上方，纵标题在统计表格的左端。

(4) 指标数值，是列在横标题和纵标题交叉处的，用来说明总体、总体单位及组成部分的数列特征，它是统计表的核心部分。

除了以上内容之外，统计表还有计量单位。若全表使用同一个计量单位，则把它标在表格的右上角；如果横标题计量单位互不一致，则在横标题之后设置专门的计量单位栏；如果纵标题计量单位互不一致，则在纵标题之后加以注明。参见表 3-10。

表 3-10　我国 2000 年国内生产总值　　　→ 总标题

组　别	增加值/亿元	比重/%
第一产业	14 628	16.3
第二产业	44 935	50.3
第三产业	29 879	33.4
合计	89 442	100.0

→ 纵栏标题

} 指标数值

↓ 横行标题

统计表从内容上来看，由以下两个部分构成。

(1) 主词，也就是横标题，一般位于表格的左边，它主要说明的是统计表所要反映的总体、总体的各个组的名称。

（2）宾词，一般位于统计表的右边，它主要说明的是主词的各种统计指标，包括统计指标的名称和指标数值。参见表3-11。

表3-11　我国2000年国内生产总值

组别	增加值/亿元	比重/%
第一产业	14 628	16.3
第二产业	44 935	50.3
第三产业	29 879	33.4
合计	89 442	100.0

（主词｜宾词）

与横标题和纵标题一样，主词和宾词在必要的时候也可以相互交换位置或者合并排列。

另外，统计表还有补充资料、注解、资料来源、填表单位、填表人等。

（三）统计表的种类

统计表按主词是否分组及分组的程度分为简单表、分组表和复合表。

1. 简单表

简单表即主词未经任何分组的统计表，主词仅罗列总体各单位的名称或各个时期。见表3-12。

表3-12　我国1996—2005年粮食总产量　　　万吨

年份	1996	1997	1998	1999	2000
总产量	50 454	49 417	51 230	50 839	46 218
年份	2001	2002	2003	2004	2005
总产量	45 264	45 706	43 065	46V950	48 400

2. 分组表

分组表即主词只按某一个标志进行分组的统计表。见表3-13。

表3-13　我国2000年国内生产总值

组别	增加值/亿元	比重/%
第一产业	14 628	16.3
第二产业	44 935	50.3
第三产业	29 879	33.4
合计	89 442	100.0

3. 复合表

复合表即主词按两个或两个以上的标志进行层叠分组的统计表。见表3-14。

表 3-14　某校教师按性别、职称复合分组表

组　别	人数/人	比重/%
男性	92	42.2
教授	4	1.8
副教授	18	8.3
讲师	40	18.3
助教	30	13.8
女性	126	57.8
教授	3	1.4
副教授	22	10.1
讲师	56	25.7
助教	45	20.6
合计	218	100.0

（四）统计表的编制规则

为了使统计表能够简明扼要、准确地说明问题，在编制时应遵守以下规则。

（1）统计表的各种标题，特别是总标题应简明、确切地概括反映表中的基本内容，以及资料所属的时间和空间。

（2）如果统计表的栏数较多，应加以编号，并可以标明其相互关系。主词栏和计量单位栏一般用（甲）、（乙）、（丙）、（丁）等文字编号。宾词各栏则用（1）、（2）、（3）、…数字编号。

（3）统计表中的数字应对齐位数，当有相同数值时应填写该数，不能用"同上""同左""同右"等字样代替，若没有数字或不应该有数字时，则要用短线"—"表示；当缺乏某项资料时，可用简略号"……"标明，表示不是漏填。

（4）统计表中必须注明数字资料的计量单位或设计量单位栏，如果表中资料都属同一计量单位，可以将计量单位写在表的右上方。

（5）统计表一般采取开口式，即左右两边不封口。表的上下端横线用粗线表示。

（6）统计表的资料来源以及其他需要附加的说明可以写在表的下端，以便核查。

二、统计图

（一）统计图的概念

统计图是根据统计资料，利用点、线、面或立体图像等形式来表达其数量或变化动态的图形。

与统计表相比，统计图具有鲜明、直观、形象生动、一目了然、通俗易懂的特点，给人以明确而深刻的印象。所以统计图也是表现统计资料的一种重要形式。

(二) 统计图的构成

统计图一般由图题、图目、图尺、图线、图形、图注等几个部分组成。

图题是指统计图的标题或名称，它反映和标明统计图的内容。

图目是指在横轴的下面和纵轴的侧面所标注的表明事物的类型、地点、时间、指标等的文字或数字，说明横、纵轴所代表的事项及其单位。

图尺是指测定指标数值大小的标尺，也称尺度。包括尺度线、尺度点和尺度数。

图线是构成统计图的各种线，一般有基线（基准线）、图示线（表现各种几何图形的线）、指导线（网格线）、边框线等。

图形即图式，是根据统计资料用较粗的图示线绘成的图形，它是统计图的主体部分，主要通过它来表明社会经济现象的数字资料。

图注即统计图的注释和说明部分，包括图例、资料来源等。图例是截取图形的一部分用以说明图形内容的样本。

(三) 统计图的种类

按图形的形式不同，可分为三类：几何图、象形图和统计地图。

几何图是利用几何图形来表现统计资料的图形。如散点图、柱形图、条形图、折线图、饼形图等。

象形图是利用事物的形象来表明统计资料的图形。

统计地图是指在地图上，利用点、线、面或形象等标志来比较各区域某项指标数值大小的图形。

(四) 绘制统计图的一般要求

(1) 应根据统计资料的性质和分析研究的目的正确选择图形的类型。

(2) 图的名称应简明扼要，切合图的内容。一般放在图形的下方或上方。

(3) 在同一图内比较几种不同的事物时，须用不同的线条或颜色表示，并附图例说明。图例的形状、颜色、线纹图案等都应与图形本身一致。

(4) 纵、横轴都应有标目，并注明统计资料的计量单位，计量单位应放左尺度线的顶端或外侧。尺度数的位数不宜过多，如果过多，应扩大其计量单位，以减少位数。

(5) 如果省略图尺，在图形上应标注指标数值。

(五) 统计图的制作

目前有许多统计软件都提供了强大的统计作图功能。下面简要介绍如何创建

Excel 图表，具体步骤如下：

步骤一：打开 Excel 工作簿，输入统计数据并选定用于作图的数据范围。

步骤二：利用"图表向导"作图。

"图表向导"步骤1——确定图表类型。

选择【插入】菜单中【图表】命令，或鼠标直接点击工具栏中的"图表"图标按钮，打开"图表向导—4 步骤之1—图表类型"对话框，在对话框中选择图表类型。单击"下一步"按钮。

"图表向导"步骤2——确定图表源数据。

随即打开的"图表源数据"对话框中，"数据区域"确定图表中数据范围的选定，默认区域为当前工作表的全部有效数据。用户可以自定义区域范围。若在步骤一中已经选定数据范围，可直接单击"下一步"按钮。

"图表向导"步骤3——确定图表选项。

随机打开的"图表选项"对话框中，不同的选项卡完成不同的功能。"标题"选项卡可输入图表的标题和图号；"图例"选项卡可确定是否需要图例以及图例的放置位置；"数据标志"选项卡可选择数据标志的显示方式。各选项卡都操作结束后，单击"下一步"按钮。

"图表向导"步骤4——确定图表存放的位置。

在"图表位置"对话框中，需要确定图表存放的位置，可以存在当前工作表中，也可以存在新的工作表中。最后单击"完成"按钮。

步骤三：设置图表格式

图表建立后仍可以设置其格式，如改变图形的类型、编辑标题、修改图例、设置坐标轴格式、调整网格线等。利用【图表】菜单中所包含的命令可以完成各项操作。

案例　某企业 50 名工人的基本情况（表 3 –15）

表 3 –15 应收账款账龄分析表

工人代号	性　别	年　龄	技术职称	文化程度	月工资/元
1	男	32	中级工	大专	1 960
2	男	21	初级工	初中	1 100
3	女	30	中级工	大专	1 620
4	女	25	初级工	高中	1 350
5	女	42	高级工	高中	2 160
6	男	34	中级工	小学	1 580
7	女	35	高级工	高中	2 140
8	男	40	技师	中专	2 450
9	女	20	初级工	高中	1 120
10	女	40	中级工	初中	1 830

续表

工人代号	性别	年　龄	技术职称	文化程度	月工资/元
11	男	43	技师	中专	2 450
12	男	30	初级工	初中	1 360
13	男	25	初级工	高中	1 320
14	女	36	中级工	小学	1 580
15	男	50	技师	初中	2 210
16	女	18	初级工	初中	1 120
17	男	19	初级工	初中	1 120
18	女	20	初级工	初中	1 120
19	女	41	高级技师	大专	2 580
20	男	20	初级工	初中	1 120
21	男	25	初级工	中专	1 350
22	女	22	初级工	大专	1 380
23	女	38	中级工	小学	1 580
24	女	26	初级工	高中	1 320
25	女	20	初级工	高中	1 310
26	女	30	中级工	大专	1 620
27	男	55	高级技师	中专	2 650
28	女	20	初级工	高中	1 120
29	女	24	初级工	初中	1 310
30	女	33	中级工	小学	1 850
31	男	18	初级工	高中	1 120
32	男	52	高级技师	中专	2 630
33	男	23	初级工	大专	1 350
34	女	39	中级工	初中	1 520
35	女	19	初级工	高中	1 120
36	男	37	中级工	小学	1 580
37	女	38	中级工	初中	1 520
38	女	24	初级工	高中	1 320
39	男	42	技师	中专	2 450
40	男	28	中级工	初中	1 550
41	女	31	中级工	初中	1 560
42	女	25	初级工	初中	1 310
43	男	35	中级工	小学	1 580
44	女	29	中级工	中专	1 850
45	女	34	中级工	初中	1 580
46	女	44	高级工	小学	2 120
47	男	47	技师	高中	2 450
48	男	26	初级工	初中	1 320
49	女	40	技师	中专	2 450
50	男	44	中级工	初中	1 740

根据表中资料分别设计一份简单分组表和复合分组表。

习 题

一、单项选择题

1. 将统计总体按照一定标志划分为若干个组成部分的统计方法是（　　）。
① 统计整理　　　② 统计分析　　　③ 统计调查　　　④ 统计分组

2. 统计整理的资料（　　）。
① 只包括原始资料　　　　　　　② 只包括次级资料
③ 包括原始和次级资料　　　　　④ 是统计分析结果

3. 反映统计对象属性的标志是（　　）。
① 主要标志　　　② 品质标志　　　③ 辅助标志　　　④ 数量标志

4. 采用两个或两个以上标志对社会经济现象总体层叠起来分组的统计方法是（　　）。
① 品质标志分组　　　　　　　　② 复合标志分组
③ 混合标志分组　　　　　　　　④ 数量标志分组

5. 统计分配数列（　　）。
① 都是变量数列　　　　　　　　② 都是品质数列
③ 是变量数列或品质数列　　　　④ 是统计分组

6. 国民收入水平分组是（　　）。
① 品质标志分组　② 数量标志分组　③ 复合标志分组　④ 混合标志分组

7. 将 25 个企业按产值分组而编制的变量数列中，变量值是（　　）。
① 产值　　　　② 企业数　　　③ 各组的产值数　　④ 各组的企业数

8. 一般情况下，按年龄分组的人口死亡率表现为（　　）。
① 钟形分布　　　② 正 J 形分布　　　③ U 形分布　　　④ 对称分布

9. 按同一数量标志分组时（　　）。
① 只能编制一个分组数列　　　　② 只能编制一个组距数列
③ 只能编制组距数列　　　　　　④ 可以编制多种分布数列

10. 统计分组的核心问题是（　　）。
① 选择分组的标志　　　　　　　② 划分各组界限
③ 区分事物的性质　　　　　　　④ 对分组资料再分组

11. 划分连续变量的组限和划分离散变量的组限时，相邻组的组限（　　）。
① 必须重叠　　　　　　　　　　② 前者必须重叠，后者必须间断
③ 必须间断　　　　　　　　　　④ 前者必须间断，后者必须重叠

12. 在分组时，凡是遇到某单位的标志值刚好等于相邻两组上下限数值时，

一般是（　　）。
① 将此数值归入上限所在组
② 将此值归入下限所在的组
③ 将此值归入上限所在组或下限所在组均可
④ 另立一组

13. 有 12 名工人分别看管机器台数资料如下：2、5、4、4、3、4、3、4、4、2、2、4，按以上资料编制变量数列，应采用（　　）。
① 单项式分组　　　　　　　② 等距分组
③ 不等距分组　　　　　　　④ 以上几种分组均可

14. 在等距数列中，组距的大小与组数的多少成（　　）。
① 正比　　② 等比　　③ 反比　　④ 不成比例

15. 说明统计表名称的词句，在统计表中称为（　　）。
① 行标题　　② 主词　　③ 列标题　　④ 总标题

16. 某连续变量数列，其末组为开口组，下限为 500，又知其邻组的组中值为 480，则末组的组中值为（　　）。
① 520　　② 510　　③ 500　　④ 490

二、多项选择题

1. 统计整理是（　　）。
① 统计调查的继续　　　　　② 统计汇总的继续
③ 统计调查的基础　　　　　④ 统计分析的前提
⑤ 对社会经济现象从个体量观察到总体量认识的连续点

2. 统计分组（　　）。
① 是一种统计方法　　　　　② 对总体而言是"组"
③ 对总体而言是"分"　　　　④ 对个体而言是"组"
⑤ 对个体而言是"分"

3. 统计分组的关键在于（　　）。
① 按品质标志分组　　　　　② 按数量标志分组
③ 选择分组标志　　　　　　④ 划分各组界限
⑤ 按主要标志分组

4. 按分组标志特征不同，分布数列可分为（　　）。
① 等距数列　　② 异距数列　　③ 品质数列
④ 变量数列　　⑤ 次数与频率

5. 分布数列的两个组成要素为（　　）。
① 品质标志　　② 数量标志　　③ 各组名称
④ 次数　　　　⑤ 分组标志

6. 统计分组（　　　）。
① 是全面研究社会经济现象的重要方法
② 可将复杂社会经济现象分类
③ 可分析总体内部结构
④ 可采用多种标志分组
⑤ 利于揭示现象间依存关系

7. 分组标志的选择（　　　）。
① 是对总体划分的标准　　　② 要根据统计研究目的进行
③ 要适应被研究对象的特征　④ 必须是数量标志
⑤ 必须考虑历史资料的可比性

8. 次数分布的主要类型有（　　　）。
① J 形分布　　　② S 形分布　　　③ 钟形分布
④ U 形分布　　　⑤ Z 形分布

9. 影响次数分布的要素是（　　　）。
① 变量值的大小　② 变量性质不同　③ 选择的分组标志
④ 组距与组数　　⑤ 组限与组中值

10. 组距数列，组距的大小与（　　　）。
① 组数的多少成正比　　　② 组数的多少成反比
③ 总体单位数多少成反比　④ 全距的大小成正比
⑤ 全距的大小成反比

11. 在组距数列中，组中值（　　　）。
① 是上限和下限的中点数
② 是用来代表各组标志值的平均水平
③ 在开口式分组中无法确定
④ 在开口式分组中，可以参照邻组的组距来确定
⑤ 就是组平均数

12. 现将某班级 40 名学生按成绩分别列入不及格、及格、中等、良好、优秀 5 个组中去，这种分组（　　　）。
① 形成变量数列　　　　② 形成组距数列
③ 形成品质分布数列　　④ 形成开口式分组
⑤ 按品质标志分组

三、简答题
1. 统计资料整理的作用是什么？主要内容有哪些？
2. 影响频数分布的主要要素有哪些？
3. 统计分组的作用是什么？如何选择分组标志？
4. 什么是统计表？有什么优点？

5. 什么叫组中值？为什么说组中值只是每组变量值的代表数值而不是平均数？

四、计算题

1. 某地区工业企业按职工人数分组如下：

100 人以下

100～499 人

500～999 人

1 000～2 999 人

3 000 人以上

说明分组的标志变量是离散型的还是连续型的，属于什么类型的组距数列。

2. 下面是某公司工人月收入水平分组情况和各组工人数情况：

月收入（元）	工人数（人）
400～500	20
500～600	30
600～700	50
700～800	10
800～900	10

指出这是什么组距数列，并计算各组的组中值和频率分布状况。

3. 抽样调查某省 20 户城镇居民平均每人全年可支配收入（单位：百元）如下：

88　77　66　85　74　92　67　84　77　94　58　60　74　64　75　66　78　55　70　66

（1）根据上述资料进行分组整理并编制频数分布数列。

（2）编制向上和向下累计频数、频率数列。

（3）根据所编制的频数分布数列绘制直方图和折线图。

第 4 章
总量指标与相对指标

【教学目的和要求】

了解各种总量指标的概念和特点；掌握各种相对指标的概念和特点；掌握两种指标的计算方法及运用原则，并能熟练地计算和应用；能够灵活运用统计指标对社会经济现象进行简单分析。

【重点和难点】

总量指标的概念和种类；相对指标的概念；相对指标的种类及计算方法。

第一节 总量指标

一、总量指标的意义与作用

（一）总量指标的意义

总量指标是表明社会经济现象在一定时间、地点条件下的规模或水平的统计指标，又称为绝对指标或绝对数。例如：2009 年我国国内生产总值达到 335 353 亿元；粮食产量达到 53 082 万吨。这些指标都是总量指标，都是利用绝对数说明我国 2009 年国民经济发展的总规模、总水平的，而且它们都是通过统计调查收集、统计、汇总、整理资料而得到的综合指标。很明显总量指标也就是我们在前面所说到的数量指标。

总量指标可以表现为总量指标之间相比较，得到的增加量或减少量。例如：某地区 2001 年社会商品零售额比 2000 年增加 120 万元，也是总量指标。

（二）总量指标的作用

总量指标在统计工作中具有非常重要的作用，是最基本的综合指标，其作用主要表现在以下几个方面。

1. 总量指标是认识社会经济现象总体的起点

人们想要认识一个国家的国情国力，一个地区、一个部门或者一个单位的人力、物力、财力状况，首先表现为总量指标。例如：一个国家的国内生产总值、粮食总产量、钢铁产量、国土面积等标志着该国的生产水平和经济实力；一个企业的职工人数、固定资产、利润率、利税总额等反映了该企业人力、财力、物力的基本状况和生产经营活动的成果。通过这些指标，就能对这个国家、这个企业有个基本的认识。

2. 总量指标是制定政策，编制社会经济发展计划，实行科学管理的重要依据

无论是宏观调控还是微观调控，都不能凭空运作，必须从客观实际出发。党和国家制定各项方针、政策，编制计划以及经济管理中，一定要做到心中有数，否则，制定的各项方针、政策，计划就无法符合实际的情况，在管理过程中就会出现这样那样的问题。而这个"数"就是有关现象的总数，即总量指标。

3. 总量指标是计算相对指标和平均指标的基础

总量指标是统计指标中最基本、最常用的综合指标。因为相对指标和平均指标一般是由两个有联系的总量指标对比计算出来的，它们是由总量指标派生的，所以总量指标的计算是否科学、合理，直接影响着相对指标、平均指标的准确性。例如，强度相对指标是某一总量指标数值与另一有联系但性质不同的总量指标数值之比，平均工资是职工工资总额与职工总人数之比，等等。

二、总量指标的种类

（一）总量指标按照说明总体内容的不同，分为总体单位总量和总体标志总量

1. 总体单位总量

总体单位总量是用来反映统计总体内包含总体单位个数多少的总量指标。它用来表现统计总体的容量大小，反映社会经济现象总体的规模。例如，研究我国的人口状况，统计总体是居住在中国境内所有具有中国国籍的公民，总体单位是每一位公民，那么我国的人口总数表明总体单位的个数，是总体单位总量。再如，以全国普通高校为总体，2007 年全国共有普通高校 1 908 所，"1 908"就是反映总体的单位数，它是数个单位相加汇总而得到的。

2. 总体标志总量

总体标志总量是统计总体中各单位某一方面数量标志值的总和。它反映了社会经济现象总体的水平或工作总量。例如，研究某市的工业发展状况，统计总体是该市的所有工业企业，该市的每个工业企业是总体单位，每一工业企业的职工人数是该工业企业的一个数量标志，该市全部工业企业职工总人数就是总体标志总量；另外该市的年工业增加值、工业总产值、工业利税总额等指标也都是总体标志总量。一个已经确定的统计总体，其总体单位总量是唯一确定的，而总体指标总量却不止一个。

某一总量指标是总体单位总量还是总体指标总量并不是完全确定的（即不是固定不变的），而是随着统计总体的改变而改变。如在上例中，全市工业企业职工总人数是总体标志总量；如果研究的目的改变为研究该市工业企业职工的生活水平时，统计总体就变为全市所有工业企业的全部职工，全市工业企业职工总人数就变成总体单位总量了。

明确总体标志总量与总体单位总量之间的差别，对计算相对指标和平均指标具有重要的意义。

（二）总量指标按其所反映的时间状况不同，分为时期指标和时点指标

1. 时期指标

时期指标是反映社会经济现象在一段时间内发展过程的总结果和累计情况的总量指标。例如，我国 2009 年实现国内生产总值 335 353 亿元，是指在 2009 年这一年的时间内，我国国民经济各行业每天所创造的增加值的总和；再如产品产量、总产值、工资总额、销售额等都是时期指标。它们都是通过对现象进行连续不断的登记得到的。

时期指标具有如下特点：

第一，可以累计相加。时期指标表明现象在一定时期内活动过程的总成果。若干个时期指标相加，就得到一个更长时期的累计总量，这些结果仍然是时期指标。例如，一年的产量，是一年中每天产量的累计。

第二，时期指标的大小与现象活动时期的长短有直接关系。一般情况下，现象活动时期越长，指标数值就越大；反之则越小。因此，对时期指标进行比较，必须注意时期长短上的可比性。

第三，时期指标数值是连续登记、累计的结果。

时点指标是反映社会经济现象在某一时点（瞬间）上所处状况的总量指标。如某一时点上的人口数、商品库存数、牲畜存栏数、土地面积数等。

2. 时点指标

时点指标是反映社会经济现象在某一时刻或者某一时点（瞬间）上所处状况的总量指标。例如，我国 2000 年 11 月 1 日进行了第五次全国人口普查的登记工作，登记的全国总人口为 129 533 万人，这个指标数值仅能说明我国在 2000 年 11 月 1 日这一天的人口情况；再如商品库存额、外汇储备额等也都是时点指标。它们都是根据需要在某一时点上进行一次调查登记得到的。

时点指标具有如下特点：

第一，不能累计相加。时点指标是表明现象在某一时点上的状况，只能按时点所表示的瞬间计数，若累计相加，所得到的结果包含着大量重复计算，不仅脱离实际而且也没有任何意义。

第二，时点指标的大小与时点的间隔长短无直接联系。如资产负债表中年末资产总额并不一定大于月末资产总额。

第三，时点指标数值是间断计数的。

时点指标没有必要进行连续登记，有的也不可能连续进行登记，例如一个国家的总人口数。

时期指标和时点指标都是总量指标，但是两者之间有着明显不同的特点，而它们最根本的区别在于各自反映的现象在时间规定性上的不同。

三、总量指标的计量单位

不同的总量指标有不同的计量单位。根据总量指标反映的社会经济现象的性质不同，计量单位一般采用实物单位、价值单位和劳动单位。

（一）实物单位

实物单位是根据事物的自然属性和特点而采用的计量单位。通常使用的实物单位有自然单位、度量衡单位、标准实物量单位、复合单位和双重单位，等等。

1. 自然单位

它是指按照被研究现象的自然属性状况来度量其数列的单位。例如，人口是以"人"为单位，衣服是以"件"为单位，电视机是以"台"为单位，等等。

2. 度量衡单位

它是按照统一的度量衡制度的规定，来度量客观事物数量的计量单位。例如，布匹是以"米"为单位，粮食产量是以"千克"为单位，水是以"立方米"为单位，建筑面积是以"平方米"为单位，等等。

3. 标准实物量单位

标准实物单位是按照统一的折算标准来计量事物数量的一种实物单位。它主要用于计量存在差异的工业产品和农产品，为了准确地反映其总量，需要把各产品按照一定的标准折合成标准品再相加。如把含氮量不同的化肥都折合成含氮100%的标准化肥，把各种能源都折合成热量值为7 000 千卡[①]/千克的标准煤等。以实物单位计量的总量指标，叫做实物指标。

4. 复合单位

有些现象无法用一种计量单位准确地反映出来，而需要采用两个单位或两个以上单位的乘积来表明，这就是复合单位。例如，货物周转量用"吨千米"计量，点的度数用"千瓦时"计量，等等。

5. 双重单位

它是指同时采用两种或者两种以上的计量单位结合起来进行计量。例如，起

---

① 1 卡 = 4.18 焦耳。

重机按"吨/台"计量，拖拉机按"马力/台"计量，电动机按"千瓦/台"计量，货轮按"艘/马力/吨位"计量。

（二）价值单位

价值单位又叫货币单位，它是以货币作为价值尺度来计量社会财富和劳动成果的。例如，国内生产总值、城乡居民储蓄额、外汇收入、财政收入等都是必须用货币单位来计量的。

常用的价值单位有美元、欧元、人民币等。

（三）劳动单位

劳动单位是指用劳动时间表示的计量单位，如工时、工日等。主要用于企业内部计量工业产品的数量，它是用生产工业产品所需要的劳动时间来计量生产工人的劳动成果。例如，实际工时、等额工时等。企业首先根据自身的生产状况制定出生产单位产品所需的工时定额，再乘以产品的实物量即得到以劳动单位计量的产量指标。

四、总量指标的计算方法

下面以我国国民经济中的几个主要总量指标来介绍总量指标的计算方法。

（一）国内生产总值

1. 国内生产总值的概念

国内生产总值（GDP）是一个国家或者一个地区在一定时期内所生产和提供的最终使用的产品和服务的总价值。

2. 国内生产总值指标的作用

国内生产总值指标的作用，具体表现在以下几个方面：

（1）国内生产总值指标能综合反映国民经济活动的总量，表明国民经济发展的全貌。

（2）国内生产总值指标是衡量国民经济发展总规模、总速度的基本指标。

（3）国内生产总值指标是分析经济结构和宏观经济效益的基础指标。

（4）国内生产总值指标有利于分析研究社会最终产品（包括服务）的生产、分配和最终使用情况，能较全面地反映国家、集体和个人之间的分配关系。

（5）国内生产总值指标有利于进行国际间的对比。

3. 国内生产总值的计算方法

国内生产总值，在生产角度等于各部门增加值之和；在收入角度等于固定资产折旧、劳动者报酬、生产税净额和营业盈余之和；在支出角度等于总消费、总投资和净出口之和。因此国内生产总值的计算有生产法、收入法和支出法三种。

(1) 生产法（部门法或增加值法）。这种方法是从生产的角度来计算国内生产总值。计算公式为

$$国内生产总值 = 各部门增加值之和 \quad (4-1)$$

$$增加值 = 总产出 - 中间消耗 \quad (4-2)$$

(2) 收入法（分配法或成本法）。这种方法是从分配或收入的角度来计算国内生产总值。按这种方法计算，首先是各个部门根据生产要素在初次分配中应得的收入份额来计算增加值，然后再汇总各部门的增加值而得到的国内生产总值。计算公式为

$$国内生产总值 = 固定资产折旧 + 劳动者报酬 + 生产税净额 + 营业盈余 \quad (4-3)$$

式中：固定资产折旧是指补偿生产经营中损耗的固定资产按比例提取的折旧费；劳动者报酬是指企业、单位对从事生产经营活动的职工以及其他从业人员，以现金和实物形式支付的工资、福利费和保险费；生产税净额是指企业在生产、销售过程中应向政府缴纳的税金（利前税）减去生产补贴后的余额；营业盈余是指总产出中扣除中间消耗、固定资产折旧、劳动者报酬、生产税净额后的盈余部分，是营业利润及其他盈余。

(3) 支出法（最终产品法或者使用法）。这种方法是从最终使用的角度来计算国内生产总值。一定时期国内生产总值在本期的最终使用具体包括总消费、总投资和净出口三部分。计算公式为：

$$国内生产总值 = 总消费 + 总投资 + 净出口 \quad (4-4)$$

式中，总消费分为居民消费和社会消费，包括用于最终消费的物质产品和服务的价值；总投资是指一定时期内固定资产投资和库存增加价值的综合；净出口为物质产品和服务出口价值减去进口价值的差额。

用以上三种方法计算出来的国内生产总值，从理论上讲应该相等，但是，由于资料来源不同，实际上三种结果往往会存在差异，这种差异属统计误差。

[**例 4-1**] 某地区某年的有关统计资料见表 4-1。

表 4-1 某地区某年统计资料表　　　　　　　　万元

生　产		使　用	
总产出	282 293	总消费	80 003
中间消耗	156 629	居民消费	65 373
固定资产折旧	13 222	社会消费	14 630
劳动者报酬	64 768	总投资	48 103
生产税净额	8 811	固定资产投资	41 833
生产税	15 708	库存增加	6 270
补贴	6 897	净出口	-2 442
营业盈余	38 863	出口	17 281
		进口	19 723

根据上述资料分别用生产法、收入法和支出法计算该年的国内生产总值。

解：(1) 按生产法计算：

$$国内生产总值 = 各部门增加值之和$$
$$增加值 = 总产出 - 中间消耗$$
$$= 282\ 293 - 156\ 629$$
$$= 125\ 661(万元)$$

(2) 按收入法计算：

$$国内生产总值 = 固定资产折旧 = 劳动者报酬 = 生产税净额 = 营业盈余$$
$$= 13\ 222 + 64\ 768 + 8\ 811 + 38\ 863$$
$$= 125\ 664(万元)$$

(3) 按支出法计算：

$$国内生产总值 = 总消费 + 总投资 + 净出口$$
$$= 80\ 003 + 48\ 103 + (-2\ 442)$$
$$= 125\ 664(万元)$$

(二) 国民生产总值

国民生产总值[①]（GNP）是指在一定时期内国内生产总值与来自国外的要素净收入之和。国民生产总值和国内生产总值的关系可以用公式表示为

$$国民生产总值 = 国内生产总值 + 来自国外、本国公民的劳动者报酬和财产收入 -$$
$$国外公民从本国获得的劳动者报酬和财产收入 \quad\quad (4-5)$$

或

$$国民生产总值 = 国内生产总值 + 国外要素收入净额 \quad\quad (4-6)$$

$$国外要素收入净额 = 来自国外的劳动者报酬和财产收入 -$$
$$来自国外的财产收入净额 \quad\quad (4-7)$$

或

$$国外要素收入净额 = 来自国外的劳动者报酬净额 +$$
$$来自国外的财产收入净额 \quad\quad (4-8)$$

(三) 社会总产值

1. 社会总产值的概念和作用

社会总产值也称社会总产品，是以货币形式表现的各物质生产部门的总产出。它反映了一个国家（或地区）在一定时期内物质生产的总成果。

社会总产值指标的作用主要表现在：

(1) 社会总产值反映了物质生产部门生产的总成果。

(2) 社会总产值反映了各物质生产部门之间的经济技术联系。

(3) 社会总产值是进行宏观调控和微观管理的基础资料之一。

---

① 在联合国的新 SNA 核算体系中已经将国民生产总值改称为国民总收入。

社会总产值指标的局限性主要有：受产品中原材料转移价值大小的影响；受专业化协作程度高低和企业组织结构变动的影响。社会分工越细，专业化程度越高，协作关系越密切，产品转移价值要重复计算的次数就越多，社会总产值将随着转移价值重复计算的次数增多而加大。

2. 社会总产值的计算

由于社会总产值是各物质生产部门生产的社会产品总量，因此需要先掌握各物质生产部门的社会总产值，然后再汇总得到整个物质生产部门，即全社会的总产值。社会总产值的汇总方法有两种。

（1）社会部门总产值加总法。这种方法是直接将各物质生产部门的总产值加总求得社会总产值。即

$$社会总产值 = 工业总产值 + 农业总产值 + 建筑业总产值 + 批发零售贸易业餐饮业总产值 + 货运及生产性邮电业总产值 \quad (4-9)$$

采用这种计算方法，满足了研究各个部门生产成果的需要。实际中多采用此种方法计算社会总产值。

（2）最终消费价格法。此法是将最终消费价格计算的工业、农业和建筑业产品的价值加总求得社会总产值。其计算公式为

$$社会总产值 = \sum(各种产品产量 \times 该产品的最终消费价格) \quad (4-10)$$

（四）几个总量指标的计算关系

$$国内生产净值 = 国内生产总值 - 固定资产折旧 \quad (4-11)$$

$$国民生产净值(国民净收入) = 国民生产总值(国民总收入) - 固定资产折旧 \quad (4-12)$$

$$国民可支配总收入 = 国民生产总值 + 来自国外的经常转移净额 \quad (4-13)$$

$$国民可支配净收入 = 国民生产净值 + 来自国外的经常转移净额 \quad (4-14)$$

$$社会总产值 = 总产出 - 非物质生产部门总产出 = 物质生产部门总产出 \quad (4-15)$$

五、总量指标的计算原则

想要正确的计算和运用总量指标，就必须要注意把握以下几个总量指标的计算原则。

（一）统计总量指标时要有明确的统计含义、范围和正确的计算方法

总量指标的计算不是简单的数值汇总，而是一个复杂的理论问题。要正确地计算某一社会经济现象的总量，必须先准确地确定总量指标的含义。统计指标的

含义包括指标的内涵和外延两个方面。只有明确了总量指标的涵义,才能正确地划分总量指标的范围,进而才能正确地计算总量指标。例如,要计算国内生产总值(GDP)指标,首先要确定该指标的含义是一个国家或者一个地区在一定时期内所生产和提供最终使用产品和服务的总值,其计算范围是物质生产部门活动的成果及非物质生产部门的活动量,即整个国民经济的活动总量,国内生产总值的计算方法可以采用生产法、收入法和支出法三种计算方法。到底运用哪一种方法,一定要根据不同的研究目的和研究方法而采用明确且合理的计算方法。

(二) 计算实物量指标时应注意现象的同类性

只有同类现象才能计算实物总量,而同类性是由事物的性质决定的。例如,钢材、棉花、汽车的性质不同,就不能将它们混在一起计算实物总产量;而原煤、原油、天然气等各种不同的能源由于使用价值相同,则可以折算为标准能源计算总量。在统计粮食产量时,稻谷、小麦、玉米、高粱、谷子、豆类和薯类的产量可以直接相加。

不过,在计算货物运输总量时,产品的同类性就不称为计算条件了。因为它只要求计算货物的总量和里程,而不问其品种如何。因此对于现象的同类性认识,还应取决于现象所处的条件或者统计研究的目的。

(三) 要根据现象的性质和特点选择适当的计量单位

对于同一总量指标在不同的时间、地点、条件下进行计量时,其计量单位应当一致,并且这个计量单位应是国家统一规定的,这样才能正确反映总体的总量。如果计量单位不一致时,应当进行换算使之统一,以便于对比分析。另外计算价值指标时还应选用适当的价格。

(四) 必须正确区分时点现象和时期现象

由于时期指标和时点指标各自反映的现象在时间上的规定性不同,对时期现象而言,计算时期指标,指标数值可以直接相加;对时点现象而言,计算时点指标,指标数值不能直接相加。

第二节 相 对 指 标

一、相对指标的概念、作用及表现形式

(一) 相对指标的概念

要分析一种社会经济现象,仅仅利用总量指标是远远不够的。如果要对事物

做深入的了解，就需要对总体的组成和其各部分之间的数量关系进行分析、比较，这就必须计算相对指标。

相对指标是两个有联系的统计指数值之比所得到的比值或比率，用来反映现象之间数量对比关系和联系程度的综合指标，又称为统计相对数。其基本计算公式为

$$\text{相对指标} = \frac{\text{比数}}{\text{基数}} \tag{4-16}$$

式中，基数是用做比较标准的数；比数是与基数相比的那个数。

例如，2009年湖南省城镇人均可支配收入为 8 523.97 元，2008年为 8 617.48 元，则 2009 年湖南省城镇人均可支配收入是 2008 年的 110.52%，即（9 523.97/8 617.48）×110.52%，110.52% 就是相对指标。

相对指标是一种抽象化的数值，它反映的不是现象之间的绝对差别，而是指标之间的相对程度，它把基数抽象为 1（或 10，100，1000），然后以此为标准去衡量其他指标在同样条件下所处的相对幅度。

（二）相对指标的作用

（1）相对指标通过数量之间的对比，可以表明事物的相关、发展程度，它可以弥补总量指标的不足，使人们清楚地了解现象的相对水平和普遍程度。例如，某企业去年实现利润 50 万元，今年实现 55 万元，利润增长了 10%，这是总量指标不能说明的。

（2）把现象的绝对差异抽象化，使原来无法直接对比的指标变为可比。不同的企业由于生产规模条件不同，直接用总产值和利润比较意义不大，但如果采用一些相对指标，如资金利润率、资金产值率等进行比较，便可对企业生产经营成果做出合理评价。

（3）说明总体内在的结构特征，为深入分析事物的性质提供依据。例如计算一个地区不同经济类型的结构，可以说明该地区经济的性质；又如计算一个地区的第一、二、三产业的比例，可以说明该地区社会经济现代化程度等。

（三）相对指标的表现形式

相对指标的表现形式可以分为两类：

1. 有名数（复名数）

它主要用来表现一部分强度相对指标的数值，它是以相对指标中分子与分母指标数值的双重计量单位来表示的。例如，人均国内生产总值用"元/人"表示；人口密度用"人/平方千米"表示等。

2. 无名数

相对指标大多数以无名数表示，无名数是一种抽象化的数值，常用系数、倍

数、成数、百分数、千分数、翻番数表示。

系数和倍数是将对比基数抽象为 1 而计算来的相对数。两个数值对比,当子项和母项指标数值相差不大时,用系数表示,如工资等级系数、产品折系数等;当子项指标的数值较母项大很多时,用倍数表示。

成数是将对比基数抽象为 10 而计算出来的相对数。如粮食产量比上年增产 1 成,即增产 1/10。

百分数是将对比基数抽象为 100 而计算出来的相对数,它是相对数中最常见的一种形式,一般用%表示。如计划完成程度相对指标、物价指数等。在统计工作中,有时把两项以百分数表示的相对指标相减,差距为 5%,实际提高了 8%,说明企业总产值基数抽象为 1 000 而计算而来的相对数。当对比的分子数值比分母数值小很多时,不宜用百分数表示,一般采用千分数表示,如人口的出生率、死亡率等。

翻番数是指两个相比较的数值中,如一个数是另一个数的"2 倍",则 2 是翻番数。

二、相对指标的种类及计算方法

随着统计分析目的的不同,两个相互联系的指标数值对比,可以采取不同的比较标准(即对比的基础),而对比所起的作用也有所不同,从而形成不同的相对指标。相对指标一般有六种形式,即计划完成程度相对指标、结构相对指标、比例相对指标、比较相对指标、强度相对指标和动态相对指标。下面分别介绍它们的计算方法及应用。

(一) 计划完成情况相对指标

计划完成情况相对指标,简称为计划完成百分比,它是一定时期内某类现象的实际完成数与计划任务数之比,用以说明计划完成程度的相对指标。通常用百分数表示,其基本计算公式为

$$ 计划完成程度 = \frac{某类指标本期实际完成数}{同类指标本期计划任务数} \qquad (4-17) $$

用来计算计划完成情况相对指标的分子是对实际情况进行统计所得的数据,分母是计划指标数。在计算分子、分母在指标涵义、计算口径、计算方法、计量单位、时间长短和空间范围等方面都要一致。同时计划任务数是作为衡量计划完成情况的标准,因此分子分母不允许互换。

在对计划完成情况进行评价时,应根据不同的经济现象数值制定不同的评价标准。当社会经济现象的数值越大越好时,则计划指标是按最低限额规定。如产量、产值等,计划完成百分比超过 100% 为超额完成计划,不足 100% 为未完成

计划;分子与分母之差为正值,表示超额完成计划的绝对数,负值表示未完成计划的绝对数。当社会经济现象的数值越小越好时,则计划指标是按最高限额规定。例如,产品单位成本和原材料消耗定额等,计划完成百分比超过100%为完成计划,不足100%为超额完成计划;分子、分母之差为正值表示未完成计划的绝对数,负值表示超额完成计划的绝对数。

由于计划有短期和长期之分,计划执行情况的考核也就可以为短期计划完成情况的检查和长期计划完成情况的检查。

1. 短期计划完成情况的检查

计划指标是计算计划完成情况相对指标的基数,由于计划任务数有三种形式,即绝对数、相对数和平均数,所以计划完成情况相对指标也就有不同的计算方法。

(1) 计划指标为绝对数。当计划指标为绝对数时,计划完成情况相对指标的具体计算方法又分为两种情况:

① 计划执行结果的检查。

当计划任务和实际完成数为同一时期时,可用基本公式计算计划完成情况相对指标。

[例 4-2] 某企业 2009 年某产品计划产量 1 000 件,实际完成 1 120 件,则产量计划完成程度为

$$计划完成程度 = \frac{1\ 120}{1\ 000} \times 100\% = 112\%$$

计算结果表明,该企业超额 12% 完成产量计划,实际产量比计划产量增加了 120 件。

② 计划执行进度的检查。

当实际完成的时期只是计划期的一部分,则计划完成情况的检查,实际变为计划执行进度的检查。其计算公式为

$$计划执行进度 = \frac{计划期初期至检查日止实际累计完成数}{全期计划任务数} \times 100\%$$

$$(4-18)$$

计划执行进度要与时间进程相适应。从对全年的计划执行进度来看,一季度应完成全年计划的 25%,上半年应完成全年计划的 50%,截至第三季度时应完成全年计划的 75%。

[例 4-3] 某企业年度利润计划任务为 500 万元,第 1 到第 3 季度实际累计完成利润 400 万元,则计划执行进度 = $\frac{400}{500} \times 100\% = 80\%$,表明该企业某年第一季度至第三季度完成年度计划的 80%,总的情况是好的。

(2) 计划指标为相对数。在实际工作中,当计划任务是用提高或降低的百

分比来表示时，计划完成情况相对指标表现为实际完成百分数与计划任务百分数对比的结果。其计算公式为

$$计划完成程度 = \frac{实际完成百分数}{计划任务百分数} \times 100\%$$

$$= \frac{1 \pm 实际升降百分数}{1 \pm 计划升降百分数} \times 100\% \qquad (4-19)$$

[例4-4]2009年，某企业计划规定劳动生产率较上年提高5%，实际比上年提高了7%，则劳动生产率计划完成情况为

$$计划完成程度 = \frac{1+7\%}{1+5\%} \times 100\% = \frac{107\%}{105\%} \times 100\% = 101.9\%$$

计算结果说明，该企业劳动生产率实际比计划超额完成1.9%。

[例4-5]2009年，某企业计划规定某产品单位成本比上年降低5%，实际比上年降低了6%，则该产品单位成本计划完成情况为

$$计划完成程度 = \frac{1-6\%}{1-5\%} \times 100\% = 98.95\%$$

计算结果说明，该企业某产品单位成本降低实际比计划超额完成1.05%（1-98.95%）。

实际工作中，也常用差率来检查计划的完成情况，这种方法是直接用实际增长率（降低率）减去计划增长率（降低率），然后用百分点表示。其公式为

$$计划完成情况 = 实际增减率 - 计划增减率 \qquad (4-20)$$

如例4-4中，劳动生产率计划完成情况=7%-5%=2%，表示实际劳动生产率比计划要求多提高了2个百分点；例4-5中，某产品单位成本降低计划完成情况=6%-5%=1%，说明该企业某产品单位成本实际比计划要求多降低了1个百分点。必须注意，这种计算方法虽然简便，但与前面的计划完成情况相对指标的计算结果不同，也不符合计划完成程度的基本公式，因此，两种方法不能相互替代。

（3）计划指标为平均数。当计划指标以平均数形式下达时，其计划完成情况相对指标的计算公式为

$$计划完成程度 = \frac{实际平均水平}{计划平均水平} \times 100\% \qquad (4-21)$$

它适用于考核以平均水平表示的技术经济指标的计划完成情况，如工业生产中的工人劳动生产率、单位产品材料消耗量等指标的计划完成情况。

[例4-6]某工业企业2009年甲产品单位成本计划为600元，实际为582元，则该企业甲产品单位成本计划完成程度为

$$甲产品计划完成程度 = \frac{甲产品实际平均水平}{甲产品计划平均水平} \times 100\% = \frac{582}{600} \times 100\% = 97\%$$

计算结果说明该企业甲产品单位成本超额完成计划3%，即97% - 100% = -3%。

2. 长期计划完成情况的检查

在考核长期计划（如五年计划）完成情况时，由于计划指标有两种不同的制定方法，所以，长期计划完成情况的检查方法也就分为水平法和累计法两种。

（1）水平法。当长期计划任务是按计划期最后一年应达到的水平规定时，则检查长期计划完成程度应用水平法。用水平法检查计划完成程度就是根据计划期最后一年实际达到的水平与计划期最后一年应达到的水平相比较，来确定全期计划是否完成。其计算公式为

$$长期计划完成程度 = \frac{计划期最后一年实际达到的水平}{计划期最后一年应达到的水平} \times 100\%$$

$$(4-22)$$

[例 4-7]某企业按五年计划规定，计划期最后一年的产量达到720万件，实际执行情况见表4-2。

表4-2 某企业五年计划完成情况表　　　　　　　　　　万件

年 份	第一年	第二年	第三年	第四年				第五年			
				一季	二季	三季	四季	一季	二季	三季	四季
产量	300	410	530	150	160	170	170	190	190	210	210

根据资料计算该企业产量五年计划是完成程度。

解：该企业产量五年计划完成程度为

$$产品产量五年计划完成程度 = \frac{190 + 190 + 210 + 210}{720} \times 100\% = 111.11\%$$

计算结果表明，该企业超额11.111%完成产量五年计划。

采用水平法计算，在计划期内，只要有连续一年（可以跨年度，而且以前没有过）的实际完成数已达到计划期最后一年应达到的水平，该长期计划就算在这连续一年的最后一天完成，余下的时间就是提前完成计划时间。如在例4-7中，从这五年计划的第四年第三季到第五年第二季止，该企业已经在第五年的第二季末就完成了五年计划，那么第五年下半年的时间就是提前完成计划的时间。

（2）累计法。当长期计划任务是按计划期全期应完成的总数规定时，则检查长期计划完成程度应用累计法。累计法就是整个长期计划期间实际完成的累计数与同期计划数相比较，来确定计划完成程度。其计算公式为

$$长期计划完成程度 = \frac{计划期内各年实际累计完成数}{长期计划完成数} \times 100\% \quad (4-23)$$

[例 4-8] 某地区"十一五"期间计划固定资产投资总额 150 亿元，实际各年投资情况见表 4-3。

表 4-3　某地区"十一五"期间固定资产投资完成情况　　　　亿元

年　份	2001	2002	2003	2004	2005
固定资产实际投资额	29.4	32.6	39.1	48.9	60.0

根据资料计算该地区"十一五"期间固定资产投资的计划完成程度。

解：该地区"十一五"期间固定资产投资的计划完成程度为

$$计划完成程度 = \frac{29.4 + 32.6 + 39.1 + 48.9 + 60}{150} \times 100\% = 140\%$$

计算结果表明，该地区超额 40% 完成"十一五"固定资产投资计划。

采用累计法计算，只要从长期计划开始至计划期内某年某月某日止，实际累计完成数已达到计划数，则该长期计划就在某年某月某日完成，剩下的时间就是提前完成计划的时间。如在例 4-8 中，前四年投资总额已达到五年计划规定的 150 亿元，则该五年计划在第四年末就完成了，提前一年完成固定资产投资计划。

（二）结构相对指标

研究社会经济现象总体时，不仅要掌握其总量，而且要揭示总体内部各组成部分的数量表现，亦即要对总体内部的结构进行数量分析，这就需要计算结构相对指标。

结构相对指标就是在分组的基础上，以各组（部分）的单位数与总体单位总数对比，或以各组（部分）的标志总量与总体的标志总量对比求得的比重，借以反映总体内部结构的一种综合指标。一般用百分数、成数或系数表示，可以用公式表示为

$$结构相对数 = \frac{总体某部分或组的数值}{总体全部数值} \times 100\% \qquad (4-24)$$

式中，分子、分母可以是各组（部分）的总体单位数与总体单位总数对比，也可以是各组（部分）的标志总量与总体总量对比。概括地说，结构相对指标就是部分与全体对比得出的比值或比率。由于对比的基础是同一总体的总数值，所以各部分（组）所占比重之和应当等于 100% 或 1。

在社会经济统计中结构相对指标应用广泛，它的主要作用可以概括为以下几个方面。

（1）说明在一定的时间、地点和条件下总体的内部结构和特征。

[例 4-9] 我国 2008 年国内生产总体构成见表 4-4。

表4-4 2008年我国国内生产总值构成表

项 目	总值指标/亿元	比重/%
国内生产总值	182 321	100.00
其中：第一产业	22 718	12.46
第二产业	86 208	47.28
第三产业	73 395	40.26

资料来源：《2008年全国及地方国民经济和社会发展统计公报》

从表4-4中的资料可以看出，在我国2008年国内生产总值中，第一产业为12.46%，第二产业为47.28%，第三产业为40.26%。

（2）不同时期结构相对指标的变化，可以反映现象的发展趋势，分析经济结构的演变规律。

[例4-10] 世界人口和农业人口的资料见表4-5。

表4-5 世界人口的农业人口的发展趋势

年 份	1950	1960	1970	1980	1985	1990	2000	2010	2020	2025
世界人口/亿人	25.2	30.2	36.9	44.5	48.5	52.9	62.5	71.9	80.6	84.7
其中：农业人口/亿人	16.2	17.6	17.6	21.9	22.9	23.9	25.7	26.6	26.5	26.2
农业人口所占比重/%	64.3	58.4	58.4	49.4	47.2	45.1	41.1	37.0	32.0	30.9

资料来源：《中国统计》1990年第5期

从表4-5的资料中可以看出，不同年份的世界人口中农业人口所占的比重呈现平稳下降的趋势，这也是伴随经济发展、工业化程度提高和社会进步而产生的必然结果。

（3）根据各构成部分所占比重大小，可以反映所研究现象总体的质量以及人力、财力、物力的利用情况。

例如，文盲、青年受高等教育人口比率等指标可从文化教育方面表明人口的质量；产品的合格率、优质品率、高新技术品率、商品扣耗率等指标可表明企业的工作质量；出勤率、缺勤率、设备利用率等指标可反映企业的人力、财力、物力的利用状况。

（4）利用结构相对指标，有助于分清主次，确定工作重点。

在物资管理工作中，采用ABC分析法，其基本原理就是对影响经济活动因素进行分类，按各种因素影响程度的大小分为A、B、C三类，实行分类管理。采用这种方法的依据，就是根据对统计资料的分析，计算结构相对指标。

[例4-11] 某物资企业物资分类情况见表4-6。

表 4-6 某物资企业物资分类表

类别	占资金的比重/%	占品种的比重/%
A	80	20
B	15	30
C	5	50

由表 4-6 的资料可见，应重点抓好 A 类物资的管理，其次要注意 B 类物资的管理，就可以控制资金的 95%，收到较好的经济效果。

(三) 比例相对指标

比例相对指标是反映总体中各个组成部分之间的比例关系和均衡状况的综合指标规模。它是同一总体中某一部分数值与另一部分数值静态对比的结果，其计算公式为

$$比例相对指标 = \frac{总体中某一部分数值}{总体中另一部分数值} \quad (4-25)$$

比例相对指标的数值一般用百分数或比率的形式表示。

[例 4-12] 某学校教学人员为 900 人，非教学人员为 100 人，则教学人员与非教学人员的比例用比率形式可表示为 9∶1。

统计分析中，有时还要求用连比形式表示总体中若干个组的比例关系，如农轻重的比例关系等。

根据统计资料，计算各种比例相对指标，反映有关事物之间的实际比例关系，有助于我们认识客观事物是否符合比例协调发展的要求，参照有关标准，可以判断比例关系是否合理。在宏观经济管理中，这对研究分析整个国民经济与社会发展是否协调具有重要的意义。经常不断地研究和分析这些比例关系，有利于发展研究社会经济发展的规律。

比例相对指标和结构相对指标有着密切的联系，两者的作用相同，只是对比的方法不同，侧重点有所差别，比例相对指标所反映的比例关系是一种结构性比例。

(四) 比较相对指标

比较相对指标就是将不同地区、单位或企业之间同类现象的指标数值作静态对比而得出的综合指标，表明同类事物在不同空间条件下的差异程度或相对状态。比较相对指标可以用百分数、倍数和系数表示。其计算公式为

$$比较相对指标 = \frac{甲地区(单位或企业)某类现象指标数值}{乙地区(单位或企业)同类现象指标数值} \quad (4-26)$$

式中，用来对比的分子与分母可以是两个绝对数对比，也是两个相对数对比，还可以是两个平均数对比。

[例 4-13] 两个类型相同的工业企业，甲企业全员劳动生产率为 18 542 元/(人·年)，乙企业全员劳动生产率为 21 560 元/(人·年)，则两个企业全员劳动生产率的比较相对指标为

$$甲与乙的比较相对指标 = \frac{18\ 542}{21\ 560} \times 100\% = 86\%$$

计算比较相对指标时应注意对比指标的可比性，此外，比较基数的选择要根据资料的特点及研究目的而定，如例 4-13 是以乙企业的全员劳动生产率作为比较标准，计算结果说明甲企业全员劳动生产率是乙企业的 86%；如以甲企业全员劳动生产率作为比较标准，则表明乙企业全员劳动生产率是甲企业的 116.28%。这两种计算方法的角度不同，但都能说明问题，具体以哪个指标作为比较的基础，应根据研究目的以及哪种方法能更确切地说明问题的实质而定。

在经济管理工作中，广泛应用的是比较相对指标。例如，用各种质量指标在企业、车间或班组之间进行对比，把各项技术经济指标与国家规定的标准条件对比，与同类企业的先进水平或世界先进水平对比，借以找差距、挖潜力、定措施，为提高企业的经营管理水平提供依据。

(五) 强度相对指标

强度相对指标就是在同一空间（国家、地区、企业）内，两个性质不同而有一定联系的总量指标数值对比所得出的相对指标，是用来分析事物之间数量对比关系，表明现象的强度、密度和普遍程度的综合指标。其计算公式为

$$强度相对指标 = \frac{某一总量指标数值}{另一个有联系而性质不同的总量指标数值} \quad (4-27)$$

[例 4-14] 我国土地面积为 960 万平方千米，第五次人口普查人口总数为 129 533 万人，则

$$人口密度 = \frac{129\ 533}{960} \approx 135(人/平方千米)$$

又如，以铁路（公路）长度与土地面积对比，可以得出铁路（公路）密度。这些强度相对指标都是用来反映现象的密集程度或普遍程度。

用强度相对指标来说明社会经济现象的强弱程度时，广泛采用人均产量（产值）指标来反映一个国家的经济实力。例如，按全国人口数计算的人均钢产量，人均粮食产量等，这种强度相对指标的数值越大，表示一个国家的经济发展程度越高，经济实力越强。

由于强度相对指标是两个性质不同但有联系的总量指标数值之比，所以在多数情况下，是由分子与分母原有的计量单位组成的双重单位表示的，如人口密度用人/平方千米，人均钢产量用吨/人等。但有少数的强度相对指标因其分子与分母的计量单位相同，可以用千分数或百分数表示其指标数值。例如：

$$人口自然增长率 = \frac{年内出生人口数 - 年内死亡人口数}{年平均人口数} \times 100\%$$

$$= \frac{年内出生人口自然数增长数}{年平均人口数} \times 100\%$$

$$= 人口出生率(\%) - 人口死亡率(\%)$$

又如，商品流通费用额与商品销售额对比得出的商品流通费用率，则用百分数表示。

有少数反映社会服务业的负担情况或保证程度的强度相对指标，其分子和分母可以互换，所以当强度相对指标数值大小与现象之间的密度、强度成正比关系的叫做正指标；反之，当强度相对指标数值大小与现象之间的密度、强度成反比关系的叫做逆指标。例如：

$$商业网点密度(正指标) = \frac{某地区零售商业机构数(个)}{同地区人口数(千人)}$$

$$商业网点密度(逆指标) = \frac{某地区人口数(千人)}{同地区零售商业机构数(个)}$$

从强度相对指标数值的表现形式上看，一部分强度相对指标带有"平均"的意义。例如，按人口计算的主要产品产量指标用吨（千克）/人表示；按全国人口分摊的每人平均国民收入用元/人表示。但究其实质，强度相对指标与平均指标有根本的区别。平均指标是同一总体中的标志总量与单位总量之比，是将总体的某一数量标志的各个变量值加以平均，分子与分母的指标数值之比，它表明两个不同总体之间的数量对比关系，分子与分母的指标数值没有对应关系。

强度相对指标在实际工作中被广泛应用。首先，它能反映社会经济现象的强弱程度和经济实力。如平均每人的国内生产总量、主要产品产量等，都是反映国家和地区经济实力的重要指标。其次，强度相对指标可用来反映社会生产活动的条件或效果，如工业企业流动资产利润相对指标可反映社会活动的条件或效果，工业企业的流动资产利润率和流通费用率等可反映企业的生产效果。此外，强度相对指标还可以反映服务机构为社会服务的能力大小。如商业网点密度、固定电话及移动电话普及率等，都是反映商业、信息通信部门为社会服务能力的大小。

计算强度相对指标，必须从社会经济现象的本质方面去寻求它们之间的内在联系，这样就能使两个指标的对比具有实际意义。如将钢铁总产量与人口对比就有实际意义，但把钢铁总产量与土地面积对比就没有意义，因为它们之间没有内在联系。

（六）动态相对指标

动态相对指标是指将同类现象、同类指标在不同日期的两个数值进行对比而得出的相对数，借以表明现象在时间上发展变化的程度，也称为发展速度。

$$动态相对指标 = \frac{报告期水平}{基期水平} \times 100\% \qquad (4-28)$$

公式中的基期是用来作为比较标准的时期，报告期是进行分析研究的那个时期。动态相对指标一般用百分数表示，当数值很大时，也可用倍数表示。

[例 4 – 15] 2009 年，我国国内生产总值（GDP）为 335 353 亿元，2005 年的国内生产总值（GDP）为 182 321 亿元，则

$$动态相对指标 = \frac{335\ 353}{182\ 321} \times 100\% = 183.94\%$$

说明我国 2009 年国内生产总值比 2005 年增长了 83.94%。

动态相对指标在统计分析中应用非常广泛，本书将在第 6 章中进行详细的介绍。

三、计算和运用相对指标应注意的问题

上述六种相对指标从不同的角度出发，运用不同的对比方法，对两个有关系的指标数值进行静态或动态的比较，对总体各部分之间的关系进行数量分析，对两个不同总体之间的联系程度作比较，是统计中常用的基本数量分析方法之一。要使相对指标在统计分析中起到应有的作用，在计算和应用相对指标时应遵循以下原则。

（一）可比性原则

相对指标是两个有联系的指标数值之比，对比结果的正确性，直接取决于两个指标数值的可比性。如果违反可比性这一基本原则计算相对指标，就会失去其实际意义，得出不正确的结论。对比指标的可比性，是指对比的指标在含义、内容、范围、时间、空间、计算方法和口径等方面是否协调一致，相互适应。如果各个时期的统计数值因行政区划、组织机构、隶属关系的变更，或因统计制度方法的改变不能直接对比，就应以报告期的口径为准，调查基期的数值。许多用金额表示的价值指标，由于价格的变动，各期的数值进行对比不能反映其实际发展变化程度，一般要按不变价格换算，以消除价格变动的影响。

（二）定性分析与定量分析相结合的原则

计算对比指标数值的方法是简便易行的，但要正确地计算和运用相对指标，还要采用定性分析与定量分析相结合的原则。因为事物之间的对比分析，必须是同类型的指标，只有通过统计分组，才能确定被研究现象的同质总体，便于同类现象之间的对比分析。这说明要在确定事物性质的基础上，再进行数量上的比较或分析，而统计分组在一定意义上也是一种定性分类或分析。即使同一种相对指

标在不同地区或不同时间进行比较，也必须先对现象的性质进行分析，判断是否具有可比性。同时，通过定性分析，可以确定两个指标数值的对比是否合理。例如，将不识字人口数和全部人口数对比来计算文盲率，显然是不合理的，因为其中包括未达学龄的人数和不到接受初中文化教育年龄的人数，不能如实反映文盲人数在相应的人口数中所占的比重。通常计算文盲率的公式为

$$\text{文盲率} = \frac{15\text{岁以上不识字人口数}}{15\text{岁以上全部人口数}} \times 100\%$$

（三）各种相对指标综合应用的原则

各种相对指标的具体作用不同，都是从不同的侧面来说明所研究的问题。为了全面而深刻地说明现象及发展过程的规律性，应该根据统计研究的目的，综合运用各种相对指标。例如，为了研究工业生产情况，既要计划地完成情况指标，又要计算生产、发展的动态相对指标和强度相对指标。又如，分析生产计划的执行情况。此外，把几种相对指标结合起来运用，可以比较、分析现象变动中的相互关系，更好地阐明现象之间的发展变化情况。由此可见，综合运用结构相对指标、比较相对指标、动态相对指标等多种相对指标，有助于剖析事物变动中的相互关系及其后果。

（四）相对指标和总量指标结合运用的原则

总量指标虽然能反映现象总体的总规模和总水平，却不容易看清现象的差异程度。相对指标虽能反映现象之间的数量对比关系及差异程度，却掩盖了现象之间绝对量的差别。因此，只有将相对指标与总量指标结合起来，才能使我们对客观事物有正确的认识。

[例4-16] 生产同种产品的两个企业产量资料见表4-7。

表4-7　甲、乙企业产量表　　　　　　万吨

企业名称	基期	报告期
甲企业	50	60
乙企业	500	600

两个企业发展速度分别为

$$\text{甲企业的发展速度} = \frac{60}{50} \times 100\% = 120\%$$

$$\text{乙企业的发展速度} = \frac{600}{500} \times 100\% = 120\%$$

从绝对数来看，这两个企业的产量、基期和报告期相差9倍，但从相对数来看，却完全相等。所以，在利用相对指标进行分析时，不结合其相应的总量指

标,就不易得出正确的结论,难以对其实质做出正确的判断。

案例　万发家用电器厂产品竞争能力分析

万发家用电器厂前两年电风扇市场占有率比较高。由于产品质量较好,价格相对较低,无需在销售中花费更多气力,就可得到较高的市场占有率。销售总量在该省同行业中所占比例前两年为 8.3%。2007 年他们仍然沿用过去的销售方法,没有什么新的开拓,原以为还可以保持以前的市场占有率,但 2007 年市场占有率却降为 4.3%,全厂经济效益急剧下降,从厂领导到职工都十分焦急,希望找到原因,重振万发电器厂的雄风。市场占有率下降,说明企业竞争能力减弱。本厂电风扇市场占有率为何下降?有什么对策?厂领导统计科进行分析研究。

统计科经过研究认为,影响产品市场竞争能力的主要因素有产品质量、出厂价格、促销策略、售后服务等方面。所以统计科着重就电风扇质量的主要指标——无故工作时间、出厂价格、产品成本等方面,搜集了本企业和本省同行业年度报告及上年度的统计资料,进行整理和分析后,得到的资料见表 4-8。

表 4-8　统计资料

	无故障工作时间/小时		成本/元		价格/元	
	上年度	本年度	上年度	本年度	上年度	本年度
本企业	27 420	39 700	220	25	245	270
同类企业	27 300	39 920	217	216	250	248
同类先进企业	28 200	41 150	215	213	272	272

请从以下几个方面进行分析:
(1) 上年度本企业电风扇无故障工作时间、成本、价格与其他两类企业比较。
(2) 本年度本企业电风扇无故障工作时间、成本、价格与其他两类企业比较。
(3) 本年度本企业电风扇无故障工作时间、成本、价格与去年同期相比较。

习　题

一、单项选择题
1. 总量指标按其反映时间状况不同,可以分为(　　)。
① 总体总量和标志总量　　　　② 总体总量和时期指标
③ 标志总量和时期指标　　　　④ 时点指标和时期指标
2. 总量指标按其反映内容的不同,可以分为(　　)。
① 时点指标和时期指标　　　　② 时期指标和标志总量
③ 总体总量和标志总量　　　　④ 总体总量和时点指标

3. 某厂的劳动生产率计划比去年提高5%，执行结果提高8%，则劳动生产率计划执行提高程度为（　　）。

① $8\% - 5\% = 3\%$ 　　　　　　② $5\% + 8\% = 13\%$

③ $\dfrac{105\%}{108\%} - 100\% = -2.78\%$ 　　　　④ $\dfrac{108\%}{105\%} - 100\% = 2.86\%$

4. 在五年计划中，用水平法检查计划完成程度适用于（　　）。

① 规定计划期初应达到的水平

② 规定计划期末应达到的水平

③ 规定5年累计应达到的水平

④ 规定计划期内某一时期应达到的水平

5. 总量指标是（　　）。

① 有计量单位的

② 无计量单位的

③ 有的有计量单位，有的无计量单位

④ 抽象的无什么经济内容的数字

6. 比例相对指标是用来反映总体内部各部分之间内在的（　　）。

① 计划关系　　② 质量关系　　③ 强度关系　　④ 数量关系

7. 在相对指标中，主要用名数表示的指标是（　　）。

① 结构相对指标　　　　　　② 强度相对指标

③ 比较相对指标　　　　　　④ 动态相对指标

8. 某厂2001年的工业总产值，按2000年不变价格计算为606万元，按1990年不变价格计算为632万元，该厂2002年工业总产值实际为652万元（按1990年不变价格计算），完成当年计划的102%，则该厂2002年计划工业总产值（按2000年不变价格计算）应该是（　　）。

① $\dfrac{632}{606} \times 652 \div 1.02$ 　　　　② $\dfrac{606}{632} \times 652 \times 1.02$

③ $\dfrac{632}{652} \times 606 \div 1.02$ 　　　　④ $\dfrac{606}{632} \times 652 \div 1.02$

9. 某种产品按五年计划规定，最后一年产量应达到450万吨，计划执行情况如下（单位：万吨）：

时间	第一年	第二年	第三年		第四年				第五年			
			上半年	下半年	一季度	二季度	三季度	四季度	一季度	二季度	三季度	四季度
产量	300	320	170	190	100	100	110	120	120	120	130	130

该产品五年计划任务（　　）。

① 提前一年完成　　　　　　② 提前9个月完成

③ 提前半年完成　　　　　　④ 提前3个月完成

10. 按人口平均计算的钢产量是（　　）。

① 算术平均数　　② 比例相对数　　③ 比较相对数　　④ 强度相对数

11. 某地区有 40 个工业企业，职工人数为 8 万人，工业总产值为 4.5 亿元，在研究工业企业职工分布和劳动生产率的情况时（　　）。

① 40 个企业既是标志总量又是总体单位总量

② 8 万人既是标志总量又是总体单位总量

③ 4.5 亿元既是标志总量又是总体单位总量

④ 每个企业的产值既是标志总量又是总体单位总量

12. 产品合格率、设备利用率这两个相对数是（　　）。

① 结构相对数　　② 强度相对数　　③ 比例相对数　　④ 比较相对数

13. 我国第五次人口普查结果，我国男女之间的对比关系为 1.063∶1，这个指标是（　　）。

① 比较相对数　　② 比例相对数　　③ 强度相对数　　④ 结构相对数

二、多项选择题

1. 总量指标的计量单位有（　　）。

① 实物单位　　　② 劳动单位　　　③ 货币单位

④ 百分比和千分比　　　　　　　　⑤ 倍数、系数和成数

2. 在社会经济中计算总量指标有着重要意义，是因为总量指标是（　　）。

① 对社会经济现象认识的起点　　② 实行社会管理的依据之一

③ 计算相对指标和平均指标的基础　　④ 唯一能进行统计计算的指标

⑤ 没有统计误差的统计指标

3. 在相对指标中，分子和分母可以互相对换的有（　　）。

① 比较相对指标　② 比例相对指标　③ 动态相对指标

④ 结构相对指标　⑤ 强度相对指标

4. 相对指标的数值表现形式是（　　）。

① 抽样数　　　② 有名数　　　③ 无名数

④ 样本数　　　⑤ 平均数

5. 总量指标和相对指标的计算运用原则有（　　）。

① 可比性原则

② 与典型事物相结合的原则

③ 相对指标和总量指标相结合的原则

④ 多项指标综合运用的原则

⑤ 结合经济内容的原则

6. 下列指标中属于强度相对指标的有（　　）。

① 按人口计算平均每人占有国民收入

② 人口自然增长率

③ 人口密度

④ 按人口计算平均每人占有粮食产量

⑤ 职工出勤率

7. 时点指标的特点是（　　）。

① 数值可以连续计算　　　　　② 数值只能间断计算

③ 数值可以连续相加　　　　　④ 数值不能直接相加

⑤ 数值大小与所属时间长短无关

8. 在相对指标中，属于不同总体数值对比的指标有（　　）。

① 动态相对数　　② 结构相对数　　③ 比较相对数

④ 比例相对数　　⑤ 强度相对数

三、简答题

1. 什么叫总量指标？计算总量指标有什么重要意义？总量指标的种类如何分别？

2. 什么是相对指标？相对指标的作用有哪些？

3. 在分析长期计划执行情况时，水平法和累计法有什么区别？

4. 结构相对指标和比例相对指标有何区别？

四、计算题

1. 某企业生产情况如下：

	2005 年总产值			2006 年总产值		
	计划/万元	实际/万元	完成计划/%	计划/万元	实际/万元	完成计划/%
一分厂		200	105	230		110
二分厂	300		115	350	315	
三分厂		132	110	140		120
企业合计						

要求：（1）填满表内空格；

（2）对比全厂两年总产值计划完成程度的好坏。

2. 某工厂 2006 年计划工业总产值为 1 080 万吨，实际完成计划的 110%，2006 年计划总产值比 2005 年增长 8%，试计算 2006 年实际总产值为 2005 年的百分比。

3. 某地区 2006 年计划利税比上年增长 20%，实际为上年利税的 1.5 倍，试计算该地区 2006 年利税计划完成程度。

4. 某种工业产品单位成本，本期计划比上期下降 5%，实际下降了 9%，则该种产品成本计划执行结果如何？

5. 我国"十五"计划中规定，到"十五"计划的最后一年，钢产量规定为 7 200 万吨，假设"八五"期间最后两年钢产量情况如下（单位：万吨）：

	第一季度	第二季度	第三季度	第四季度
第四年	1 700	1 700	1 750	1 750
第五年	1 800	1 800	1 850	1 900

根据表中资料计算：

（1）钢产量"十五"计划完成程度；

（2）钢产量"十五"计划提前完成的时间是多少。

6. 某城市 2005 年末和 2006 年末人口数和商业网点的有关资料如下：

时 间	2005 年	2006 年
人口数目/万人	110	210
商业网点/个	54 000	12 500
商业职工/人	138 000	96 000

计算：（1）平均每个商业网点服务人数；

（2）平均每个商业职工服务人数；

（3）指出是什么相对指标。

7. 我国 2006 年职工人数和工资情况：

项 目	职工人数		职工工资	
	万人	比重/%	亿元	比重/%
全民职工	7 451		469	
集体职工	2 048		100	
合计	9 499		569	

计算表内资料的结构相对指标。

8. 某市电子工业公司所属三个企业的有关资料如下：

企业名称	2006 年职工人数		2005 年工业总产值/万元	2006 年工业总产值			2006 年全员劳动生产率	2006 年工业总产值为 2005 年的/%	各企业和全公司劳动生产率为乙企业的倍数
	人数/人	比重/%		计划/万元	实际/万元	完成计划/%			
（甲）	(1)	(2)	(3)	(4)	(5)	(6)	(7)	(8)	(9)
甲	300		900	1 500	1 800				
乙	3 000			3 000		130.0		260.0	
丙	450	12.0		1 200	1 800			300.0	
合计	3 750	100.0							

试根据表中已知数据计算空格中的数字（保留一位小数并分别说明（2）、(6)、(8)、(9)栏是何种相对指标）。

9. 某企业2005年计划比上年增产甲产品10%，乙产品8%，丙产品5%；实际产量甲产品为上年1.2倍，乙产品为上年0.85倍，丙产品为上年2.03倍。试确定三种产品的计划完成程度指标。

10. 某企业产值计划完成103%，比上年增长55%，试问计划规定比上年增长多少。又该企业某产品成本应在去年600元水平上降低12元，实际上今年每台672元，试确定降低成本计划完成指标。

第 5 章
平均指标

【教学目的和要求】

正确理解平均指标的含义、种类及编制原则；正确理解标志变异指标的含义、种类；掌握平均指标和标志变异指标的计算方法，并能运用这些指标对社会经济现象的发展状况进行分析。

【重点和难点】

平均指标和标志变异指标的概念；平均指标和标志变异指标的种类和计算方法。

第一节 平均指标的意义和作用

一、平均指标的意义

平均指标又名平均数，是表明社会经济现象某一数量标志值在具体时间、地点、条件下达到的一般水平。它是在同质总体中，将各单位之间某一数量标志的差异抽象化，用以反映该总体某一数量标志的典型水平或代表水平。也可以说，平均数指用以描述分配形式集中趋势，表明数量总体平均特征的一个简单数值。如平均身高、平均成绩、平均亩产量、平均工资等。

在同质总体中，由于总体的变异性，总体单位的标志值表现总会有差别，体现出总体各单位的数量差异，但是我们可以将总体各单位的数量标志值进行综合，然后用一个数值说明总体在某方面达到的一般水平。

二、平均指标的特点

（1）平均指标是一个代表值，它代表的是总体各单位某一数量标志值的一般水平，即中等水平。比如，某单位职工的平均工资为 1 800 元，它代表的是该单位职工工资的一般水平，也就是大多数工人所处的工资水平。

（2）平均指标是对总体各单位某一数量标志值之间差异的抽象化。例如，某单位职工甲、乙、丙工资分别为 1 100 元、1 250 元、1 550 元。那么平均工资为 1 300 元，这个数值并不是职工的实际工资额，有些职工的工资高于 1 300 元，有些职工的工资低于 1 300 元。所以说，平均工资 1 300 元是一个抽象数值。

（3）平均指标反映总体分布的集中趋势。集中趋势是指一组数据向其中心值靠拢的倾向，总体各单位的某一数量标志值一般存在比较大的差异，在一般情况下，由于平均指标的存在，使得距离平均数越近的标志值个数越多，距离平均数越远的标志值个数越少，所以平均指标反映总体各单位数量标志值的集中趋势。

三、平均指标的作用

平均指标是一个重要的综合指标，应用非常广泛，它的作用主要有：

1. 平均指标可以反映现象的一般水平

由于总体中某一标志在数量上存在差异，从小到大可以形成一定的分布。一般情况下，标志值很大或很小的单位出现的次数都比较少，随着间隔平均数的距离越近，单位数会越来越多。比如某班级学生的身高情况，身高特别高或特别矮的人只是少数，而在平均身高这一数值的周围人数占总人数的比重很大。所以说，平均身高这一指标反映了该班级身高的集中趋势。

2. 平均指标便于同一现象在时间和空间上的对比

要研究两个地区的粮食生产水平，由于播种面积不同，若用粮食总产量对比就无法说明问题，因为粮食总产量和播种面积多少有直接关系，若计算平均亩产量，则可比较、判断不同地区粮食生产水平的高低。又如，要研究一个单位职工工资的变动趋势，如果用工资总额在不同时期进行对比，会受到不同时期职工人数增减变动的影响，只有用平均工资进行对比，才能反映出职工工资水平提高或降低的趋势。

3. 利用平均指标可以分析现象之间的依存关系

在对总体分组的情况下，用平均指标可以分析现象之间存在的依存关系。例如，将耕地按施肥量等标志分组，在此基础上计算各组的农作物收获率，就可以反映出施肥量与收获率之间的依存关系。

第二节　平均指标的种类和计算方法

取得集中趋势代表值的方法通常有两种：一是从总体各单位变量值中抽出一般水平的量，这个量不是各个单位的具体变量值，但又要反映总体各单位的一般水平，这种平均数称为数值平均数，数值平均数有算术平均数、调和平均数、几何平均数等形式；二是先将总体各单位的变量值按一定顺序排列，然后取某一位置的变量值来反映总体各单位的一般水平，把这个特殊位置上的数值看做是平均数，称作位置平均数，位置平均数有众数、中位数等形式。

一、算术平均数

算术平均数是统计中最常用的一种平均指标，算术平均数是对总体各单位某一数量标志值的平均值，它等于总体各单位某一数量标志值的总和（即总体标志总量）除以总体单位数（即总体单位总量）。它表明平均每一单位所分担标志值的多少。其基本形式为

$$算术平均数 = \frac{总体标志总量}{总体单位总量}$$

利用上式计算时，要求各变量值必须是同质的，分子与分母必须属于同一总体，即公式的分子是分母具有的标志值，分母是分子的承担者。在实际工作中，就手工计算而言，由于所掌握的统计资料的不同，利用上述公式进行计算时，可分为简单算术平均数和加权算术平均数两种。

（一）简单算术平均数

如果资料没有进行分组，而且掌握了总体单位数和各单位的标志值或总体标志总量，求各标志值的平均值，可采用简单算术平均法。设一组数据为 x_1，x_1，…，x_n，则简单算术平均数的计算公式为

$$\bar{x} = \frac{x_1 + x_2 + \cdots + x_n}{n} = \frac{\sum x}{n}$$

式中，$\bar{x}$ 代表算术平均数；x 代表各单位标志值；$\sum$ 为求和符号；n 代表总体单位数。

[例 5-1] 某小组 8 位同学的统计学原理考试成绩分别为 70 分、72 分、78 分、82 分、85 分、86 分、90 分、98 分，则该组 8 位同学的平均成绩为

$$\bar{x} = \frac{70 + 72 + 78 + 82 + 85 + 86 + 90 + 98}{8} = \frac{661}{8} = 82.6(分)$$

简单算术平均数的计算只适用于总体单位数较少且每一个标志值出现的次数相同的情况。而且，当总体标志值出现极端值的时候，平均指标的代表性会降低。因此，在实际应用中，出现极大值或极小值时，应先将极端值删除后再计算平均指标。

（二）加权算术平均数

用各组标志值乘以相应的次数得到各组标志总量，然后将各组标志总量加总

得到总体标志总量,再除以总次数,即得加权算术平均数。其计算公式为

$$\bar{x} = \frac{\sum xf}{\sum f} \text{ 或 } = \sum x \cdot \frac{f}{\sum f}$$

式中:x 代表各组标志值;f 代表各组标志值出现的次数,也称权数;$\frac{f}{\sum f}$ 代表各组次数占总次数的比重,也称权重。

[例 5-2] 某车间 20 名工人日产量资料统计见表 5-1,试计算 20 名工人平均日产量。

表 5-1　某车间 20 名工人日产量分布数列

日产量 x/件	工人数 f/人	各组产量 xf/件
10	1	10
11	3	33
12	4	48
13	6	78
14	4	56
15	2	30
合计	20	255

工人平均日产量 $\bar{x} = \frac{\sum xf}{\sum f} = \frac{255}{20} = 12.75$(件)

[例 5-3] 在例 5-2 中,如果已知条件是各组日产量和各组人数比重,要计算工人平均日产量,则应用 $\bar{x} = \sum x \cdot \frac{f}{\sum f}$ 公式计算,见表 5-2。

表 5-2　某车间工人日产量分组表

日产量 x/件	各组工人人数占总人数比重 $\frac{f}{\sum f}$/%	$x \cdot \frac{f}{\sum f}$
10	5	0.50
11	15	1.65
12	20	2.40
13	30	3.90
14	20	2.80
15	10	1.50
合计	100	12.75

工人平均日产量 $\bar{x} = \sum x \cdot \frac{f}{\sum f} = 12.75$(件)

从上面两个例子不难看出,工人平均日产量的大小不仅取决于各组工人日产量水平高低的影响,而且受各组工人人数重复出现的频数(f)或频率($f/\sum f$)的影响,如果某一组的频数或频率较大,说明该组的数据较多,那么该组数据的大小对算术平均数的影响就大;反之则小。可见各组频数的多少(或频率的高低)对平均的结果起着一种权衡轻重的作用,因而这一衡量变量值相对重要性的数值称为权数。

[**例 5 - 4**] 某企业 50 名工人加工零件资料见表 5 - 3,计算人均日产量。

表 5 - 3　某企业 50 名工人加工零件均值计算表

按零件数分组	组中值 x	频数 f	xf
105 ~ 110	107.5	3	322.5
110 ~ 115	112.5	5	562.5
115 ~ 120	117.5	8	940.0
120 ~ 125	122.5	14	1 715.0
125 ~ 130	127.5	10	1 275.0
130 ~ 135	132.5	6	795.0
135 ~ 140	137.5	4	550.0
合计	—	50	6 160.0

$$平均日产量 = \frac{\sum xf}{\sum f} = \frac{6\ 160}{50} = 123.2(件)$$

当然,利用组中值作为本组平均值计算算术平均数,是在各组内的标志值分布均匀的假定情形下。计算结果与未分组数列的相应结果可能会有一些偏差,应用时应予以注意。在统计分析过程中,如果搜集到的是经过初步整理的次级数据,或数据要求不很精确的原始数据资料可用此法计算均值;如果要求结果十分精确,那么需用原始数据的全部实际信息;如果计算量很大,可借助计算机的统计功能。

如果是计算相对数的平均数,则应符合所求的相对数本身的公式,将分子视为总体标志总量,分母视为总体单位总量。

[**例 5 - 5**] 某公司下属 10 个企业 2006 年总产值计划完成情况见表 5 - 4。

表 5 - 4　某公司下属 10 个企业 2006 年总产值计划完成情况

计划完成程度/%	企业个数	计划产值/万元
90 ~ 100	2	2 500
100 ~ 110	5	8 000
110 ~ 120	3	4 500
合计	10	15 000

根据表中资料计算该公司下属 10 个企业平均计划完成程度。

分析：该公司下属 10 个企业的平均计划完成程度即为该公司的计划完成程度，应用全公司的实际产值与计划产值相比，因此，权数应为计划产值，而不是企业个数。计算过程如下（表 5-5）：

表 5-5 某公司下属 10 个企业产值平均计划完成程度计算表

计划完成程度/%	企业个数	计划产值 f/万元	组中值 x/%	实际产值 xf/万元
90~100	2	2 500	95	2 375
100~110	5	8 000	105	8 400
110~120	3	4 500	115	5 175
合计	10	15 000	—	15 950

所以该公司下属 10 个企业产值平均计划完成程度为

$$\bar{x} = \frac{\sum xf}{\sum f} = \frac{15\,950}{15\,000} = 1.063 = 106.3\%$$

计划完成相对数的计算公式是实际完成数与计划任务数之比，因此，平均计划完成程度的计算只能是所有企业的实际完成数与其计划任务数之比，不能把各个企业的计划完成百分数进行简单的平均运算。

（三）算术平均数性质

算术平均数在统计学中具有重要的地位，它是进行统计分析和统计推断的基础。首先，从统计思想上看，它是一组数据的重心所在，是数据误差相互抵消后的必然性结果，比如对同一事物进行多次测量，若所得结果不一致，可能是由于测量误差所致，也可能是其他因素的偶然影响，利用算术平均数作为其代表值，可以使误差相互抵消，反映出事物必然性的数量特征；其次，它具有下面一些重要的数学性质，这些数学性质在实际工作中有着广泛的应用（如在相关性分析方差分析及建立回归方程中），同时也体现了算术平均数的统计思想。

（1）各变量值与其算术平均数的离差之和等于零，即 $\sum (x - \bar{x})f = 0$；

（2）各变量值与其算术平均数的离差平方和最小，即 $\sum (x - \bar{x})^2 f = \min$。

二、调和平均数

对于分组资料，如果已知的条件是各组标志值和各组标志总量，求各组标志值的平均数，则用倒数算术平均数法计算。先用各组标志总量除以各组标志值得出各组单位数，将各组单位数加总得出总体单位数，再用各组标志总量之和（总体标志总量）除以总体单位数即得倒数算术平均数。

其计算形式也有简单调和平均数和加权调和平均数两种。

(一) 简单调和平均数

简单调和平均数按照调和平均数的定义是各变量值倒数的简单算术平均数的倒数。其计算公式为

$$H = \frac{n}{\frac{1}{x_1} + \frac{1}{x_2} + \cdots + \frac{1}{x_n}} = \frac{n}{\sum \frac{1}{x}}$$

[**例 5-6**] 某种蔬菜早市每千克 1.2 元，午市每千克 1 元，晚市每千克 0.75 元。如果早中晚各买 1 元，则该蔬菜的平均价格为

$$H = \frac{3}{\frac{1}{1.2} + \frac{1}{1} + \frac{1}{0.75}} = \frac{3}{3.17} \approx 0.95 (元)$$

(二) 加权调和平均数

加权调和平均数按照调和平均数的定义是各变量值倒数的加权算术平均数的倒数。其计算公式为：

$$H = \frac{m_1 + m_2 + \cdots + m_n}{\frac{m_1}{x_1} + \frac{m_2}{x_2} + \cdots + \frac{m_n}{x_n}} = \frac{\sum m}{\sum \frac{m}{x}}$$

[**例 5-7**] 假定有甲、乙两家企业职工的月工资资料如表 5-6。试分别计算其平均工资。

表 5-6　两企业职工工资情况表

月工资 x/元	工资总额 m/元		职工人数 $f=m/x$/人	
	甲	乙	甲	乙
1 000	50 000	60 000	50	60
1 200	78 000	60 000	65	50
1 500	82 500	60 000	55	40
合计	210 500	180 000	170	150

在这里，平均工资仍然必须是总体标志总量（工资总额）与总体单位总数（职工总人数）之比。依据给出的月工资水平和工资总额的分组资料，可以首先用各组工资总额除以各组月工资水平，得到各组的职工人数，进而加总得到职工总人数，这样就很容易计算出甲乙两企业各自的平均工资。将这些计算过程归纳起来，就运用了调和平均数的公式。

计算甲企业的平均工资，得到：

$$H_{甲} = \frac{\sum m}{\sum \frac{m}{x}} = \frac{50\,000 + 78\,000 + 82\,500}{\frac{50\,000}{1\,000} + \frac{78\,000}{1\,200} + \frac{82\,500}{1\,500}} = 210\,500/170 \approx 1\,238 (元)$$

对于乙企业，固然也可以采用加权调和平均数公式来计算其平均工资：

$$H_乙 = \frac{\sum m}{\sum \frac{m}{x}} = \frac{60\,000 + 60\,000 + 60\,000}{\frac{60\,000}{1\,000} + \frac{60\,000}{1\,200} + \frac{60\,000}{1\,500}}$$

$$= \frac{180\,000}{150} = 1\,200(元)$$

然而在这里，由于各组的权数（工资总额）相同，实际上并没有真正起到加权的作用。采用简单调和平均数的公式来计算，可以得到完全相同的结果，而计算过程却大大简化了：

$$H_乙 = \frac{3}{\sum \frac{1}{x}} = \frac{3}{\frac{1}{1\,000} + \frac{1}{1\,200} + \frac{1}{1\,500}} \approx 1\,200(元)$$

从计算过程可以看出，由于掌握的资料不同，倒数算术平均数与加权算术平均数的计算方法也不同。在加权算术平均数中，权数是已知的，首先需要计算子项总体标志总量（各组标志值与权数乘积的总和），而在倒数算术平均数中，权数是未知的，所以首先需要计算母项总体单位总量（各组标志总量除以相应标志值的总和），但是二者的经济内容是一致的，子项都是总体标志总量，母项都是总体单位总量。

三、几何平均数

几何平均数是 n 个变量值乘积的 n 次方根。它适用于社会现象按一定比率变化情况下求变化比率的一般水平。根据统计资料的不同，几何平均数也有简单几何平均数和加权几何平均数之分。

（一）简单几何平均数

直接将 n 项变量连乘，然后对其连乘积开 n 次方根所得的平均数即为简单几何平均数。它是几何平均数的常用形式，计算公式为

$$G = \sqrt[n]{x_1 \cdot x_2 \cdot x_3 \cdot \cdots \cdot x_n} = \sqrt[n]{\prod x} \qquad (5-5)$$

式中，G 为几何平均数；$\prod$ 为连乘符号。

[例5-8] 某产品需进行前后衔接的四道工序才能完工。各工序产品的合格率分别为95%、92%、90%、80%，整个生产线产品的平均合格率为

$$G = \sqrt[4]{0.95 \times 0.92 \times 0.90 \times 0.80}$$
$$= \sqrt[4]{0.6293} = 89.06\%$$

（二）加权几何平均数

与算术平均数一样，当资料中的某些变量值重复出现时，相应地，简单几何平均数就变成了加权几何平均数。计算公式为

$$\bar{x}_G = \sqrt[\Sigma f]{x_1 \cdot x_2 \cdot x_3 \cdot \cdots \cdot x_n} = \sqrt[\Sigma f]{\prod_{i=1}^{n} x_i^{f_i}} \quad (5-6)$$

式中，f_i 代表各个变量值出现的次数。

[**例 5-9**] 某工商银行某项投资年利率是按复利计算的，20 年的利率分配如表 5-7 所示，计算 20 年的平均年利率。

表 5-7 某工商银行某项投资 20 年的利率分配表

年 份	第 1 年	第 2~4 年	第 5~15 年	第 16~20 年
年利率/%	5	8	15	18

计算平均年利率。

分析：要计算平均年利率，首先要计算平均年本利率，用平均年本利率减 1（或 100%），即可得到平均年利率。

因为总本利率为

$$(105\%)^1 \times (108\%)^3 \times (115\%)^{11} \times (118\%)^5$$

所以平均年利率：

$$\bar{x}_G = \sqrt[20]{1.05^1 \times 1.08^3 \times 1.15^{11} \times 1.18^5} = 114.14\%$$

即 20 年的平均年利率为 114.14% - 1 = 14.14%

四、众数和中位数

平均指标除了用总体各单位标志值计算的数值平均数外，还有根据总体中处于特殊位置上的个别单位或部分单位的标志值来确定的代表值，它对于整个总体来说，具有非常直观的代表性，因此，常用来反映分布的集中趋势。常用的有众数和中位数。

（一）众数

众数是总体中出现次数最多的标志值。由于它出现的次数最多，所以它的代表性较强，在某些情况下可以用来代表总体的一般水平。例如，为了掌握市场上某商品的价格水平，可以不必全面登记该商品的销售额及销售量，只需要用市场上最普遍的成交价格来代表这种商品价格的一般水平。

1. 由单项数列确定众数

根据单项数列确定众数比较容易，可以直接观察确定，出现次数最多的标志值就是众数。

[例 5-10] 某生产车间工人日产量分组资料见表 5-8。

表 5-8　某车间工人日产量次数分布

日产量/件	工人人数/人
10	3
11	5
12	7
13	16
14	9
15	5
合计	45

从表中资料可以看出，次数最多的是第 4 组，工人人数达到 16 人，所以该组的标志值 13 件为众数。

2. 由组距数列确定众数

首先要根据次数最多的原则确定众数所在的组，即众数组，再用比例插值法推算众数的近似值。计算公式有下限公式和上限公式

下限公式

$$M_0 = x_L + \frac{f - f_{-1}}{(f - f_{-1}) + (f - f_{+1})} \cdot d$$

上限公式

$$M_0 = x_U - \frac{f - f_{+1}}{(f - f_{-1}) + (f - f_{+1})} \cdot d$$

式中，M_0 表示众数 x_L 表示众数组下限；x_U 表示众数组上限；f 表示众数组次数；f_{-1} 表示众数组前一组的次数；f_{+1} 表示众数组后一组的次数；d 表示众数组的组距。

[例 5-11] 某企业 50 名工人加工零件资料见表 5-9，计算 50 名工人日加工零件数的众数。

表 5-9　某企业 50 名工人加工零件分布表

按零件数分组	组中值 x	频数 f
105~110	107.5	3
110~115	112.5	5
115~120	117.5	8
120~125	122.5	14
125~130	127.5	10

续表

按零件数分组	组中值 x	频数 f
130~135	132.5	6
135~140	137.5	4
合计	—	50

解：从表中的数据可以看出，最大的频数值是14，即众数组为120~125这一组，根据公式得50名工人日加工零件的众数为

$$M_0 = 120 + \frac{14-8}{(14-8)+(14-10)} \times 5 = 123（件）$$

或

$$M_0 = 125 - \frac{14-10}{(14-8)+(14-10)} \times 5 = 123（件）$$

众数是平均数的一种，但它不是根据总体各单位标志值计算出来的，而是根据它所处的位置确定的，所以是一种位置平均数，它不受极端值的影响，在实际工作中，对某些现象如果不需要精确计算其平均数值时，可以用众数作为一般水平的代表值。例如，说明一个企业中工人最普遍的技术等级，说明消费者需要的内衣、鞋袜、帽子等最普遍的号码，说明农贸市场上某种农副产品最普遍的成交价格等，都需要利用众数。但是必须注意，从分布的角度看，众数是具有明显集中趋势点的数值，一组数据分布的最高峰点所对应的数值即为众数。当然，如果数据的分布没有明显的集中趋势或最高峰点，众数也可能不存在；如果有两个最高峰点，也可以有两个众数。只有在总体单位比较多，而且又明显地集中于某个变量值时，计算众数才有意义。

(二) 中位数

把总体各单位某一数量标志值按大小顺序排列，居于中间位置的标志值就是中位数。由于中位数的位置居中，不大也不小，在某些情况下可以用来反映现象的一般水平。

从中位数的定义可知，所研究的数据中有一半小于中位数，一半大于中位数。中位数的作用与算术平均数相近，也是作为所研究数据的代表值。在一个等差数列或一个正态分布数列中，中位数就等于算术平均数。

在数列中出现了极端变量值的情况下，用中位数作为代表值要比用算术平均数更好，因为中位数不受极端变量值的影响；如果研究目的就是为了反映中间水平，当然也用中位数。在统计数据的处理和分析时，可结合使用中位数。

1. 根据未分组资料确定中位数

对于未分组资料，确定中位数的步骤是：

第一步，将总体各单位标志值按大小顺序排列；

第二步，按 $\frac{n+1}{2}$ 计算中位数所在的位置，该位置对应的标志值即为中位数。

若总体单位数 n 为奇数,处于中间位置的标志值即为中位数;若 n 为偶数,则处于中间位置的两个标志值的算术平均数即为中位数。

[例 5 – 12] 某企业生产线甲组 9 个工人的日产量（件）分别为

$$15\quad 17\quad 18\quad 19\quad 20\quad 21\quad 22\quad 23\quad 24$$

则中位数的位置是: $\dfrac{n+1}{2}=\dfrac{9+1}{2}=5$

即排在第 5 位工人的日产量 20 件为中位数。

[例 5 – 13] 某生产小组 10 个工人的日产量（件）分别为

$$15\quad 17\quad 18\quad 19\quad 20\quad 21\quad 22\quad 23\quad 24\quad 25$$

则中位数的位置是: $\dfrac{n+1}{2}=\dfrac{10+1}{2}=5.5$

将排在第 5、第 6 位的工人的产量进行简单算术平均,中位数 $=\dfrac{20+21}{2}=20.5$（件）。

2. 根据单项数列确定中位数

根据单项数列确定中位数的步骤是:

第一步,计算累计次数;

第二步,按 $\dfrac{\sum f+1}{2}$ 计算中位数所在的位置,该位置对应的标志值即为中位数。

[例 5 – 14] 某企业工人生产某种产品所需要的时间统计资料见表 5 – 10。

表 5 – 10　某企业工人生产某种产品所需时间分布数列

生产单位产品所需时间/分	工人人数/人	累计次数/人
15	3	3
16	5	8
17	10	18
18	20	38
19	12	58
20	5	55
合计	55	—

因为累计次数 $\sum f=55$,所以中位数的位置是: $\dfrac{\sum f+1}{2}=\dfrac{55+1}{2}=28$。

从表 5 – 10 可以看出,第 28 次落在第四组内,所以第四组的标志值 18 分即为中位数。

3. 根据组距数列确定中位数

根据组距数列确定中位数的步骤是:

第一步,计算累计次数 $\sum f$;

第二步,按 $\frac{\sum f}{2}$ 计算中位数所在的组;

第三步:用插值法按比例计算中位数的近似值。

计算公式有下限公式和上限公式:

下限公式(较小制累计时用)

$$M_e = x_L + \frac{\frac{\sum f}{2} - S_{m-1}}{f_m} \cdot d$$

上限公式(较大制累计时用)

$$M_e = x_U - \frac{\frac{\sum f}{2} - S_{m+1}}{f_m} \cdot d$$

式中,M_e 表示中位数;x_L 表示中位数所在组的下限;x_U 表示中位数所在组的上限;f_m 表示中位数所在组的次数;S_{m-1} 表示较小制累计频数栏中中位数所在组前一组的累计次数;S_{m+1} 表示较大制累计频数栏中中位数所在组后一组的累计次数;d 表示中位数所在组的组距。

[例 5-15] 某公司职工年收入水平分组资料见表 5-11。

表 5-11 某公司职工年收入次数分布

年收入/万元	职工人数/人	较小制累计次数	较大制累计次数
2.0~2.5	6	6	64
2.5~3.0	10	16	58
3.0~3.5	12	28	48
3.5~4.0	18	46	36
4.0~4.5	11	57	18
4.5~5.0	7	64	7
合计	64	—	—

从表 5-11 可以看出中位数所在组为第四组,再利用公式确定中位数的具体数值。

按下限公式计算:

$$M_e = x_L + \frac{\frac{\sum f}{2} - S_{m-1}}{f_m} \cdot d = 3.5 + \frac{\frac{64}{2} - 28}{18} \times 0.5 = 3.6(万元)$$

按上限公式计算

$$M_e = x_U - \frac{\frac{\sum f}{2} - S_{m+1}}{f_m} \cdot d = 4 - \frac{\frac{64}{2} - 18}{18} \times 0.5 = 3.6(万元)$$

中位数也是一种位置平均数，由于它是处于中间位置的标志值，因此它不受极端值的影响。

第三节　平均指标的应用

众数、中位数和算术平均数各自具有不同的特点，掌握它们之间的关系和各自的特点，有助于在实际应用中选择合理的测度值来描述数据的集中趋势。

众数是一种位置代表值，易理解，不受极端值的影响。任何类型的数据资料都可以计算，但主要适合于作为定类数据的集中趋势测度值；即使资料有开口组仍然能够使用众数。众数不适于进一步代数运算，有的资料根本不存在众数；当资料中包括多个众数时，很难对它进行比较和说明，其应用范围没有算术平均数的广泛。

中位数也是一种位置代表值，不受极端值的影响；除了数值型数据，定序数据也可以计算，而且主要适合于作为定序数据的集中趋势测度值，而且开口组资料也不影响计算。中位数不适于进一步代数运算，其应用范围没有算术平均数的广泛。

算术平均数的含义通俗易懂，直观清晰；全部数据都要参加运算，因此它是一个可靠且具有代表性的量；任何一组数据都有一个平均数，且只有一个平均数；用统计方法推断几个样本是否取自同一总体时，必须使用算术平均数；具有优良的数学性质，适合于代数方法的演算。算术平均数是实际应用中最广泛的集中趋势测度值，主要适合于定距和定比数据的集中趋势测度值；最容易受极端值的影响；对于偏态分布的数据，算术平均数的代表性较差；资料有开口组时，按相邻组组距计算假定性很大，代表性降低。

一、众数、中位数和算术平均数的关系

算术平均数、众数和中位数之间的关系与次数分布数列有关。在次数分布完全对称时，算术平均数、众数和中位数都是同一数值，如图5-1（a）所示；在次数分布非对称时，算术平均数、众数和中位数不再是同一数值了，而具有相对固定的关系。在右偏态分布中，众数最小，中位数适中，算术平均数最大，如图5-1（b）所示；在左偏态分布中，众数最大，中位数适中，算术平均数最小，如图5-1（c）所示。

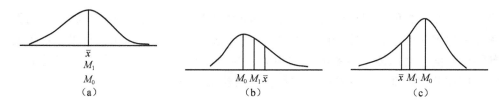

图 5-1 众数、中位数和算术平均数的关系

二、平均指标的应用原则

（一）总体的同质性是计算和应用平均数的前提条件和基本原则

因为只有在同质总体中，总体各单位才具有共同的特征，从而才能按某一数量标志值计算其平均数，用一个代表性数值反映总体的一般水平。否则，平均数就会把现象的本质差异掩盖起来，不能起到说明事物性质及其规律性的作用。

（二）要用组平均数补充说明总体平均数

总体平均数作为总体各单位数量标志值的一般水平，掩盖了总体各单位或各个组之间的差异，从而显示不出总体现象内部的结构状况，因此，通常需要用组平均数补充说明总体平均数，才能真实客观地认识和评价事物。现以表 5-12 资料为例来说明。

表 5-12 甲、乙两村 2006 年谷物生产情况

谷物名称	播种面积/亩①		总产量/万千克		平均亩产/千克	
	甲村	乙村	甲村	乙村	甲村	乙村
小麦	500	700	17.5	24.64	350	352
玉米	200	200	6.0	6.20	300	310
稻谷	800	600	48.0	37.20	600	620
合计	1 500	1 500	71.5	68.04	477	454

从表 5-12 资料中可以看出，甲、乙两村相比，虽然乙村三种谷物的平均亩产都高于甲村的，但是三种谷物的总体平均亩产却低于甲村的，造成总体平均数与组平均数不一致原因，是因为影响总体平均数大小有两个因素，一个是各组平均水平，另一个是各组面积结构，任何一个因素发生变化，都会影响总体平均水

---

① 1 亩 = 667 平方米。

平。从表 5-12 可以明显看出，乙村的面积结构发生了变化，高产作物稻谷的面积比重比甲村的小，而低产作物小麦的面积比重比甲村的大。由此可见，现象内部结构不同，对总体平均数的影响很大，为了能正确说明总体平均数变动的原因，应在分组的基础上计算组平均数，借以补充说明总体平均数。

(三) 用分配数列补充说明平均数

由于平均数只能说明现象的一般水平，而把总体各单位标志值之间的差异给抽象化了，掩盖了总体各单位某一数量标志值之间的差异及分布状况。为了能比较深入、全面地说明问题，在利用平均数对社会现象进行分析时，还要结合原来的分配数列，分析平均数在原数列中所处的位置，以及各单位标志值在平均数上下分配情况。

(四) 平均数要与变异指标结合运用

平均指标是表明总体各单位标志值的集中趋势，而不能反映总体各单位标志值的离散程度，因此，需要采用变异指标来反映总体各单位标志值的离中趋势，从而比较全面地反映总体分布特征。

第四节　标志变异指标

平均指标是表明总体各单位标志值的一般水平，反映各个变量值的集中趋势，而掩盖了标志值之间的差异，要全面了解总体各单位标志值的分布特征，不仅要了解各单位标志值的集中趋势，而且还要了解各单位标志值的离中趋势，这就需要研究标志变异指标。

一、标志变异指标的概念和作用

(一) 标志变异指标的概念

标志变异指标又称标志变动度，是反映总体各单位标志值的差别程度的综合指标。它综合反映了总体各单位标志值的差异性，从另一方面说明了总体的数量特征。平均指标说明总体各单位标志值的集中趋势，而变异指标则说明标志值的分散程度或离中趋势。

变异指标是衡量平均指标代表性的尺度。一般来讲，数据分布越分散，变异指标越大，平均指标的代表性越小；数据分布越集中，变异指标越小，平均指标的代表性越大。常用的变异指标有全距、平均差、标准差、变异系数。

(二) 标志变异指标的作用

1. 标志变异指标是评价平均指标代表性的尺度

平均指标是总体各单位数量标志值一般水平的代表值，其代表性的高低取决于总体各单位标志值的差异程度，标志值的差异程度越大，标志变异指标数值就越大，平均指标的代表性就越弱；反之，标志值的差异程度越小，标志变异指标数值就越小，平均指标的代表性就越强。

[例 5-16] 两个生产小组工人的日产量如下：（单位：件）

甲组： 3 4 5 6 7 　　$\bar{x}=5$（件）

乙组： 1 2 4 5 13 　　$\bar{x}=5$（件）

这两个生产小组的平均日产量都是 5 件，但其标志值的分散程度不同，甲组标志值的分散程度比乙组的小，所以甲组平均日产量的代表性比乙组强。

2. 标志变异指标可以反映现象变动的均衡性或稳定性

标志变动度越大，说明变量值的稳定性越差，标志变动度越小，说明变量值越稳定。通常用来检测产品质量或评价工作质量。

[例 5-17] 对两个建筑队工人砌墙垂直偏差度测定如下：（单位：mm）

甲组： 4 5 5.4 6.6 8 15 　　$\bar{x}=7.33$（mm）

乙组： 6 6 6.2 7.4 8.4 10 　　$\bar{x}=7.33$（mm）

虽然这两个小组工人砌墙垂直偏差度平均数值是相同的，都是 7.33mm，但是甲队六个工人的垂直偏差度差异较大，则说明甲组工人砌墙质量差。

二、标志变异指标的种类及计算

(一) 全距（R）

全距是总体各单位标志值中最大值与最小值之差，即两个极端值之差，所以又称为极差。用以说明标志值的变动范围。

计算公式为：

$$R = x_{\max} - x_{\min}$$

式中，R 为全距；$x_{\max}$ 为最大标志值；$x_{\min}$ 为最小标志值。

[例 5-18] 两个生产小组工人的日产量：

甲组的全距 $R_甲 = 7 - 3 = 4$（件）

乙组的全距 $R_乙 = 13 - 1 = 12$（件）

可见乙组日产量的变动范围比甲组大。

全距计算虽然简便，但是它仅取决于两个端点值的大小，不能全面反映各标志值的变异情况。

在实际工作中，全距常用来检查产品质量的稳定性和进行质量控制。在正常生产条件下,全距在一定范围内波动,若全距超过给定的范围,就说明有异常情况出现。因此,全距有助于及时发现问题,以便采取措施,保证产品质量。

(二) 平均差 ($A \cdot D$)

平均差是总体各单位标志值与其算术平均数的离差绝对值的算术平均数,是表明总体各单位标志值平均变动程度的指标。由于各标志值与其算术平均数离差总和等于0,所以在计算平均差时取离差的绝对值。其计算公式如下。

(1) 简单平均式(用于未分组资料):

$$A \cdot D = \frac{\sum |x - \bar{x}|}{n}$$

(2) 加权平均式(用于分组资料):

$$A \cdot D = \frac{\sum |x - \bar{x}| \cdot f}{\sum f}$$

[例5-19] 仍以例5-16中甲、乙两组工人日产量资料为例,计算其平均差。

甲组平均差 $A \cdot D_{甲} = \dfrac{|3-5|+|4-5|+|5-5|+|6-5|+|7-5|}{5}$

$= \dfrac{6}{5} = 1.2 (件)$

乙组平均差 $A \cdot D_{乙} = \dfrac{|1-5|+|2-5|+|4-5|+|5-5|+|13-5|}{5}$

$= \dfrac{16}{5} = 3.2 (件)$

可见,乙组工人日产量的差异程度比甲组大。

[例5-20] 计算某单位职工月工资的平均差(月工资资料见表5-13)。

表5-13 职工月工资平均差计算表

月工资(元)	职工人数比重 $\dfrac{f}{\sum f}$ /%	组中值 x /元	$x \cdot \dfrac{f}{\sum f}$	$\|x - \bar{x}\|$ ($\bar{x} = 798$)	$\|x - \bar{x}\| \cdot \dfrac{f}{\sum f}$
500以下	4	450	18.0	348	13.92
500~600	10	550	55.0	248	24.80
600~700	15	650	97.5	148	22.20
700~800	18	750	135.0	48	8.64
800~900	22	850	187.0	52	11.44
900~1000	20	950	190.0	152	30.40
1000以上	11	1050	115.5	252	27.72
合计	100	—	798.0	—	139.12

平均工资 $\bar{x} = \sum x \cdot \dfrac{f}{\sum f} = 798 (元)$

平均差 $A \cdot D = \dfrac{\sum |x - \bar{x}| \cdot f}{\sum f} = \sum |x - \bar{x}| \cdot \dfrac{f}{\sum f} = 139.12(元)$

计算结果说明，该单位每个职工的月工资收入与总体平均工资额平均相差139.12元。

平均差是依据总体各单位标志值计算的，因此它可以表明所有离差的一般水平。其不足之处在于采用了绝对值，因此难以对其作进一步的数学处理，在统计实践中很少应用。

(三) 标准差 (σ)

标准差是最常用、最基本的一种标志变异指标。在统计中称总体各单位标志值与其算术平均数离差平方的算术平均数为方差，方差的平方根为标准差，也叫均方差。

其计算公式如下。

(1) 对于未分组资料，采用简单式

$$\sigma = \sqrt{\dfrac{\sum (x - \bar{x})^2}{n}}$$

(2) 对于分组资料，采用加权式

$$\sigma = \sqrt{\dfrac{\sum (x - \bar{x})^2 \cdot f}{\sum f}}$$

[例5-21] 某生产小组四个工人的日产量分别为5件、6件、8件、9件，则平均日产量 $\bar{x} = \dfrac{\sum x}{n} = \dfrac{5+6+8+9}{4} = 7(件)$

标准差 $\sigma = \sqrt{\dfrac{(5-7)^2 + (6-7)^2 + (8-7)^2 + (9-7)^2}{4}} = \sqrt{2.5} = 1.58$（件）

[例5-22] 某生产车间工人生产某种产品所需要时间统计资料见表5-14，根据资料计算其标准差。

表5-14 工人生产某种产品所需时间标准差计算表

时间 x/分	人数 f/人	xf	$(x-\bar{x})^2$	$(x-\bar{x})^2 \cdot f$
10	2	20	8.41	16.82
11	4	44	3.61	14.44
12	5	60	0.81	4.05
13	8	104	0.01	0.08
14	6	84	1.21	7.26
15	5	75	4.41	22.05
合计	30	387	—	64.70

平均每人所需时间 $\bar{x} = \dfrac{\sum xf}{\sum f} = \dfrac{387}{30} = 12.9(分)$

标准差 $\sigma = \sqrt{\dfrac{\sum(x-\bar{x})^2 \cdot f}{\sum f}} = \sqrt{\dfrac{64.7}{30}} = 1.47(分)$

在实际工作中，有时需要计算成数的标准差，即是非标志的标准差，所谓是非标志是指把总体分成两个部分，一部分具有某种标志，另一部分不具有此标志，这种用"是"或"否"来表示的标志，称为是非标志。是非标志也称交替标志。例如，在生产的 1 000 件产品中，其中合格品为 950 件，占 95%，不合格品为 50 件，占 5%，若要求计算成数的标准差，即为计算合格品比率 95% 的标准差或不合格品比率 5% 的标准差。

计算是非标志的标准差，首先要把是非标志从质上的差别转化成量上的差别，一般是把"是"的标志值用 1 代替，"否"的标志值用 0 代替，总体单位数用 N 表示，具有所研究的标志的单位数用 N_1 表示，成数用 $p\left(\dfrac{N_1}{N}\right)$ 表示，不具有所研究标志的单位数用 N_0 表示，成数用 $q\left(\dfrac{N_0}{N}\right)$ 表示，显然，$N_1 + N_0 = N$，$p + q = 1$。列表计算见表 5-15。

表 5-15 成数（P）的平均数和标准差计算表

标志	变量值 x	次数 f	成数 $\dfrac{f}{\sum f}$	$x \cdot \dfrac{f}{\sum f}$	$(x-\bar{x})$ $\bar{x}=p$	$(x-\bar{x})^2$	$(x-\bar{x})^2 \cdot \dfrac{f}{\sum f}$
是	1	N_1	p	p	$1-p$	$(1-p)^2$	$(1-p)^2 \cdot p$
否	0	N_0	q	0	$0-p$	p^2	$p^2 \cdot q$
合计		N	1	p	—	—	$p^2 \cdot q + q^2 \cdot p$

成数的平均数 $\bar{x}_p = \sum x \cdot \dfrac{f}{\sum f} = p$

成数的标准差 $\sigma_p = \sqrt{\dfrac{\sum(x-\bar{x})^2 \cdot f}{\sum f}} = \sqrt{\sum(x-\bar{x})^2 \cdot \dfrac{f}{\sum f}}$

$= \sqrt{q^2 p + p^2 q} = \sqrt{pq(q+p)} = \sqrt{pq} = \sqrt{p(1-p)}$

可见，成数的平均数就是其本身（p），成数的标准差是交替标志成数乘积的平方根。

[例 5-23] 合格品比率 95% 的平均数就是 95%，其标准差为

$$\sqrt{95\% \times 5\%} = 0.22 = 22\%$$

不合格品比率 5% 的平均数就是 5%，其标准差为

$\sqrt{5\% \times 95\%} = 0.22 = 22\%$。

可以看出,"是"与"非"标志成数的标准差是相同的。

(四) 离散系数

以上介绍的平均差和标准差都是反映标志值变异程度的绝对指标,其数值的大小不仅受标志值变动程度的影响,而且也受平均水平高低的影响。因此,对比分析不同平均水平的变量数列的标志值差异程度,不能直接用平均差或标准差比较,而应消除计量单位不同或平均水平高低不等的影响,计算能够反映标志变动度的相对指标,即离散系数,又称标志变动系数。常用的标志变动系数有平均差系数和标准差系数,而标准差系数应用最为普遍。

1. 平均差系数 ($V_{A \cdot D}$)

平均差系数就是平均差与其相应的算术平均数对比所形成的相对数,它反映标志值离散的相对水平,用 $V_{A \cdot D}$ 表示。

$$V_{A \cdot D} = \frac{A \cdot D}{\bar{x}} \times 100\%$$

2. 标准差系数 (V_σ)

标准差系数就是标准差与其相应的算术平均数对比所形成的相对数,它反映标志值离散的相对水平,用 V_σ 表示。

$$V_\sigma = \frac{\sigma}{\bar{x}} \times 100\%$$

[例 5-24] 甲、乙两组生产工人日产量资料统计如下(单位:件),试比较两组工人日产量的离散程度。

甲组:60 65 70 75 80
乙组:2   5   7   9   12

甲组:$\bar{x} = \frac{\sum x}{n} = \frac{60 + 65 + 70 + 75 + 80}{5} = 70$(件)

$\sigma = \sqrt{\frac{\sum (x - \bar{x})^2}{n}} = \sqrt{\frac{(-10)^2 + (-5)^2 + 0^2 + 5^2 + 10^2}{5}} = 7.07$(件)

乙组:$\bar{x} = \frac{\sum x}{n} = \frac{2 + 5 + 7 + 9 + 12}{5} = 7$(件)

$\sigma = \sqrt{\frac{\sum (x - \bar{x})^2}{n}} = \sqrt{\frac{(-5)^2 + (-2)^2 + 0^2 + 2^2 + 5^2}{5}} = 3.41$(件)

从计算结果看,虽然 $\sigma_甲 > \sigma_乙$,但是由于两组的平均水平不等,不能说明甲组工人日产量的变动程度比乙组大,应该计算标准差系数加以判断。

甲组标准差系数 $v_\sigma = \frac{\sigma}{\bar{x}} \times 100\% = \frac{7.07}{70} \times 100\% = 10.1\%$

乙组标准差系数 $v_\sigma = \dfrac{\sigma}{\bar{x}} \times 100\% = \dfrac{3.14}{7} \times 100\% = 48.7\%$

由于乙组工人日产量标准差系数比甲组的大，说明乙组工人日产量之间的差异程度比甲组的大。

案例1 Barens 医院

华盛顿大学医疗中心的 Barnes 医院，建于1914年，是为圣路易斯及其邻近地区的居民提供医疗服务的主要医院，该医院被公认为美国最好的医院之一。Barnes 医院有一个收容计划，用以帮助身患绝症的人及其家人提高生活质量。负责收容工作的小组包括一名主治医师、一名助理医师、护士长、家庭护士和临床护士、家庭健康服务人员、社会工作者、牧师、营养师、经过培训的志愿者，以及提供必要的其他辅助服务的专业人员。通过收容工作组的共同努力，家人及其家庭会获得必要的指导和支持，以帮助他们克服由于疾病、隔离和死亡而带来的紧张情绪。

在收容工作组的协作和管理上，采用每月报告和季度总结来帮助小组成员回顾过去的服务。对于工作数据的统计概括则用作方针措施的规划和执行的基础。例如，他们搜集了有关病人被工作组收容的时间数据。一个含有67个病人记录的样本表明，病人被收容的时间为1~185天。频数分布表的使用对于概括总结收容天数的数据也是很有用的。此外，下面的描述统计学数值量度也被用于提供有关收容时间数据的有价值的信息，

平均数：35.7天

中位数：17天

众数：1天

对以上数据进行解释，表明了平均数即对病人的平均收容时间是35.7天，也就是1个月多一点。而中位数则表明半数病人的收容时间在17天以下，半数病人的收容时间在17天以上。众数是发生频数最多的数据值，众数为1天表明许多病人仅仅被收容了短短的1天。

有关该收容计划的其他统计汇总还包括住院费金额、病人在家时间与在医院时间的对比、痊愈出院的病人数目、病人在家死亡和在医院死亡的数目。这些汇总结果将根据病人的年龄和医疗普及程度的不同进行分析。总之，描述统计学为收容服务提供了有价值的信息。

资料来源：《管理统计案例》

案例2 性别歧视问题

案例背景

美国某高校招收6个专业方向的研究生，其男、女生的报考人数、录取人数

及录取率见下面的资料。从各个专业方向来看，女生的录取率大多高于男生，但计算出的男生的总录取率为 44.52%，女生的总录取率为 30.35%，男生总录取率约高于女生总录取率 14%。有人认为该校在录取研究生时有歧视女生的倾向，甚至准备起诉到法庭。该校希望能有方法解释这种矛盾的现象，以证明该校在录取研究生时没有歧视女生的倾向，以还其清白。他们能做到这一点吗？

案例资料（表 5-16）

表 5-16　某校研究生录取资料

专业	报考人数/人			录取人数/人			录取率/%	
	男性	女性	合计	男性	女性	合计	男性	女性
A	825	108	933	512	89	601	62	82
B	560	25	585	353	17	370	63	68
C	325	593	918	120	202	322	37	34
D	417	375	792	138	131	269	33	35
E	191	383	584	53	94	147	28	24
F	373	341	714	22	24	46	6	7
合计	2 691	1 835	4 526	1 198	557	1 755	44.52	30.35

案例目的

加权算术平均数受变量值和次数两个因数的影响，加权的实质是频率的变化。加权算术平均数的结果会偏向次数多的变量值。通过本案例达到正确理解加权算术平均数的性质和特点，从而揭示各组平均数和总平均数产生矛盾的原因，达到正确认识和分析实际问题的目的。

【问题】

1. 你认为该校在研究生录取中存在性别歧视吗？为什么？写出分析报告。

2. 解释为什么各专业方向女生的录取率大多高于男生，但总的录取率却是男生高于女生。

3. 当出现各组平均数和总平均数产生矛盾时，如何才能达到正确认识和分析问题的目的？

习　题

一、单项选择题

1. 按人口平均计算的钢产量是（　　）。
① 算术平均数　② 比例相对数　③ 比较相对数　④ 强度相对数

2. 加权算术平均数 $\bar{x}$ 的大小（　　）。
① 受各组次数 f 的影响最大　② 受各组标志值 x 的影响最大

③ 只受各组标志值 x 的影响　　　④ 受各组标志值 x 和次数 f 的共同影响

3. 权数对算术平均数的影响作用，决定于（　　）。

① 权数本身数值的大小

② 作为权数的单位数占总体单位数的比重大小

③ 各组标志的大小

④ 权数的经济意义

4. 分配数列中，当标志值较小，而权数较大时，计算出来的算术平均数（　　）。

① 接近于标志值大的一方　　　② 接近于标志值小的一方

③ 接近于大小合适的标志值　　　④ 不受权数影响

5. 平均指标反映了（　　）。

① 总体变量值分布的集中趋势　　　② 总体分布的特征

③ 总体单位的集中趋势　　　④ 总体变动趋势

6. 计算平均指标的基本要求是所要计算的平均指标的总体单位就是（　　）。

① 大量的　　　② 同质的　　　③ 差异的　　　④ 少量的

7. 某公司下属 5 个企业，共有 2 000 名工人。已知每个企业某月产值计划完成百分比和实际产值，要计算该公司月平均产值计划完成程度，应采用加权调和平均数的方法计算，其权数是（　　）。

① 计划产值　　　② 实际产值　　　③ 工人数　　　④ 企业数

8. 标志变异指标中易受极端数值影响的是（　　）。

① 全距　　　② 平均差　　　③ 标准差　　　④ 标准差系数

9. 用是非标志计算平均数，其计算结果为（　　）。

① $p+q$　　　② $p-q$　　　③ $1-p$　　　④ p

10. 利用标准差比较两个总体的平均数代表性大小时，要求这两个总体的平均数（　　）。

① 不等　　　② 相差不大　　　③ 相差很大　　　④ 相等

11. 同质总体标志变异指标是反映（　　）。

① 离中趋势　　　② 集中趋势　　　③ 变动情况　　　④ 一般水平

12. 两个总体的平均数不等，但标准差相等，则（　　）。

① 平均数小，代表性大　　　② 平均数大，代表性大

③ 两个平均数代表性相同　　　④ 无法进行正确判断

13. 标准差数值越小，则反映变量值（　　）。

① 越分散，平均数代表性越低　　　② 越集中，平均数代表性越高

③ 越分散，平均数代表性越高　　　④ 越集中，平均数代表性越低

14. 标准差属于（　　）。

① 强度相对指标　　　② 绝对指标　　　③ 相对指标　　　④ 平均指标

15. 若把全部产品分为合格品与不合格品，所采用的标志属于（　　）。
① 不变标志　　② 是非标志　　③ 品质标志　　④ 数量标志

二、多项选择题

1. 平均指标的计算原则（　　）。
① 只能从同类的社会经济现象计算平均数
② 只能从具有可比性的社会经济现象计算平均数
③ 只能从具有同质性的社会经济现象计算平均数
④ 只能从相似的社会经济现象计算平均数
⑤ 只能从不同的总体计算平均指标

2. 加权算术平均数等于简单算术平均数是在（　　）。
① 各组变量值不相同的条件下　　② 各组次数相等的条件下
③ 各组权数都为1的条件下　　　④ 在分组组数较少的条件下
⑤ 各组次数不相等的条件下

3. 下列各项中，可以应用加权算术平均法计算平均数的有（　　）。
① 由各个工人的工资额计算平均工资
② 由工人按工资分组的变量数列计算平均工资
③ 由工人总数和工资总额求平均工资
④ 由各个环比发展速度求平均发展速度
⑤ 由各产品等级及各级产品产量求平均等级

4. 下面关于权数的描述，正确的是（　　）。
① 权数是衡量相应的变量对总平均数作用的强度
② 权数起作用在于次数占总次数的比重大小
③ 权数起作用在于次数本身绝对值大小
④ 权数起作用的前提之一是各组的变量值必须有差异
⑤ 权数起作用的前提之一是各组的频率必须有差别

5. 加权算术平均数和加权调和平均数计算方法的选择应根据已知资料的情况而定（　　）。
① 如果掌握基本形式的分母用加权算术平均数计算
② 如果掌握基本形式的分子用加权算术平均数计算
③ 如果掌握基本形式的分母用加权调和平均数计算
④ 如果掌握基本形式的分子用加权调和平均数计算
⑤ 如无基本形式的分子、分母，则无法计算平均数

6. 标志变异指标可以反映（　　）。
① 平均数代表性大小　　　　② 总体单位标志值分布的集中趋势
③ 总体单位标志值的离中趋势　　④ 社会生产过程的均衡性
⑤ 产品质量的稳定性

7. 是非标志的标准差是（　　）。
① $\sqrt{q+p}$　　　② $\sqrt{pq}$　　　③ $\sqrt{p-q}$
④ $\sqrt{(1-q)(1-p)}$　　　⑤ $\sqrt{p(1-q)}$

8. 某小组 3 名工人的工资分别为 102 元、104 元和 109 元，根据这一资料计算的各种标志变异指标的关系是（　　）。
① 全距大于平均差　　　② 全距大于标准差
③ 标准差大于平均差　　　④ 标准差大于标准差系数
⑤ 平均差系数小于标准差系数

9. 利用标准差比较两个总体的平均数代表性大小，要求（　　）。
① 两个总体的平均数相等　　　② 两个总体的单位数相等
③ 两个总体的标准差相等　　　④ 两个总体平均数的计量单位相同
⑤ 两个总体平均数反映的现象相同

10. 在比较两个总体的平均数代表性大小时（　　）。
① 如果两个总体的平均数相等，可用标准差来比较
② 如果两个总体的平均数相等，可用标准差系数来比较
③ 如果两个总体的平均数不等，可用标准差来比较
④ 如果两个总体的平均数不等，不能用标准差来比较
⑤ 如果两个总体的平均数不等，可用标准差系数来比较

11. 两组工人加工同样的零件，第一组工人每人加工零件数为：32、25、29、28、26；第二组工人每人加工零件数为：30、25、22、26、27。这两组工人加工零件数的变异程度（　　）。
① 第一组变异程度大于第二组的　　　② 第二组变异程度大于第一组的
③ 只有①正确　　　④ 只有②正确
⑤ 无法比较

三、简答题

1. 加权算术平均数和加权调和平均数在计算上有什么不同？
2. 平均指标的计算原则是什么？有何作用？
3. 为什么要研究标志变异指标？
4. 为什么说标准差是各种标志变异指标中最常用的指标？
5. 在比较两个数列的两个平均数代表性大小时，能否直接用标准差进行对比？
6. 什么是标志变动度？测定它的方法有几种？

四、计算题

1. 某企业工人按日产量分组如下（单位：件）：

工人按日产量分组	工人数/人	
	五月份	六月份
10	30	18
11	78	30
12	108	72
13	90	120
14	42	90
15	12	30
合计	360	3 600

试计算 5、6 月份平均每人日产量,并简要说明 6 月份比 5 月份平均每人日产量变化的原因。

2. 某市甲乙两个批发市场三种同类商品价格及销售额资料如下:

品 种	价格/(元·千克$^{-1}$)	销售额/万元	
		甲市场	乙市场
甲	0.30	75.0	37.5
乙	0.32	40.0	30.0
丙	0.36	45.0	45.0

试计算比较该市哪个市场商品的平均价格高。并说明原因。

3. 甲乙两企业生产同种产品,5 月份各批产量和单位产品成本资料如下:

	甲企业		乙企业	
	单位产品成本/元	产量比重/%	单位产品成本/元	产量比重/%
第一批	1.0	10	1.2	30
第二批	1.1	20	1.1	30
第三批	1.2	70	1.0	40

试比较和分析哪个企业的单位成本高,为什么?

4. 某厂生产某种机床配件,要经过三道工序,各加工工序的合格率分别为 95.74%,92.22%,96.30%。求三道工序的平均合格率。

5. 某研究所职工月工资资料如下:

按月工资分组/元	职工人数/人
6 000~7 000	20
7 000~8 000	45
8 000~9 000	35
9 000 以上	10

试用次数权数和比重权数分别计算该所职工平均工资。

6. 某商店出售某种商品第一季度价格为 6.5 元,第二季度价格为 6.25 元,第三季度为 6 元,第四季度为 6.2 元,已知第一季度销售额 3 150 元,第二季度销售额 3 000 元，第三季度销售额 5 400 元，第四季度销售额 4 650 元，求全年的平均价格。

7. 有四个地区销售同一种产品，其销售量和销售额资料如下：

地 区	销售量/千件	销售额/万元
甲	50	200
乙	40	176
丙	60	300
丁	80	384

试计算各地区平均价格和此种商品在四个地区总的平均价格。

8. 某地区 20 个商店某年第四季度资料：

商品销售计划完成程度分组/%	商店数目	实际商品销售额/万元	流通费用率/%
80～90	3	45.9	14.8
90～100	4	68.4	13.2
100～110	8	34.4	12.0
110～120	5	94.3	11.0

试计算该地区 20 个商店平均完成销售计划指标以及总的流通费用率（提示：流通费用率 = 流通费用额/实际销售额）。

9. 某市场上某种蔬菜早市每千克 0.5 元，中午每千克 0.4 元，晚市每千克 0.2 元，在早、中、晚各买 1 元，求平均价格。

10. 某商店售货员的工资资料如下：

工资额/元	售货员人数/人
375	4
430	3
510	7
590	3
690	3

根据上表计算该商店售货员工资的全距、平均差、标准差、平均差系数和标准差系数。

11. 某工厂生产一批零件共 10 万件，为了解这批产品的质量，采取不重复抽样的方法抽取 1 000 件进行检查，其结果如下：

使用寿命/小时	零件数/件
700 以下	10
700～800	60
800～900	230
900～1 000	450

续表

使用寿命/小时	零件数/件
1 000~1 200	190
1 200 以上	60
合计	1 000

根据质量标准，使用寿命 800 小时及以上者为合格品。试计算平均合格率、标准差及标准差系数。

12. 某厂 400 名职工工资资料如下：

按月工资分组/元	职工人数/人
900~1 100	60
1 100~1 300	100
1 300~1 500	140
1 500~1 700	60
1 700~1 900	40
合计	400

试根据上述资料计算该厂职工平均工资和标准差。

13. 某班甲乙两个学习小组某科成绩如下：

甲小组

成绩	人数
60 分以下	3
60~70	5
70~80	10
80~90	4
90 分以上	2
合计	24

乙小组

成　绩	人　数
60 分以下	2
60~70	6
70~80	9
80~90	5
90 分以上	2
合计	24

试比较甲乙两个学习小组该科平均成绩的代表性大小。

14. 已知标志值的平均数为 300，离散系数为 30%，试计算方差为多少。

15. 某机械厂铸造车间生产 600 吨铸件，合格 540 吨，试求平均合格率、标准差及标准差系数。

第 6 章
时间数列

【教学目的和要求】
了解时间数列的概念、种类及编制原则；掌握水平指标和发展速度指标的计算方法、使用条件和各指标之间的联系；了解影响时间数列的因素，掌握长期趋势分析方法。

【重点和难点】
水平指标和发展速度指标的计算方法；长期趋势分析法中的最小平方法。

第一节 时间数列的概念和种类

一、时间数列的概念和作用

将社会经济现象在不同时间上的统计变量值，按时间先后顺序整理编排所形成的数列，称为时间数列或动态数列，又称为时间序列。它反映了社会经济现象的发展变化过程及趋势。

时间数列由两个基本要素构成：一个是资料所属时间，另一个是各时间上的统计指标数值，又称为时间数列序列中的发展水平。

时间数列分析方法是统计学中的重要分析方法，具有重要作用：

（1）时间数列可以反映社会经济现象发展变化的过程和结果。

（2）利用时间数列可以计算动态分析指标，研究社会经济现象发展变化的方向、速度、趋势及变化的规律性。

（3）根据时间数列可以预测现象未来的发展变化趋势。

（4）对相互联系的时间数列可以进行对比分析或相关分析。

二、时间数列种类

按统计数据的表现形式不同，时间数列可以分为绝对数时间数列、相对数时间数列和平均数时间数列三种。其中时间数列是基本数列。

（一）绝对数时间数列

将一系列同类的绝对数按时间先后顺序排列而形成的时间数列，称为绝对数时间数列。它反映了被研究现象的规模和水平的变动情况。按指标反映的时间状况不同，时间数列又分为时期数列和时点数列两种。

1. 时期数列

时间数列是由一系列时期指标值所构成的时间数列，数列中各变量值是反映现象在某一段时间内发展变动的总量或绝对水平，见表 6-1。

表 6-1　某商场上半年销售额　　　　　　　　　　万元

月　份	一月	二月	三月	四月	五月	六月
销售值	30	30	32	34	36	38
利润额	4	4	5	6	5	6

时期数列的特征主要有：

（1）时间数列中各指标数值可以相加，相加后的变量值表示现象在更长时期内发展过程的总量。

（2）时间数列中每项指标数值的大小与其对应的时期长短有直接关系。一般而言，时期越长，变量值越大；反之，变量值越小。

（3）时间数列中的各变量值，一般通过连续登记方法获得。

2. 时点数列

时点数列是由一系列时点指标所构成的时间数列，数列中各变量值是反映现象在某一时刻上的总量或水平，见表 6-2。

表 6-2　某商场上半年有关统计资料

月　份	一月	二月	三月	四月	五月	六月
月初职工人数/人	120	122	120	118	122	124
月初固定资产额/万元	50	50	51	54	54	60

时间数列的特征主要有：

（1）时点数列中各变量值不具有可加性，各变量值相加无实际经济意义。

（2）时点数列中指标数值大小与时间间隔没有直接关系。

（3）时点数列中的变量值一般通过一次性登记获得。

（二）相对数时间数列

相对数时间数列是由一系列同类的相对指标按时间先后顺序形成的。相对数时间数列中各变量值是不能相加的。因为相对数有 6 种，所以相对数时间数列也有 6 种。如计划完成程度指标是相对指标，形成的时间数列是一个相对数时间数列，见表 6-3。

表 6-3　某企业 2005—2009 年各年计划产值完成程度

年　份	2005	2006	2007	2008	2009
计划完成程度/%	106.50	110	104	108	102.80

（三）平均数时间数列

平均数时间数列是由一系列同类的平均数按时间先后顺序排列所形成的数列。在平均数时间数列中各变量值也是不能相加的。平均数时间数列见表 6-4。

表 6-4　某商场 2007 年各季度平均销售额　　　　　　　　　万元

年　份	一季度	二季度	三季度	四季度
平均月销售额/万元	500	50	580	650

三、时间数列的编制原则

编制时间数列的重要目的是进行动态分析，通过同类变量值在不同时间上的数值对比，来研究社会经济现象的发展变化过程或趋势。因此，保证数列中各变量值之间的可比性，是编制时间数列应遵循的基本原则，具体要求如下。

（一）数据所属的时间长短应当一致

对于时间数列，变量值的大小与包含的时间长短有直接关系，所以同一时间数列的各变量值所属的时间长短应当一致；对于时点数列，要求各时点数列的间隔尽可能相等，以便准确地研究现象发展变化的动态或趋势。

（二）数据说明的总体范围应当一致

变量值的大小与被研究现象所属总体范围有直接关系。随着时间的推移，研究对象所属空间范围及隶属关系等的变动，都会影响到时间数列相关的变量值，造成时间数列前后不能直接对比，这时就必须将指标口径进行适当调整，使得总体范围一致，才能观察事物在时间上的发展变化过程。

（三）数据的经济内容应当一致

时间数列中的指标，有时会出现名称相同，其经济内容或经济含义却不相同的情况，如果不注意，就会影响对问题的分析。例如，商品价格有购进价格和销售价格之分，如果把这两种价格混在一起构成时间数列，就会导致得出错误的分析结论。因此，编制时间数列，不仅要看名称，更要注意内容。

（四）数据的计算口径和计算方法应当一致

时间数列中各指标的计算口径、计算单位、计价标准和计算方法必须统一。例如，研究工业企业劳动生产率的变动，产量用实物量还是价值量，人数用全部职工数还是生产工人数，前后都要统一。这是数列中各项指标可比性的一个重要方面。

第二节 时间数列的水平指标

时间数列的水平指标主要有发展水平、平均发展水平、增长量、平均增长量。

一、发展水平

发展水平是指时间数列中各项指标的具体数值。发展水平是时间数列的两个构成要素之一，也是计算其他动态分析数据的基础。它既可以用绝对数表示，也可以用相对数或平均数表示。

时间数列中第一个指标数值称为最初水平，最后一个指标数值称为最末水平，其余各个指标数值称为中间水平。在动态分析中，将所研究的那一时期的指标数值称为报告期水平或计算期水平，而将用来比较的基础时间的指标数值称为基期水平。用符号 a_0，a_1，a_2，$\cdots$，a_{n-1}，a_n 代表数列中各个发展水平，则 a_0 就是最初水平，a_n 就是最末水平，其余各项 a_1，a_2，$\cdots$，a_{n-1} 为中间水平。期初、期末、报告期、基期发展水平的概念是相对的，随研究目的的不同而不同。

二、平均发展水平（序时平均数）

平均发展水平是时间数列中各期发展水平的平均值，又称为序时平均数或动态平均数。

平均发展水平表明被研究现象在一定发展阶段的一般水平。序时平均数与前面所学的静态平均数有共同之处，都是把现象的个别数量差异抽象化，反映现象的一般水平。但二者也有明显的差别，主要表现在：

第一，静态平均数是将同一时期的标志总量与总体单位数对比求得；而序时平均数则是将不同时期的指标值加以平均而得到。

第二，静态平均数是总体各单位之间标志值的平均；而序时平均数则是动态数列中各时间单位发展水平的平均。

第三，静态平均数是从静态上说明现象在一定时间范围内的一般水平；而序时平均数则是从动态上说明现象在某一段时间内的一般水平。

不同性质指标的动态数列，其序时平均数的计算方法是不同的。

（一）绝对数（总量指标）时间数列的序时平均数计算

1. 时期数列的序时平均数

由于时期数列中各项指标值可以相加，因此时期数列的序时平均数可采用简单算术平均数计算。设时期数列中各项指标的数值为 $a_0, a_1, a_2, \cdots, a_{n-1}, a_n$，序时平均数为 $\bar{a}$，则时期项数为 n，则 $\bar{a} = \dfrac{a_1 + a_2 + \cdots + a_n}{n} = \dfrac{\sum a}{n}$。

[例 6-1] 根据表 6-1 的统计数据，计算该商场平均每月商品销售额（序时平均数）。

解：平均每月商品销售额 $\bar{a} = \dfrac{\sum a}{n} = \dfrac{200}{6} = 33.33$（万元）

2. 时点数列的序时平均数

由于时点数列中的指标数值不能直接相加，因此计算时点数列的序时平均数一般不能采用简单算术平均数。

时点数列中各项指标值可以是连续排列的，也可以是不连续排列的。排列方法不同，序时平均数的计算方法一般也不同。

（1）连续时点数列。如果对各时点上的指标值逐个登记、连续排列，则称为连续时点数列。连续时点数列的资料表现形式有以下两种。

① 各个时点的资料是按时间顺序，没有经过任何分组，此时可采用简单算术平均法计算序时平均数。其公式为 $\bar{a} = \dfrac{a_1 + a_2 + \cdots + a_n}{n} = \dfrac{\sum a}{n}$。

[例 6-2] 某单位一周内职工的出勤人数见表 6-5，求日平均出勤人数。

表 6-5 某单位一周内职工的出勤人数

星期	星期一	星期二	星期三	星期四	星期五	合计
出勤人数/人	230	218	225	222	220	1 115

解：单位日平均出勤人数 $\bar{a} = \dfrac{\sum a}{n} = \dfrac{1\ 115}{5} = 223$（人）

② 将时点数列中的资料进行加工整理，形成分组数列形式。此时需要采用以每次变动持续的间隔时间长度为权数进行加权算术平均数计算。计算公式为

$$\bar{a} = \frac{a_1 f_1 + a_2 f_2 + \cdots + a_n f_n}{f_1 + f_2 + \cdots + f_n} = \frac{\sum af}{\sum f}$$

[**例 6-3**] 某单位 5 月份职工的出勤人数见表 6-6，求日平均出勤人数。

表 6-6　某单位 5 月份职工的出勤人数

时　间	1～10 日	11～20 日	21～31 日	合　计
每日出勤人数 a/人	255	248	253	—
日数 f	10	10	11	31
af	2 550	2 480	2 783	7 813

解：单位日平均出勤人数 $\bar{a} = \dfrac{a_1 f_1 + a_2 f_2 + \cdots + a_n f_n}{f_1 + f_2 + \cdots + f_n}$

$$= \frac{\sum af}{\sum f} = \frac{7\,813}{31} = 252（人）$$

（2）间断时点数列。掌握的资料不是逐日记录、逐日排列，而是有一定间断的期初或期末的资料，称为间断时点数列。它分为间隔相等的时点数列和间隔不相等的时点数列两种情况。

① 时间间隔相等的时点数列。即掌握间隔相等的每期期末或期初的资料，此时可采用简单算术平均法多步进行计算序时平均数。

先将每期期初和期末的数值进行简单算术平均，作为该时期的代表值。设数列的各时点的发展水平为 $a_1, a_2, \cdots, a_{n-1}, a_n$，则各时期的代表值分别为

$$\frac{a_1 + a_2}{2},\ \frac{a_2 + a_3}{2},\ \frac{a_3 + a_4}{2},\ \frac{a_4 + a_5}{2},\ \cdots,\ \frac{a_{n-1} + a_n}{2}$$

然后将求出的各时期代表值再进行简单算术平均，可计算出序时平均数，即

$$\bar{a} = \frac{\dfrac{a_1 + a_2}{2} + \dfrac{a_2 + a_3}{2} + \dfrac{a_3 + a_4}{2} + \cdots + \dfrac{a_{n-1} + a_n}{2}}{n - 1}$$

$$= \frac{\dfrac{a_1}{2} + a_2 + a_3 + a_4 + \cdots + a_{n-2} + a_{n-1} + \dfrac{a_n}{2}}{n - 1}$$

上述公式被称为"首末折半法"。

[**例 6-4**] 某汽车仓库第四季度的各月末汽车库存量资料见表 6-7，计算该汽车仓库第四季度的平均库存量。

表6-7 某汽车仓库第四季度的各月末汽车库存量

月 份	10月初	10月末	11月末	12末
月末汽车库存量/万辆	60	80	110	150

该车库第四季度的平均库存量为

$$\bar{a} = \frac{\frac{a_1}{2} + a_2 + a_3 + a_4 + \cdots + a_{n-2} + a_{n-1} + \frac{a_n}{2}}{n-1}$$

$$= \frac{\frac{60}{2} + 80 + 110 + \frac{150}{2}}{4-1} = \frac{295}{3} = 98.33(万辆)$$

② 时间间隔不相等的时点数列。掌握的资料是间隔不相等的期初或期末资料，此时可以用时点之间的间隔长度为权数，用权数平均的方法来计算序时平均数。计算公式为

$$\bar{a} = \frac{\left(\frac{a_1+a_2}{2}\right)f_1 + \left(\frac{a_2+a_3}{2}\right)f_2 + \left(\frac{a_3+a_4}{2}\right)f_3 + \cdots + \left(\frac{a_{n-1}+a_n}{2}\right)f_{n-1}}{\sum f}$$

[例6-5] 根据表6-8资料，计算某年某企业职工月平均人数。

表6-8 某企业某年职工人数

时 间	1月1日	6月30日	9月30日	12月31日	合 计
出勤人数/人	1 100	1 120	1 130	1 150	4 500

从表6-8可知，各个时点指标间的间隔是不等的，1月1日到6月30日隔6个月，6月30日到9月30日隔3个月，9月30日到12月31日隔3个月。则该企业某年月平均职工人数为

$$\bar{a} = \frac{\left(\frac{a_1+a_2}{2}\right)f_1 + \left(\frac{a_2+a_3}{2}\right)f_2 + \left(\frac{a_3+a_4}{2}\right)f_3 + \cdots + \left(\frac{a_{n-1}+a_n}{2}\right)f_{n-1}}{\sum f}$$

$$= \frac{\left(\frac{1\ 100 + 1\ 120}{2}\right) \times 6 + \left(\frac{1\ 120 + 1\ 130}{2}\right) \times 3 + \left(\frac{1\ 130 + 1\ 150}{2}\right) \times 3}{6 + 3 + 3}$$

$$= \frac{13\ 455}{12} = 1\ 121(人)$$

（二）相对数（相对指标）时间数列的序时平均数计算

由于不同时间上的相对指标数值不能相加，因此不能根据相对数时间数列直接计算序时平均数，必须先分别计算各相对数分子数列和分母数列的序时平均

数,最后将分子数列与分母数列的序时平均数进行对比,所得的比值就是相对数时间数列的序时平均数。计算公式为

$$\bar{c} = \frac{\bar{a}}{\bar{b}}$$

式中,$\bar{c}$ 为相对数时间数列的序时平均数;$\bar{a}$ 为分子数列的序时平均数;$\bar{b}$ 为分母数列的序时平均数。

由于相对数时间数列的序时平均数可能是时期数列或时点数列,因此情况较为复杂。

1. 相对数时间数列的分子和分母都为时期指标

其计算公式为

$$\bar{c} = \frac{\bar{a}}{\bar{b}} = \frac{\frac{\sum a}{n}}{\frac{\sum b}{n}} = \frac{\sum a}{\sum b}$$

[例6-6] 某商场2008年第四季度各月商品的计划销售额与实际销售额资料见表6-9,求该商场第四季度月平均计划完成程度。

表6-9 某商场商品销售额计划完成情况

月 份	10月	11月	12月	合 计
商品实际销售额 a/万元	540	500	350	1 390
商品计划销售额 b/万元	500	450	400	1 350
计划完成程度 c/%	108.00	111.11	87.50	—

该商场第四季度月平均计划完成程度为

$$\bar{c} = \frac{\bar{a}}{\bar{b}} = \frac{\sum a}{\sum b} = \frac{1\,390}{1\,350} = 102.96\%$$

2. 相对数(相对指标)时间数列的分子和分母都为时点指标

如果相对数时间数列的分子和分母数列的资料是逐日登记排列的,则相对数时间数列的序时平均数的计算公式为

$$\bar{c} = \frac{\bar{a}}{\bar{b}} = \frac{\frac{\sum a}{n}}{\frac{\sum b}{n}} = \frac{\sum a}{\sum b}$$

如果相对数时间数列的分子和分母数列的资料不是逐日登记排列的,则相对数时间数列的计算方法如下。

(1)若时间间隔相等的时点数列,则应该采用"首末折半法"计算。计算

公式为

$$\bar{c} = \frac{\bar{a}}{\bar{b}} = \frac{\frac{\sum a}{n}}{\frac{\sum b}{n}} = \frac{\frac{\frac{a_1}{2} + a_2 + a_3 + \cdots + \frac{a_n}{2}}{n-1}}{\frac{\frac{b_1}{2} + b_2 + b_3 + \cdots + \frac{b_n}{2}}{n-1}} = \frac{\frac{a_1}{2} + a_2 + a_3 + \cdots + \frac{a_n}{2}}{\frac{b_1}{2} + b_2 + b_3 + \cdots + \frac{b_n}{2}}$$

[例6-7] 某高校 2005—2009 年全部职工人数和专职教师人数资料见表 6-10，求在这段时间里该高校教师占全部职工的平均比重。

表 6-10　某高校 2005—2009 年全部职工人数和教师人数资料

年　份	2005 年年底	2006 年年底	2007 年年底	2008 年年底	2009 年年底
专职教师人数 a	140	150	200	210	240
全部职工 b	200	220	240	270	300
教师占全部职工的比重/%	70	68.18	83.33	77.78	80

该高校教师占全部职工的平均比重为

$$\bar{c} = \frac{\bar{a}}{\bar{b}} = \frac{\frac{a_1}{2} + a_2 + a_3 + \cdots + \frac{a_n}{2}}{\frac{b_1}{2} + b_2 + b_3 + \cdots + \frac{b_n}{2}} = \frac{\frac{140}{2} + 150 + 200 + 210 + \frac{240}{2}}{\frac{200}{2} + 220 + 240 + 270 + \frac{300}{2}} = \frac{750}{980}$$

$= 76.53\%$

（2）若时间间隔不相等，则要用各个时间间隔的长度作为权数，用"加权平均法"计算。计算公式为

$$\bar{c} = \frac{\bar{a}}{\bar{b}} = \frac{\dfrac{\left(\frac{a_1+a_2}{2}\right)f_1 + \left(\frac{a_2+a_3}{2}\right)f_2 + \left(\frac{a_3+a_4}{2}\right)f_3 + \cdots + \left(\frac{a_{n-1}+a_n}{2}\right)f_{n-1}}{\sum f}}{\dfrac{\left(\frac{b_1+b_2}{2}\right)f_1 + \left(\frac{b_2+b_3}{2}\right)f_2 + \left(\frac{b_3+b_4}{2}\right)f_3 + \cdots + \left(\frac{b_{n-1}+b_n}{2}\right)f_{n-1}}{\sum f}}$$

[例6-8] 某企业 2008 年上半年全部职工人数和工人人数资料见表 6-11，计算该企业工人人数占全部职工人数比重的平均值。

表 6-11　某企业 2008 年第一季度全部职工人数和工人人数情况

月　份	1 月初	3 月末	4 月末	6 月末
工人人数 a	204	165	161	200
全部职工 b	240	220	230	250
教师占全部职工的比重 c/%	85	75	70	80

由先算出 $\bar{a}$, $\bar{b}$，然后利用如下公式

$$\bar{c} = \frac{\bar{a}}{\bar{b}} = \frac{\dfrac{\left(\dfrac{a_1+a_2}{2}\right)f_1 + \left(\dfrac{a_2+a_3}{2}\right)f_2 + \left(\dfrac{a_3+a_4}{2}\right)f_3 + \cdots + \left(\dfrac{a_{n-1}+a_n}{2}\right)f_{n-1}}{\sum f}}{\dfrac{\left(\dfrac{b_1+b_2}{2}\right)f_1 + \left(\dfrac{b_2+b_3}{2}\right)f_2 + \left(\dfrac{b_3+b_4}{2}\right)f_3 + \cdots + \left(\dfrac{b_{n-1}+b_n}{2}\right)f_{n-1}}{\sum f}}$$

计算 $\bar{c}$。

$$\bar{a} = \frac{\left(\dfrac{204+165}{2}\right)\times 3 + \left(\dfrac{165+161}{2}\right)\times 1 + \left(\dfrac{161+200}{2}\right)\times 2}{3+1+2} = \frac{1077.5}{6} = 179.58(人)$$

$$\bar{b} = \frac{\left(\dfrac{240+220}{2}\right)\times 3 + \left(\dfrac{220+230}{2}\right)\times 1 + \left(\dfrac{230+250}{2}\right)\times 2}{3+1+2} = \frac{1395}{6} = 232.5(人)$$

$$\bar{c} = \frac{\bar{a}}{\bar{b}} = \frac{179.58}{232.5} \times 100\% = 77.24\%$$

（三）平均指标时间数列的序时平均数计算

平均数时间数列与相对数时间数列一样，不能直接计算求得序时平均数，必须用构成平均数的分子——数列序时平均数与分母——数列序时平均数对比计算求得。计算公式为：$\bar{c} = \dfrac{\bar{a}}{\bar{b}}$，计算方法与相对数时间数列的基本相同。

三、增长量

增长量是时间数列在一定时间内增长的绝对数量，它是报告期水平与基期水平之差。增长量的计算公式为

增长量 = 报告期发展水平 − 基期发展水平

按采用的基期不同，增长量可以分为逐期增长量和累计增长量。

逐期增长量是指报告期发展水平与前一期水平之差，它表明本期比上一期增长的绝对数量。累计增长量是指报告期水平与某一固定时期（基期）水平之差，它表明本期比某一固定时期增长的绝对数值。这两个指标可用公式表示如下。

逐期增长量：$a_1 - a_0$, $a_2 - a_1$, $a_3 - a_2$, $\cdots$, $a_n - a_{n-1}$

累计增长量：$a_1 - a_0$, $a_2 - a_0$, $a_3 - a_0$, $\cdots$, $a_n - a_0$

逐期增长量与累计增长量的关系如下。

（1）各逐期增长量之和等于相应的累计增长量，如

$$(a_1 - a_0) + (a_2 - a_1) = (a_2 - a_0)$$
$$(a_1 - a_0) + (a_2 - a_1) + (a_3 - a_0) = (a_3 - a_0)$$
$$(a_1 - a_0) + (a_2 - a_1) + (a_3 - a_2) + \cdots + (a_{n-1} - a_{n-2}) + (a_{n-2} + a_{n-1}) = a_n - a_0$$

（2）相邻的两个累计增长量之差等于相应的逐期增长量，如

$$(a_2 - a_0) - (a_1 - a_0) = (a_2 - a_1)$$
$$(a_3 - a_0) - (a_2 - a_0) = (a_3 - a_2)$$
$$(a_n - a_0) - (a_{n-1} - a_0) = (a_n - a_{n-1})$$

[例 6-9] 2005—2009 年某省农村居民年人均纯收入及其增长量见表 6-12。

表 6-12 2005-2009 年某省农村居民人均纯收入及其增长量

年 份	2005	2006	2007	2008	2009
符号	a_0	a_1	a_2	a_3	a_4
农村居民人均纯收入/元	5 000	5 200	5 500	5 800	6 000
逐期增长量/元	—	200	300	300	200
累计增长量/元	—	200	500	800	1 000

在实际工作中，年增长量指标常用报告期水平与上年同期水平之差表示，计算公式为

年增长量 = 报告期发展水平 - 上年同期发展水平

四、平均增长量

平均增长量是逐期增长量时间数列的序时平均数，反映现象在一定时期内平均每期增长的数量。平均增长量的计算公式为

$$\text{平均增长量} = \frac{\text{逐期增长量之和}}{\text{逐期增长量个数}} = \frac{\text{累计增长量}}{\text{时间数列项数} - 1}$$

[例 6-10] 根据表 6-12 中的资料，计算 2005—2009 年某省农村居民年人均纯收入的平均增长量。

$$\text{农村居民年人均纯收入的平均增长量} = \frac{6\,000 - 5\,000}{5 - 1} = 250 \text{（元）}$$

第三节 时间数列的速度指标

动态数列的分析现象变动的速度指标有五种，即发展速度、平均发展速度、增长速度、平均增长速度和增长1%的绝对值。

一、发展速度

发展速度是将现象报告期水平除以基期水平，用来表明某种现象发展程度的相对指标。用数学公式表达为

$$发展速度 = \frac{报告期水平}{基期水平} \times 100\%$$

若发展速度的数值大于 100%，表明现象是上升的；若发展速度的数值小于 100%，表明现象是下降的。由于计算的基期不同，发展速度可分为环比发展速度和定基发展速度两种。

（一）环比发展速度

环比发展速度是指报告期水平与前一期水平对比得到的动态相对数。它表明社会经济现象逐期发展变化程度。计算公式为

$$环比发展速度 = \frac{报告期水平}{前一期水平} \times 100\%$$

也可用符号表示为

$$\frac{a_1}{a_0},\quad \frac{a_2}{a_1},\quad \frac{a_3}{a_2},\quad \cdots,\quad \frac{a_n}{a_{n-1}}$$

（二）定基发展速度

定基发展速度是指报告期水平与某一固定期水平对比得到的动态相对数。它表明社会经济现象在一段时期内总的发展变化程度。计算公式为：

$$定基发展速度 = \frac{报告期水平}{某一固定期水平} \times 100\%$$

也可用符号表示为

$$\frac{a_1}{a_0},\quad \frac{a_2}{a_0},\quad \frac{a_3}{a_0},\quad \cdots,\quad \frac{a_n}{a_0}$$

（三）环比发展速度与定基发展速度的相互关系

（1）定基发展速度等于相应的各个环比发展速度的连乘积。即

$$定基发展速度 \left(\frac{a_n}{a_0}\right) = \frac{a_1}{a_0} \times \frac{a_2}{a_1} \times \frac{a_3}{a_2} \times \cdots \times \frac{a_n}{a_{n-1}}$$

（2）两个相邻定基发展速度之比等于相应时期的环比发展速度。即

$$环比发展速度 = \frac{a_n}{a_0} \bigg/ \frac{a_{n-1}}{a_0} = \frac{a_n}{a_{n-1}}$$

二、增长速度

增长速度是表明现象增长程度的相对指标,计算公式为

$$增长速度 = \frac{报告期增长量}{基期水平} \times 100\% = \frac{报告期水平 - 基期水平}{基期水平} \times 100\%$$

$$= 发展速度 - 1$$

与发展速度一样,由于采用的基期不同,增长速度可分为环比发展速度和定基发展速度。

(一)环比增长速度

环比增长速度表明现象逐期的增长程度。计算公式为

$$环比增长速度 = \frac{报告期逐期增长量}{前一期水平} \times 100\%$$

$$= \frac{报告期水平 - 前一期水平}{前一期水平} \times 100\%$$

$$= 环比发展速度 - 1$$

(二)定基增长速度

定基增长速度表明现象在一定时间内总的增长程度。计算公式为

$$定基增长速度 = \frac{报告期累计增长量}{固定基期水平} \times 100\%$$

$$= \frac{报告期水平 - 固定基期水平}{固定基期水平} \times 100\%$$

$$= 定基发展速度 - 1$$

注意:环比增长速度与定基增长速度并无直接的换算关系。

[例 6-11] 某公司的销售额动态数列见表 6-13,并进一步验证环比发展速度与定基发展速度的换算关系。

表 6-13 某公司 2001—2005 年的销售额情况

时间		2001	2002	2003	2004	2005
销售量/万元		80	160	320	400	480
发展速度/%	环比	—	200	200	125	120
	定基	100	200	400	500	600
增长速度/%	环比	—	100	100	25	20
	定基	—	100	300	400	500

三、平均速度

平均速度包括平均发展速度和平均增长速度。

（一）平均发展速度

平均发展速度是各期环比发展速度的序时平均数，说明现象在某一较长时期内逐期平均发展变化的程度。目前，计算平均发展速度的方法主要有两种：几何平均法和方程式法。本书只介绍前者。

几何平均法也叫水平法。由于现象发展的总速度等于各期环比发展速度的连乘积，而不等于各期环比发展速度之和，因此，平均发展速度应该用几何平均法，而不用算术平均法。其计算公式为

$$\bar{x} = \sqrt[n]{\frac{a_1}{a_0} \times \frac{a_2}{a_1} \times \frac{a_3}{a_2} \times \cdots \times \frac{a_n}{a_{n-1}}} = \sqrt[n]{\frac{a_n}{a_0}}; \lg \bar{x} = \frac{1}{n} \lg \frac{a_n}{a_0}$$

再查反对数表可得到平均发展速度（$\bar{x}$）。

（二）平均增长速度

平均增长速度是各期环比增长速度的序时平均数，表明现象在一段时期内逐期平均增长的程度。要计算平均增长速度，要先求出平均发展速度，其计算公式为

$$平均增长速度 = 平均发展速度 - 1$$

当平均发展速度大于 1 时，平均增长速度为正值，表明现象在某一较长时期内是逐期平均增长的；当平均发展速度小于 1 时，平均增长速度为负值，表明现象在某一较长时期内是逐期平均减小的。

四、增长 1% 的绝对值

增长 1% 的绝对值能更准确地反映现象的增长情况，计算公式为

$$1\% 的绝对值 = \frac{报告期逐期增长量}{报告期的环比增长速度} \times 1\% = \frac{前一期水平}{100}$$

第四节　时间数列的长期趋势和季节变动分析

社会经济现象的发展变化是很多复杂的因素共同作用的结果，影响时间数列的因素归纳起来可分为长期趋势、季节变动、循环波动及不规则变动。

一、时间数列的长期趋势分析

长期趋势指社会经济现象在相当长的时间里,由于受到某种根本的、决定性因素的影响,持续增加向上发展和持续减少向下发展的态势。它是时间数列预测分析的重点。例如,由于出生率高于死亡率,因此世界人口有逐年增加的趋势;工业产品在成长期,其产量和利润呈上升趋势,成本水平呈下降趋势,到了衰退期,产量和利润转为下降趋势,成本水平转为上升趋势。

将动态数列通过加工和分析后,使现象变化趋势明显化的方法叫长期趋势分析法,又称为动态数列修匀法。在实际工作中,趋势分析可以反映现象发展变化的规律,而预测可以为管理、决策提供依据。

测定长期趋势常用的主要方法有时距扩大法、移动平均法,最小平均法等。

(一) 时距扩大法

时距扩大法是长期趋势分析法中最原始、最简单的方法。它是将时间数列中较短的时距适当扩大,再根据扩大了的时间单位合并时间数列的指标数值,从而得出一个扩大时距的新的时间数列,以此观察原时间数列的变动情况。这种方法的目的在于消除其他因素的影响,显示出长期趋势。

[例 6 – 12] 某商场某产品各月的销售额资料见表 6 – 14。

表 6 – 14　某商场某产品各月的销售额　　　　　　　　　万元

月份	1	2	3	4	5	6	7	8	9	10	11	12
销售额	25	26	25	31	30	32	38	42	50	30	27	29

从表 6 – 14 可看出,时间数列变化趋势不明显,用该数列不能清楚反映出某产品销售额的变动趋势。如果将时距由月扩大为季,将月销售额资料整理成季销售额资料,得到表 6 – 15。

表 6 – 15　某商场某产品各季销售额　　　　　　　　　万元

季度	1	2	3	4
销售额	76	93	130	86

时距扩大后的资料,可以明显地显示出销售额呈现出先逐渐增长而后下降的趋势。

时距扩大法适合对时期数列进行修匀,而不适宜对时点数列进行修匀。在确定时距时应根据研究现象的特点,时距的大小要适中。

(二) 移动平均法

移动平均法是根据时间数列资料,通过时距扩大计算移动平均数,逐项递推移动，依次计算包含一定项数的扩大时距平均数，形成一个新的时间数列，据以反映长期趋势并进行外推预测的方法。

移动平均法消除偶然因素（不规则变动和循环变动）的影响，能较明显地反映现象的发展趋势。

移动平均法的基本步骤是：每一个移动平均数位于时间数列项数的中点位置。移动项数为奇数项时，一次计算就可取得中间项的长期趋势值。移动项数为偶数项计算移动平均数时，计算出的序时数列项数的中点位于偶数项的中间位置，不和任何一个具体时期相对应，为了求得某一具体时期的长期趋势值，还应以序时数列为2计算二次移动平均数，以移正长期趋势值。通常年度资料用奇数项如3项或5项移动平均法，季度资料用4项移动平均法。

[**例6-13**] 某厂1999—2009年工业生产总值见表6-16，求出其三项移动平均数和四项移动平均数。

表6-16　某厂1999—2009年工业生产总值　　　　　　万元

年　份	工业产值	三项移动平均	四项移动平均	
			一次移动	移动平均修正
1999	200	—	—	—
2000	250	243.33	257.50	—
2001	280	276.67	292.50	275.00
2002	300	306.67	320.00	306.25
2003	340	333.33	347.50	333.75
2004	360	363.33	385.00	366.25
2005	390	400.00	420.00	402.5
2006	450	440.00	452.50	436.25
2007	480	473.33	480.00	466.25
2008	490	490.00	—	—
2009	500	—	—	—

三项移动平均法的第一个三项移动平均数 $= \dfrac{200+250+280}{3} = 243.33$

第二个三项移动平均数 $= \dfrac{250+280+300}{3} = 276.67$

第三个三项移动平均数 $= \dfrac{280+300+340}{3} = 306.67$

因此，用类推法求出各移动平均数，并写在时距最中间的位置。

四项移动平均法分为两步骤：

第一个四项移动平均数 $= \dfrac{200+250+280+300}{4} = 257.50$

$$\text{第二个四项移动平均数} = \frac{250 + 280 + 300 + 340}{4} = 306.25$$

因此，用类推法求出一次移动各平均数，并写在时距最中间的位置。而后将相邻两个一次移动平均数进行平均可求出四项移动修正平均数。

（三）最小平方法

时间数列在散点图上表现的形式接近一条直线，可利用数学方法给以拟合一条直线，以反映现象的发展趋势。对于同一表现为直线趋势的时间数列，可以配合许多个直线方程，但总有一条最接近原趋势线，使实际观察值日（y）与用该方程计算出的趋势值（y_t）之间的离差平方和最小，这种方法称为最小平方法，也被称为最小二乘法。用公式表示为

$$\sum (y - y_t)^2 = \text{最小值}$$

其趋势直线方程：$y_t = a + bt$

根据数学运算，可推导出下列方程式：

$$\sum y = na + b\sum t; \quad \sum ty = a\sum t + b\sum t^2$$

推得

$$b = \frac{n\sum ty - \sum t \sum y}{n\sum t^2 - (\sum t)^2}; \quad a = \frac{\sum y}{n} - b\frac{\sum t}{n}$$

[例 6–14] 利用表 6–17 的资料，计算该商场销售额历年的趋势值 Y_t。

表 6–17 该商场销售额   万元

年份（n）	时间序号 t	时间序列 y	ty	t^2	Y_t
2000	0	20	0	0	19.46
2001	1	23	23	1	22.58
2002	2	25	50	4	25.7
2003	3	30	90	9	28.82
2004	4	32	128	16	31.94
2005	5	36	180	25	35.06
2006	6	34	204	36	38.18
2007	7	40	280	49	41.3
2008	8	45	360	64	44.42
2009	9	50	450	81	47.54
$\sum n = 10$	$\sum t = 45$	$\sum y = 335$	$\sum ty = 1765$	$\sum t^2 = 285$	

$$b = \frac{n\sum ty - \sum t \sum y}{n\sum t^2 - (\sum t)^2}$$

$$= \frac{10 \times 1765 - 45 \times 335}{10 \times 285 - 45 \times 45} = 3.12$$

$$a = \frac{\sum y}{n} - b\frac{\sum t}{n} = \frac{335}{10} - 3.12 \times \frac{45}{10} = 19.46$$

所求的直线趋势方程：$y_c = a + bt = 19.46 + 3.12t$

该直线趋势方程的经济意义是：每增加一年，商场销售额就增加 3.12 万元。

[**例 6 – 15**] 由表 6 – 17 的资料，预测 2010 年、2011 年的商场销售额。

解：$y_{2010} = a + bt = 19.46 + 3.12 \times 11 = 53.78$（万元）

$y_{2011} = a + bt = 19.46 + 3.12 \times 12 = 56.9$（万元）

二、时间数列的季节变动分析

季节变动是指某些社会经济现象在一个年度内随着季节的变化而引起的比较有规律性的变动。例如农产品的产量、商品的销售量等，都带有明显的季节变动现象。

测定季节变动的常用方法是季节（月）平均法，也叫周期平均法。它是通过计算季节比率来反映现象季节变动的周期性规律。

进行季节变动分析，必须使用 3 年或更多年份的资料作为基本数据进行计算分析，这样才能较好地消除偶然因素的影响，使季节变动的规律更符合实际。

季节变动的测定方法步骤如下。

（1）整理被研究现象若干年的资料（3 年或 3 年以上），并编写成平行数列。

（2）计算数年内同月（或季）的平均数。

（3）计算总的月（或季）的平均数。

（4）计算各月（或季）的季节比率。即

$$季节比率(\%) = \frac{同季(月)平均数}{季总平均水平}$$

（5）调整系数。

12 个月的季节比率之和是 1 200%，四个季度的季节比率之和是 400%，如果不等，应计算调整系数并加以调整。调整系数的计算公式为

$$调整系数 = \frac{1\,200\%(或400\%)}{\sum 各月(季)实际季节比率}$$

（6）预测。根据季节比率和已知某年内一个月或几个月的实际值，可预测该年其他各月或各季的数值。

[**例 6 – 16**] 某商场 2007—2009 年各季某商品的销售量资料见表 6 – 18，利用季节比率法计算各年各季的季节比率并预测 2010 年各季度的销售量。

表 6-18 某商场某种商品的销售量季节比率计算表

季节	2007年	2008年	2009年	同季合计	同季平均值	各季季节比率/%
1	40	45	68	153	51	74.82
2	60	70	80	210	70	102.69
3	80	90	100	270	90	132.03
4	50	60	75	185	61.67	90.46
全年合计	230	265	323	818	272.67	400
全年季平均	57.5	66.25	80.75	204.5	68.17	

$$2010 \text{年各季度的预计销售量} = \text{全年预计销售量} \times \frac{\text{该月季节比率}}{400\%}。$$

【实践教学】利用 Excel 测定时间数列的长期趋势分析

利用 Excel 软件来测定时间数列的长期趋势，既简便又快捷。

一、移动平均法测定长期趋势

以表 6-19 所示的资料为例，说明移动平均法测定长期趋势的操作方法，具体步骤如下：

表 6-19

	A	B	C	D
1	年份	工业产值	三项移动平均	
2		/万元	平均值	标准差
3	2000	250		
4	2001	280		
5	2002	300		
6	2003	340		
7	2004	360		
8	2005	390		
9	2006	450		
10	2007	480		
11	2008	490		
12	2009	500		

（1）将年份和工业产值输入 Excel 工作表中的 A、B 两列，然后，在"工具"菜单中单击"数据分析"选项，从其对话框的"分析工具"列表中选择"移动平均"，按"确定"进入"移动平均"对话框。

（2）在"移动平均"对话框的"输入区域"框中键入数据所在的单元格区域，即本例题的 B3：B12。在"间隔"框中键入"3"进行三项移动平均，如果在间隔框中键入"5"进行五项移动平均。选择输出区域。

(3) 在输出区域框中,键入放置计算结果区域左上角的单元格行列号,即 C3。并选择"图表输出"和"标准差"输出,点击确定,即可在指定的输出区域输出计算结果。

二、最小平方法测定长期趋势

最小平方法测定长期趋势通常使用 INTERCEPT 函数和 SLOPE 函数求趋势直线方程 $y_c = a + bt$。

[**例 6 – 17**] 某商场某产品各月的销售额资料见表 6 – 20。

表 6 – 20　某商场某产品各月的销售额　　　　　　　　万元

A	B	C	D
时间序号（t）	销售额/万元	截距（a）	斜率（b）
1	25	26.97	0.79
2	26		
3	25		
4	31		
5	30		
6	32		
7	38		
8	42		
9	50		
10	30		
11	27		
12	29		

将数据输入 Excel 表格中,点击"插入"下拉菜单"fx 函数",会出现粘贴函数对话框,选择"统计"类中的"INTERCEPT"函数,回车打开对话框。在"INTERCEPT"函数的对话框的 Known – y's 框中输入"B1:B12",在 Known – x's 框中输入"A1:A12",在对话框底部显示截距的计算结果为 $a = 26.9697$。用同样的步骤和类似的方法打开"SLOPE"函数对话框,可得出斜率 $b = 0.786713$,从而可得出直线趋势方程为:$y = 26.97 + 0.79t$。

习 题

一、单项选择题

1. 时间数列的构成要素是（　　）。

① 变量和次数　　　　　　　　② 时间和指标数值

③ 时间和次数 ④ 主词和宾词

2. 由时期数列计算平均数就按（　　）。
① 简单算术平均数 ② 加权算术平均数
③ 几何平均数 ④ 序时平均数

3. 由日期间隔相等的连续时点数列计算平均数应按（　　）。
① 简单算术平均数 ② 加权算术平均数
③ 几何平均数 ④ 序时平均数

4. 由日期间隔不等的连续时点数列计算平均数应按（　　）。
① 简单算术平均数 ② 加权算术平均数
③ 几何平均数 ④ 序时平均数

5. 某车间的月初工人数资料如下：

一月	二月	三月	四月	五月	六月	七月
280	284	280	300	302	304	320

那么该车间上半年的月平均工人数为（　　）。
① 345 ② 300 ③ 201.5 ④ 295

6. 定基发展速度与环比发展速度之间的关系表现为（　　）。
① 定基发展速度等于其相应的各个环比发展速度的连乘积
② 定基发展速度等于其相应的各个环比发展速度之和
③ 定基发展速度等于其相应的各个环比发展速度之商
④ 以上都不对

7. 增长速度的计算方法为（　　）。
① 数列发展水平之差 ② 数列发展水平之比
③ 绝对增长量和发展速度之比 ④ 绝对增长量同基期水平相比

8. 十年内每年年末国家黄金储备量是（　　）。
① 时期数列
② 时点数列
③ 既不是时期数列，也不是时点数列
④ 既是时期数列，也是时点数列

9. 假定某产品产量2005年比2000年增加35%，那2001—2005年的平均发展速度为（　　）。
① $\sqrt[5]{35\%}$ ② $\sqrt[5]{135\%}$ ③ $\sqrt[6]{35\%}$ ④ $\sqrt[6]{135\%}$

10. 用最小平方法配合直线趋势，如果 $y_c = a + bx$，b 为负数，则这条直线是（　　）。
① 上升趋势 ② 下降趋势
③ 不升不降 ④ 上述三种情况都不是

11. 已知 2002 年某县粮食产量的环比发展速度为 103.5%，2003 年为 104%，2005 年为 105%；2005 年的定基发展速度为 116.4%，则 2004 年的环比发展速度为（   ）。

① 104.5%　　　② 101%　　　③ 103%　　　④ 113.0%

12. 时间数列中的平均发展速度是（   ）。

① 各时期定基发展速度的序时平均数

② 各时期环比发展速度的算术平均数

③ 各时期环比发展速度的调和平均数

④ 各时期环比发展速度的几何平均数

13. 若无季节变动，则各月（或各季）的季节比率为（   ）。

① 0　　　② 1　　　③ 大于 1　　　④ 小于 1

14. 下列现象哪个属于平均数动态数列（   ）。

① 某企业第一季度各月平均每个职工创造产值

② 某企业第一季度各月平均每个工人创造产值

③ 某企业第一季度各月产值

④ 某企业第一季度平均每人创造产值

15. 根据 2000—2005 年某工业企业各年产量资料配合趋势直线，已知 $\sum x = 21$（2000 年为原点），$\sum y = 150$，$\sum x^2 = 91$，$\sum xy = 558$，则直线趋势方程为（   ）。

① $y_c = 18.4 + 1.8857x$　　　② $y_c = 1.8857 + 18.4x$

③ $y_c = 18.4 - 1.8857x$　　　④ $y_c = 1.8857 - 18.4x$

16. 采用几何平均法计算平均发展速度的理由是（   ）。

① 各年环比发展速度之和等于总速度

② 各年环比发展速度之积等于总速度

③ 各年环比增长速度之积等于总速度

④ 各年环比增长速度之和等于总速度

17. 计算平均发展速度应用几何平均法的目的在于考察（   ）。

① 最初时期发展水平　　　② 全期发展水平

③ 最末时期发展水平　　　④ 期中发展水平

18. 当时期数列分析的目的侧重于研究某现象在各时期发展水平的累计总和时，应采用（   ）。

① 算术平均法计算平均发展速度

② 调和平均法计算平均发展速度

③ 累计法（方程法）计算平均发展速度

④ 几何法计算平均发展速度

19. 对原有时间数列进行修匀,以削弱短期的偶然因素引起的变化,从而呈现出较长时期的基本发展趋势的一种简单方法称为（　　）。
① 移动平均法　　　　　　　　② 移动平均趋势剔除法
③ 按月平均法　　　　　　　　④ 按季平均法

20. 用最小平方法配合趋势线的数学依据是（　　）。
① $\sum(y-y_c)=0$　　　　　② $\sum(y-y_c)^2 =$ 最小值
③ $\sum(y-y_c)<$ 任意值　　　　④ $\sum(y-y_c)^2=0$

21. 按季平均法测定季节比例时,各季的季节比率之和应等于（　　）。
① 100%　　② 120%　　③ 400%　　④ 1 200%

二、多项选择题

1. 时间数列中,各项指标数值不能直接相加的有（　　）。
① 时期数列　　　　　　　　② 连续时点数列
③ 间断时点数列　　　　　　④ 相对数时间数列
⑤ 平均数时间数列

2. 某地区"十五"计划期间有关电视机的下列统计资料中,哪些是时期数列（　　）。
① 各年电视机产量　　　　　② 各年电视机的销售量
③ 各年年末电视机库存量　　④ 各年年末城乡居民电视机拥有量
⑤ 各年电视机出口数量

3. 时期数列的特点是（　　）。
① 各项指标数值可以相加
② 各项指标数值大小与时期长短有直接关系
③ 各项指标数值大小与时间长短没有直接关系
④ 各项指标数值都是通过连续不断登记而取得的
⑤ 各项指标数值都是反映现象在某一时点上的状态

4. 编制时间数列应遵循的基本原则是（　　）。
① 时期长短应该相等
② 总体范围应该一致
③ 指标的经济内容应该相同
④ 指标的计算方法、计算价格和计量单位应该一致
⑤ 指标的变化幅度应该一致

5. 某工业企业1997年产值为3 000万元,2005年产值为1997年的150%,则年均增长速度及年平均增长量为（　　）。
① 年平均增长速度=6.25%　　② 年平均增长速度=5.2%
③ 年平均增长速度=4.6%　　　④ 年平均增长量=125万元

⑤ 年平均增长量 = 111.111 万元

6. 应用最小平方法配合一条理想的趋势线（方程式）要求满足的条件是（　　）。

① $\sum (y - y_c) < 0$　　　　　　② $\sum (y - y_c)^2 =$ 最小值

③ $\sum (y - y_c)^2 > 0$　　　　　　④ $\sum (y - y_c) =$ 最小值

⑤ $\sum (y - y_c) = 0$

7. 用于分析现象发展水平的指标有（　　）。

① 发展速度　　② 发展水平　　③ 平均发展水平

④ 增长量　　　⑤ 平均长减量

8. 时间数列按指标的表现形式不同可分为（　　）。

① 绝对数时间数列　　　　　　② 时点数列

③ 相对数时间数列　　　　　　④ 时期数列

⑤ 平均数时间数列

9. 下列指标构成的时间数列中属于时点数列的是（　　）。

① 全国每年大专院校毕业生人数　　② 某企业年末职工人数

③ 某商店各月末商品库存额　　　　④ 某企业职工工资总额

⑤ 某农场历年年末生猪存栏数

10. 某企业产量 2000 年比 1999 年提高 2%，2001 年与 2000 年对比为 95%，2002 年为 1999 年的 1.2 倍，2003 年该企业年产量为 25 万吨，比 2002 年多 10%，2004 年产量达 30 万吨，2005 年产量为 37 万吨，则发展速度指标为（　　）。

① 2005 年以 1999 年为基期的定基发展速度为 158.4%

② 2005 年以 1999 年为基期的定基发展速度为 195.4%

③ 1999 年至 2005 年平均发展速度为 111.8%

④ 1999 年至 2005 年平均发展速度为 110.0%

⑤ 2003—2004 年环比发展速度为 120%

三、简答题

1. 序时平均数与一般平均数有什么相同点和不同点？
2. 水平法和累计法计算平均发展速度有什么不同？
3. 什么叫长期趋势？研究长期趋势的主要目的是什么？
4. 时期数列和时点数列有什么不同？
5. 编制时间数列的原则是什么？
6. 分析现象发展的长期趋势，确定拟合直线和曲线的方法有几种？
7. 最小平方法测定长期趋势的中心思想是什么？
8. 什么是季节变动？为什么要研究季节变动？

四、计算题

1. 某地区 2005 年各月总产值资料如下:

月 份	总产值/万元	月 份	总产值/万元
1	4 200	7	5 000
2	4 400	8	5 200
3	4 600	9	5 400
4	4 820	10	5 400
5	4 850	11	5 500
6	4 900	12	5 600

计算各季平均每月总产值和全年平均每月总产值。

2. 某企业 2005 年各月月初职工人数资料如下:

日期	1月	2月	3月	4月	5月	6月	7月	8月	9月	10月	11月	12月	2006年1月1日
职工人数/人	300	300	304	306	308	314	312	320	320	340	342	345	350

计算该企业 2005 年各季平均职工人数和全年平均职工人数。

3. 2000 年和第十个五年计划时期某地区工业总产值资料如下:

时 期	2000年	2001年	2002年	2003年	2004年	2005年
工业总产值/万元	343.3	447.0	519.7	548.7	703.6	783.9

计算各种动态指标,并说明如下关系:(1) 发展速度与增长速度;(2) 定基发展速度与环比发展速度;(3) 逐期增长量与累计增长量;(4) 平均发展速度与环比发展速度;(5) 平均发展速度与平均增长速度。

4. 某国对外贸易总额 2003 年较 2000 年增长 7.9%,2004 年较 2003 年增长 4.5%,2005 年又较 2004 年增长 20%,请计算 2000—2005 每年平均增长速度。

5. 某厂职工人数及非生产人员数资料如下:

	1月1日	2月1日	3月1日	4月1日	5月1日	6月1日	7月1日
职工人数/人	4 000	4 040	4 050	4 080	4 070	4 090	4 100
其中:非生产人员数/人	724	716	682	694	666	666	660

要求:(1) 计算第一季度和第二季度非生产人员比重,并进行比较;(2) 计算上半年非生产人员比重。

6. 某地区 2001 年至 2005 年水稻产量资料如下表:

年 份	2001	2002	2003	2004	2005
水稻产量/万吨	320	332	340	356	80

试用最小平方法配合直线趋势方程,并据此方程预测该地区 2008 年水稻产量。

7. 某企业历年若干指标资料如下表(单位:万元):

年 度	发展水平	增减量		平均增减量	发展速度/%		增减速度/%	
		累计	逐期		定基	环比	定基	环比
2000	285	—	—	—	—	—	—	—
2001	—	—	—	42.5	—	—	—	—
2002	—	106.2	—	—	—	—	—	—
2003	—	—	—	—	—	—	45.2	—
2004	—	—	—	—	136.0	—	—	—
2005	—	—	—	—	—	—	—	3.2

试根据上述资料,计算表中所缺的数字。

8. 已知我国 1997 年自行车产量为 2800 万辆,若今后以每年递增 15% 的速度发展,则到 2005 年将达到什么水平?

9. 某县 2001—2004 年各季度鲜蛋销售量数据如下(单位:10 吨):

年 份	一季度	二季度	三季度	四季度
2001	13.1	13.9	7.9	8.6
2002	10.8	11.5	9.7	11.0
2003	14.6	17.5	16.0	18.2
2004	18.4	20.0	16.9	18.0

(1)用同期平均法计算季节变动;

(2)用趋势剔除法计算季节变动;

(3)拟合线性模型测定长期趋势,并预测 2005 年各季度鲜蛋销售量。

第 7 章
统计指数

【教学目的要求】

正确理解指数的含义、作用、种类；掌握总指数的编制原理和编制方法；熟练掌握总量指标和平均指标变动的影响因素分析方法。

【重点和难点】

统计指数的概念；总指数的编制方法；综合指数的因素分析。

第一节 指数的概念和种类

一、统计指数的概念和作用

统计指数是分析社会经济现象数量变化的相对数。统计指数的概念有广义和狭义之分。广义指数是用来反映同类现象在不同空间、不同时间对比的相对数。2009 年，全国完成房地产开发投资 36 232 亿元，是上年的 116.1%。其中，商品住宅完成投资 25 619 亿元，是上年的 114.2%。这里的 116.1% 和 114.2% 都是统计指数。狭义指数是用来反映由不能直接加总的多要素所构成的复杂社会经济现象综合变动程度的相对数。它是一种特殊形式的相对数。例如，在研究企业产品产量变动的时候，由于生产的产品多种多样，各自的使用价值不同，不能直接简单加总计算某个时期的产品产量。当然也就无法对比说明产量的变化。这就需要利用狭义指数的计算方法来解决复杂现象不能直接加总和对比的问题。因此，本章所阐述的就是狭义指数的编制。

二、统计指数的作用

（一）综合反映复杂现象总体的变动状况

这是编制总指数的根本目的。在研究社会经济现象的变动时，不仅要说明个别现象的变动情况，还要说明由许多个别现象组成的总体数量的变动情况，而这些组成现象总体的个别事物不能直接相加和对比。通过编制指数可使它们过渡到能够直接相加和对比，从而综合反映复杂现象总体的变动方向和变动程度。比如：农副产品收购价格指数为110%，说明报告期与基期相比，各种农产品的价格可能有升有降，但总体是上升的，上升的幅度是10%。此外，还可以从分子、分母指标的比较中，分析由于指数的变动所产生的绝对效果。

（二）分析现象总体变动中受各个因素的影响程度

许多社会经济现象都是复杂现象，其变动要受多种因素影响。比如：商品销售额的变动受两个因素的影响，即商品销售量和销售价格；产品产值的变动是受产品价格和产品产量两因素共同变动影响的结果。利用指数可以从相对数和绝对数两个方面分析销售量和销售价格的变动对销售额变动的影响程度。

（三）可以用来研究社会经济现象长时期内的变动趋势

由于指数是用相对数表示的综合指标，用它来对比、分析性质不同而又有密切联系的时间数列之间的变动关系，可以消除不同性质数列之间不能对比的矛盾。因此，通过编制指数数列，可以反映社会经济现象在长时期内发展变化的趋势。

三、统计指数的种类

（一）按其所反映对象范围的不同，分为个体指数和总指数

个体指数是反映个别现象数量变动的相对数。如个别产品产量指数、个别商品价格指数等。个体指数的计算比较简单，直接用报告期水平比基期水平。其公式为

$$个体指数 = \frac{报告期水平}{基期水平} \times 100\%$$

总指数是综合反映复杂现象综合变动的相对数，即狭义指数。如多种产品产量指数、多种商品价格指数等。由于指数主要是研究总指数的编制，在计算总指数时，为了更加深入、全面地反映现象发展的动态，往往对总体包含的多种现象进行分类，分别计算每一类现象的指数，如粮食价格指数、棉花价格指数等都属于农作物价格指数中的一类指数。

（二）按其所表明的指标性质不同，分为数量指标指数和质量指标指数

数量指标指数，是用来反映生产、经营、管理工作中的规模、水平等数量指

标变动的相对数。如产量指数、销售量指数等。

质量指标指数，是用来说明生产经营所取得的效益状态、工作质量变动的相对数。如价格指数、单位产品成本指数等。

（三）按采用的基期不同，分为环比指数和定基指数

环比指数是以前一期为基期计算的指数。

定基指数是指各个时期都以以前某一固定时期（通常为最初水平）为共同基期计算的指数。

（四）按指数的表现形式不同，分为综合指数和平均法指数

综合指数是计算总指数的基本形式。平均法指数有算术平均指数和调和平均指数两种表现形式，是综合指数的变形，它们从属于综合指数，且有独立的应用意义。

第二节 总指数的编制

统计研究的对象不在于总体中个体的变动，而在于总体的综合变动。例如，在研究人们的生活水平随工资的提高而提高时，就要同时研究物价的变动，而对物价的研究，不仅要关注某种商品物价的变动，而且要关注全社会所有商品物价的综合变动。总指数反映的是复杂现象的综合变动。复杂现象总体往往是指使用价值不同、计量单位不一，其数量不能直接相加和对比的多种产品或商品共同构成的总体。要反映这些复杂现象总体的综合变动就必须编制总指数。

总指数作为研究复杂现象数量对比关系的指数，其编制方法与个体指数有很大不同。总指数的编制通常有如下两种形式。

综合指数法：先综合、后对比，即先计算总量，然后再对比求得总指数。

平均指数法：先对比、后平均，即先对比求出个体指数，然后对个体指数平均求得总指数。

一、综合指数

综合指数是总指数的基本形式。它是用两个总量指标对比形成的指数，由指数化指标和同度量因素两部分组成。凡是一个总量指标可以分解为两个或两个以上的因素指标时，将其中一个或一个以上因素指标固定起来，仅研究另一个因素指标的变动程度，由这种总量指标对比形成的总指数就是综合指数，这个被研究的因素指标就是指数化指标，被固定下来的因素指标就是同度量因素。

首先对下面资料进行初步分析：

某工厂生产三种产品，其产量和价格资料统计见表 7-1，分析三种产品产量总变动和价格总变动。

表 7-1　某工厂产品产量和价格资料

产品名称	计量单位	产量		价格/元	
		基期 q_0	报告期 q_1	基期 p_0	报告期 p_1
甲	件	2 000	2 200	400	450
乙	担	8 000	6 000	100	90
丙	吨	5 000	5 100	240	260

分析：该厂生产三种不同的产品，如果要观察三种产品产量的综合变动，则需要计算三种产品产量综合指数，而三种产品产量因不同度量不能加总，所以无法直接进行对比。同样，如果计算三种产品价格综合指数，也存在不能直接加总对比的问题。因此，首先要解决不同度量的问题。

（一）综合指数的编制原理

编制综合指数要解决以下两个问题：一是要解决不同度量的问题，二是要固定同度量因素所属的时期问题。

1. 解决不同度量的问题

许多复杂现象不能直接加总（即不同度量），必须寻找一个适当的媒介因素使其转化为同度量（可以加总）。比如，要使不同度量的产品产量转化为同度量的产值，可以借助产品价格。它们之间的关系是

$$产品产量（q）\times 单位产品价格（p）=产品价值（pq）$$

从关系式中可以看出，在分析各种产品产量总变动时，单位产品价格起着媒介作用，使不能直接相加的各种产品产量转化成能够相加的产品价值。在这种情况下，产品产量称为指数化指标（即需要计算其指数的指标），单位产品价格称为同度量因素（即将不同度量的现象转化为同度量现象的因素）。同样，在分析各种产品价格总变动时，由于单价不能直接相加，需要以产品产量作为媒介因素使其转化为价值量，在这种情况下，产品价格称为指数化指标，产品产量称为同度量因素。

在计算总指数时，同度量因素起到权衡轻重的作用，所以也称为权数。

2. 需要固定同度量因素所属的时期问题

因为产品总价值量的变动包含了产品产量和价格两个因素变动的影响。如果用两个时期产品的总价值量对比，只是反映产品总价值的变动，不能单纯反映产品产量的总变动或产品价格的总变动。所以，要使对比的结果能单纯反映指数化指标的总变动，必须把同度量因素固定下来，这就是说，在同一综合指数的分子

和分母中保持相同的水平。比如，要计算多种产品产量总指数，单位产品价格这个同度量因素必须采用同一个时期的水平；同样，如果计算多种产品价格总指数，产品产量这个同度量因素也必须采用同一个时期的水平。

关于同度量因素的时期固定问题，有多种观点。具有代表性的有拉氏指数和帕氏指数。

1864年德国统计学家拉斯贝尔主张将同度量因素固定在基期水平上，其后被推广到各种数量指标指数和质量指标指数的计算。相应的数量指标指数和质量指标指数的公式分别为

$$\frac{\sum q_1 p_0}{\sum q_0 p_0} \qquad \frac{\sum p_1 q_0}{\sum p_0 q_0}$$

1874年另一位德国统计学家帕舍提出将同度量因素固定在计算期水平上。其方法也被推广到各种数量指标指数和质量指标指数的计算。相应的数量指标指数和质量指标指数的公式分别为

$$\frac{\sum q_1 p_1}{\sum q_0 p_1} \qquad \frac{\sum p_1 q_1}{\sum p_0 q_1}$$

由于拉氏指数和帕氏指数选用同度量因素的时期不同，因此，对同一资料编制指数，其结果是不同的。但从分析问题的角度看，它们都是有实际经济意义的。以价格指数为例：

若用拉氏指数公式计算，其结果为

$$\frac{\sum p_1 q_0}{\sum p_0 q_0} = \frac{550}{500} = 110\%$$

若用帕氏指数公式计算，其结果为

$$\frac{\sum p_1 q_1}{\sum p_0 q_1} = \frac{562}{520} = 108\%$$

可以看出，拉氏价格指数是说明在基期的销售量和销售结构的基础上来考察各种商品价格的综合变动程度（上升10%），而帕氏价格指数则是说明在计算期的销售量和销售结构的基础上来考察各种商品价格的综合变动程度（上升8%），而分子与分母的差额42万元是说明计算期实际销售的商品由于价格增长了8%而增加的销售额。从这点看，较之拉氏价格指数具有更强的实际经济意义。不过，从另一角度看，拉氏价格指数的分子与分母的差额50万元仍然是有经济意义的，它可以说明消费者为了维持基期的消费水平或者说购买与基期同样多的商品，由于价格的上升而增加50万元的支出。这种分析意义显然也是很现实的，甚至就是人们编制消费者价格指数的主要目的。

可见，拉氏指数和帕氏指数是从不同的角度观察事物。因此，在实际应用

中，应有目的地选择。

(二) 数量指标综合指数的编制

数量指标综合指数是说明数量指标综合变动的指数。如多种工业产品产量指数、主要农产品收购量指数、商品销售量指数等。

现以实例说明数量指标综合指数的编制方法。

[例 7-1] 某工厂生产甲、乙、丙三种产品的产量和价格资料见表 7-2，根据表中资料计算分析这三种产品产量总变动。

表 7-2 某工厂产品产量和价格资料

产品名称	计量单位	产量		价格/元	
		基期 q_0	报告期 q_1	基期 p_0	报告期 p_1
甲	件	2 000	2 200	400	450
乙	担	8 000	6 000	100	90
丙	吨	5 000	5 100	240	260

分析：如果只观察每一种产品产量的变动，只需计算个体指数，即用每一种产品报告期产量与基期产量相对比，三种产品产量个体指数分别为

$$\frac{2\,200}{2\,000} = 110\%$$

$$\frac{6\,000}{8\,000} = 75\%$$

$$\frac{5100}{5\,000} = 102\%$$

结果说明：甲产品产量报告期比基期增长 10%，乙产品产量报告期比基期下降 25%，丙产品产量报告期比基期增长 2%。

现在需要观察的是三种产品产量的综合变动，由于三种产品的使用价值不同，是不同度量的，因此需要编制三种产品产量综合指数 (K_q)，根据综合指数的编制原理进行编制，见表 7-3。

表 7-3 产值计算表

产品名称	计量单位	产量		价格/元		产值/万元			
		q_0	q_1	p_0	p_1	q_0p_0	q_1p_0	q_0p_1	q_1p_1
甲	件	2 000	2 200	400	450	80	88.0	90	99.0
乙	担	8 000	6 000	100	90	80	60.0	72	54.0
丙	吨	5 000	5 100	240	260	120	122.4	130	132.6
合计	—	—	—	—	—	280	270.4	292	285.6

(1) 用基期价格作为同度量因素，则

$$K_q = \frac{\sum q_1 p_0}{\sum q_0 p_0} = \frac{270.4}{280} = 96.6\%$$

分子与分母之差为

$$\sum q_1 p_0 - \sum q_0 p_0 = 270.4 - 280 = -9.6(万元)$$

计算结果表明，三种产品产量报告期比基期下降3.4%，由于三种产品产量的下降，使产值报告期比基期减少9.6万元。

（2）用报告期价格作为同度量因素，则

$$K_q = \frac{\sum q_1 p_1}{\sum q_0 p_1} = \frac{285.6}{292} = 97.8\%$$

分子与分母之差为

$$\sum q_1 p_1 - \sum q_0 p_1 = 285.6 - 292 = -6.4(万元)$$

计算结果表明，三种产品产量报告期比基期下降2.2%，由于三种产品产量的下降，使产值报告期比基期减少6.4万元。

从以上两种方法计算结果来看，由于同度量因素选用的时期不同，无论是产量下降的幅度，还是产值减少的绝对数额都是不同的。在实际中，只能从二者中选取一个，从生产者的角度观察问题，一般采用基期价格（基期的质量指标）作为同度量因素来编制像产品产量这样的数量指标综合指数。

（三）质量指标综合指数的编制

质量指标综合指数是说明质量指标综合变动的指数。如多种工业产品价格指数、多种产品单位成本指数、农副产品收购价格指数等。

现以实例说明质量指标综合指数的编制方法。

[例7-2] 仍用例7-1的资料，计算分析三种产品价格总变动。

如果观察每一种产品的价格变动，只需计算价格个体指数，直接用每一种产品报告期价格与基期价格对比，三种产品价格个体指数分别为

$$\frac{450}{400} = 112.5\%$$

$$\frac{90}{100} = 90\%$$

$$\frac{260}{240} = 108.3\%$$

说明甲产品价格报告期比基期增长12.5%，乙产品价格报告期比基期下降10%，丙产品价格报告期比基期增长8.3%。

由于三种产品的价格不能直接加总，要分析其总变动，则要计算三种产品价格综合指数（K_p），根据综合指数的编制原理进行编制：

（1）用基期产量作为同度量因素，则

$$K_p = \frac{\sum p_1 q_0}{\sum p_0 q_0} = \frac{292}{280} = 104.3\%$$

分子与分母之差为

$$\sum p_1 q_0 - \sum p_0 q_0 = 292 - 280 = 12(万元)$$

计算结果表明三种产品价格报告期比基期增长 4.3%，由于价格的增长，使产值报告期比基期增加 12 万元。

（2）用报告期产量作为同度量因素，则

$$K_p = \frac{\sum p_1 q_1}{\sum p_0 q_1} = \frac{285.6}{270.4} = 105.6\%$$

分子与分母之差为

$$\sum p_1 q_1 - \sum p_0 q_1 = 285.6 - 270.4 = 15.2(万元)$$

计算结果表明三种产品价格报告期比基期增长 5.6%，由于价格的增长，使产值报告期比基期增加 15.2 万元。

从以上两种方法计算结果看，由于同度量因素选用的时期不同，无论是价格增长的幅度，还是产值增加的绝对数额都是不同的。在实际中，一般采用报告期产品产量（报告期的数量指标）作为同度量因素来编制像产品价格这样的质量指标综合指数。

二、平均指数

依据"先对比，后平均"的形式编制平均指数的基本程序是：首先通过对比计算出个体指数，然后将个体指数进行加权平均求得总指数。

平均指数也是编制总指数的一种重要形式，它与综合指数的联系在于：在特定的权数下，两者之间存在变形关系。但是作为一种独立指数形式的平均指数，不只是作为综合指数的变形使用，其本身也具有独立的应用价值。

平均指数根据掌握的资料不同，有加权算术平均指数、加权倒数平均指数等形式。

（一）加权算术平均指数

它是以个体指数为变量，以与所要编制的指数密切关联的价值总量（pq）为权数，按加权算术平均的形式求得总指数。

在实际中，以基期的总价值量加权的算术平均指数最为常用。

数量指标算术平均指数 $K_q = \dfrac{\sum \dfrac{q_1}{q_0} \cdot p_0 q_0}{\sum p_0 q_0}$

质量指标算术平均指数 $K_p = \dfrac{\sum \dfrac{p_1}{p_0} \cdot p_0 q_0}{\sum p_0 q_0}$

[**例7-3**] 仍以例7-1资料为例，用加权算术平均指数形式计算三种产品产量总指数和价格总指数，见表7-4。

表7-4 加权算术平均指数计算表

产品名称	计量单位	产量个体指数 $\dfrac{q_1}{q_0}$/%	价格个体指数 $\dfrac{p_1}{p_0}$/%	基期产值 $p_0 q_0$/万元	$\dfrac{q_1}{q_0} \cdot p_0 q_0$	$\dfrac{p_1}{p_0} \cdot p_0 q_0$
甲	件	110	112.5	80	88.0	90.00
乙	担	75	90.0	80	60.0	72.00
丙	吨	102	108.3	120	122.4	129.96
合计	—	—	—	280	270.4	291.96

将表中有关数据代入公式得

$$K_p = \dfrac{\sum \dfrac{p_1}{p_0} \cdot p_0 q_0}{\sum p_0 q_0} = \dfrac{291.96}{280} = 104.3\%$$

$$K_q = \dfrac{\sum \dfrac{q_1}{q_0} \cdot p_0 q_0}{\sum p_0 q_0} = \dfrac{270.4}{280} = 96.6\%$$

不难看出，这些计算结果与前面拉氏综合指数公式计算的结果完全相同。事实上，当个体指数与总值权数之间存在一一对应关系时，用基期总值加权的算术平均指数等于拉氏综合指数，即有

$$K_q = \dfrac{\sum \dfrac{q_1}{q_0} \cdot q_0 p_0}{\sum q_0 p_0} = \dfrac{\sum q_1 p_0}{\sum q_0 p_0}（拉氏指数）$$

$$K_p = \dfrac{\sum \dfrac{p_1}{p_0} \cdot p_0 q_0}{\sum p_0 q_0} = \dfrac{\sum p_1 q_0}{\sum p_0 q_0}（拉氏指数）$$

在这种情况下，平均指数可以看成是综合指数的变形。但在实际工作中，由于通常要运用非全面调查的方法和附加权数资料来简化指数编制工作，此时

个体指数与权数之间就不存在严格的一一对应关系,上述关系式就难以成立。因此,平均指数仍然是一种相对独立的总指数编制方法,而不仅仅是综合指数的变形。

算术平均指数的权数不仅可以是绝对数,而且也可以是相对数(总值比重)。二者相比,相对数权数具有更多优越性。以价格指数为例,其计算公式为

$$K_p = \frac{\sum \frac{p_1}{p_0} \cdot p_0 q_0}{\sum p_0 q_0} = \sum \frac{p_1}{p_0} \cdot \frac{p_0 q_0}{\sum p_0 q_0}$$

设 $\frac{p_1}{p_0} = K \qquad \frac{p_0 q_0}{\sum p_0 q_0} = W$

则 $K_p = \sum K \cdot W$

式中:K 表示各种(类)商品价格个体指数;W 表示各种(类)商品销售额占总销售额比重,称为固定权数。固定权数由国家统计部门根据基期销售类值比重,再结合报告期销售量的变化情况调整后确定。

为了简化指数编制工作,实践中常常将相对权数(W)固定下来,所以称之为固定权数。

这种指数形式在国内外统计工作中应用非常广泛。如商品零售物价指数就是采用固定权数计算的。

(二) 加权倒数平均指数

它是以个体指数为变量,以价值总量(pq)为权数,按倒数算术平均的形式求得的总指数。对于加权倒数平均指数,也可以分别运用不同时期的权数,得到相应的倒数平均指数,但以计算期总值加权的倒数平均指数最为常用。

设 $K = \frac{q_1}{q_0}$ 表示数量指标个体指数,则

数量指标倒数平均指数 $K_q = \frac{\sum q_1 p_1}{\sum \frac{1}{K} \cdot q_1 p_1} = \frac{\sum q_1 p_1}{\sum \frac{q_0}{q_1} \cdot q_1 p_1}$

设 $K = \frac{p_1}{p_0}$ 表示质量指标个体指数,则

质量指标倒数平均指数 $K_p = \frac{\sum p_1 q_1}{\sum \frac{1}{K} \cdot p_1 q_1} = \frac{\sum p_1 q_1}{\sum \frac{p_0}{p_1} \cdot p_1 q_1}$

[**例 7-4**] 仍以例 7-1 资料为例,用加权倒数平均指数形式计算三种产品产量总指数和价格总指数,见表 7-5。

表 7-5　加权倒数平均指数计算表

产品名称	计量单位	产量个体指数 $\dfrac{q_1}{q_0}$ /%	价格个体指数 $\dfrac{p_1}{p_0}$ /%	报告期产值 p_1q_1 /万元	$p_1q_1 \Big/ \dfrac{q_1}{q_0}$	$p_1q_1 \Big/ \dfrac{p_1}{p_0}$
甲	件	110	112.5	99.0	90	88.0
乙	担	75	90.0	54.0	72	60.0
丙	吨	102	108.3	132.6	130	122.4
合计	—	—	—	285.6	292	270.4

将表中有关数据，代入公式得

$$K_q = \frac{\sum q_1 p_1}{\sum \dfrac{q_0}{q_1} \cdot q_1 p_1} = \frac{285.6}{292} = 97.8\%$$

$$K_p = \frac{\sum p_1 q_1}{\sum \dfrac{p_0}{p_1} \cdot p_1 q_1} = \frac{285.6}{270.4} = 105.6\%$$

显然，这些计算结果与前面帕氏综合指数公式计算的结果完全相同。容易证实，当个体指数与总值权数之间存在一一对应关系时，用报告期总值加权的倒数平均指数等于帕氏综合指数，即

$$K_q = \frac{\sum q_1 p_1}{\sum \dfrac{q_0}{q_1} \cdot q_1 p_1} = \frac{\sum q_1 p_1}{\sum q_0 p_1}（帕氏综合指数）$$

$$K_p = \frac{\sum p_1 q_1}{\sum \dfrac{p_0}{p_1} \cdot p_1 q_1} = \frac{\sum p_1 q_1}{\sum p_0 q_1}（帕氏综合指数）$$

在这种情形下，平均指数也可以看成是综合指数的一种变形。但当个体指数与权数之间不存在严格的一一对应关系时，上述关系不再成立。

第三节　指数体系与因素分析

一、指数体系的概念

任何社会经济现象都不是孤立存在的，许多现象之间存在相互依存、相互制约的关系。现象之间在数量上存在的联系反映在指数之中，就形成指数之间的联系。有关的指数由于具有相互联系而形成的整体，称为指数体系。例如：

$$商品销售额 = 商品销售量 \times 销售价格$$
$$生产总成本 = 产品产量 \times 产品单位成本$$

等号左边的总量受制于等号右边的各因素指标,这种客观存在的因素联系不仅表现在静态上,而且也反映在动态上,即这种客观的因素联系在动态中也是同样存在的。

$$商品销售额指数 = 销售量指数 \times 销售价格指数$$
$$生产总成本指数 = 产品产量指数 \times 产品单位成本指数$$

像这些由三个或三个以上,在经济上存在一定联系,在数量上又构成一定对等关系的指数所组成的整体就称为指数体系。

在指数体系中,包含两大类指数:一类是总体现象变动指数,如商品销售额指数、谷物总产量指数等,这类指数在一个指数体系中只有一个;另一类是影响因素变动指数,如商品销售量指数、销售价格指数等,这类指数在一个指数体系中可以有多个。

利用指数体系可以进行因素分析,可以从绝对数和相对数两个方面分析社会经济现象变动的程度以及各个影响因素对现象变动的影响程度。例如,通过编制商品销售量指数和销售价格指数,可以分析销售量的增减和销售价格的升降对商品销售额变动的影响程度。

二、总量指标变动的因素分析

(一) 简单现象总量指标变动的因素分析

分析简单现象总量指标的变动,可以直接利用个体指数分析。

[例 7–5] 要对表 7–6 资料中其中某一种产品产值变动进行因素分析,可以直接计算该种产品产量个体指数和价格个体指数。

表 7–6 产值计算表

产品名称	计量单位	产量		价格/元		产值/万元		
		q_0	q_1	p_0	p_1	$q_0 p_0$	$q_1 p_0$	$q_1 p_1$
甲	件	2 000	2 200	400	450	80	88.0	99.0
乙	担	8 000	6 000	100	90	80	60.0	54.0
丙	吨	5 000	5 100	240	260	120	122.4	132.6
合计	—	—	—	—	—	280	270.4	285.6

现以甲产品为例。

甲产品产量个体指数为

$$\frac{q_1}{q_0} = \frac{2\,200}{2\,000} = 110\%$$

甲产品价格个体指数为

$$\frac{p_1}{p_0} = \frac{450}{400} = 112.5\%$$

甲产品产值个体指数

$$\frac{p_1 q_1}{p_0 q_0} = \frac{99}{80} = 123.75\%$$

显然

$$\frac{p_1 q_1}{p_0 q_0} = \frac{p_1}{p_0} \cdot \frac{q_1}{q_0}$$

即 $123.75\% = 110\% \times 112.5\%$

这表明，甲产品产值报告期比基期增长23.75%是产量增长10%和价格增长12.5%共同作用的结果。

若要进一步分析在甲产品产值增加的19万元中，由于产量的增长和价格的增长分别使其增加多少，就需要进行绝对数分析，在进行绝对数分析时，当分析某一个因素的影响时，另一个因素需要固定下来。一般情况下，当分析数量指标因素的变动影响时，另一个影响因素质量指标固定在基期，当分析质量指标因素的变动影响时，另一个影响因素数量指标固定在报告期。即有

甲产品产量的变动对产值的影响：

$$(q_1 - q_0) \cdot p_0 = (2\,200 - 2\,000) \times 400 = 8(万元)$$

甲产品价格的变动对产值的影响：

$$(p_1 - p_0) \cdot q_1 = (450 - 400) \times 2\,200 = 11(万元)$$

显然

$$p_1 q_1 - p_0 q_0 = (q_1 - q_0) \cdot p_0 + (p_1 - p_0) \cdot q_1$$

即　　　$990\,000 - 800\,000 = (2\,200 - 2\,000) \times 400 + (450 - 400) \times 2\,200$

这表明，甲产品产值报告期比基期增加19万元，其中由于产量的增长使其增加8万元，由于价格的增长使其增加11万元。

（二）复杂现象总量指标变动的因素分析（综合指数体系分析）

1. 两因素分析

对复杂现象总量指标的两因素分析是利用综合指数体系的分析方法。

两因素综合指数体系是综合指数体系最基本的形式。它由总量指标综合指数、数量指标综合指数和质量指标综合指数三个指数组成。

由于同度量因素在固定时期上有两种不同的选择，这样综合指数体系也就有四种不同的组合，如果都用拉氏公式或帕氏公式来编制数量指标综合指数和质量指标综合指数，它们与总量指标指数间就无法形成数量上的对等关系。即有

$$\frac{\sum q_1 p_1}{\sum q_0 p_0} \neq \frac{\sum q_1 p_0}{\sum q_0 p_0} \times \frac{\sum p_1 q_0}{\sum p_0 q_0}$$

$$\frac{\sum q_1 p_1}{\sum q_0 p_0} \neq \frac{\sum q_1 p_1}{\sum q_0 p_1} \times \frac{\sum p_1 q_1}{\sum p_0 q_1}$$

因此，在同一指数体系中，数量指标综合指数和质量指标综合指数只有一个用拉氏指数公式，而另一个用帕氏指数公式，这样才能保证指数体系内部在数量上的对等关系成立。即有

$$\frac{\sum q_1 p_1}{\sum q_0 p_0} = \frac{\sum q_1 p_0}{\sum q_0 p_0} \times \frac{\sum p_1 q_1}{\sum p_0 q_1}$$

$$\frac{\sum q_1 p_1}{\sum q_0 p_0} = \frac{\sum q_1 p}{\sum q_0 p_1} \times \frac{\sum p_1 q_0}{\sum p_0 q_0}$$

在实际中，一般采用前一个综合指数体系。

[例 7-6] 某企业三种产品的资料见表 7-7，要求据此分析产品产量、单位产品成本的变动对总成本的影响。

表 7-7 某企业总成本因素分析资料及计算表

产品名称	计量单位	产量 q		单位成本 z/元		总成本 zq/元		
		基期 q_0	报告期 q_1	基期 z_0	报告期 z_1	$q_0 z_0$	$q_1 z_1$	$q_1 z_0$
甲	台	200	250	20	22	4 000	5 500	5 000
乙	件	500	600	10	8	5 000	4 800	6 000
丙	吨	100	120	40	50	4 000	6 000	4 800
合计	—	—	—	—	—	13 000	16 300	15 800

解：根据总成本指数 = 产量指数 × 单位成本指数建立指数体系。

相对数体系：$\dfrac{\sum q_1 z_1}{\sum q_0 z_0} = \dfrac{\sum q_1 z_0}{\sum q_0 z_0} \times \dfrac{\sum q_1 z_1}{\sum q_1 z_0}$

绝对数体系：$\sum q_1 z_1 - \sum q_0 z_0 = \left(\sum q_1 z_0 - \sum q_0 z_0\right) + \left(\sum q_1 z_1 - \sum q_1 z_0\right)$

具体分析如下。

（1）三种产品总成本变动为

$$总成本指数 = \frac{\sum q_1 z_1}{\sum q_0 z_0} = \frac{16\,300}{13\,000} = 125.38\%$$

$$总成本变动额 = \sum q_1 z_1 - \sum q_0 z_0 = 16\,300 - 13\,000 = 3\,300(元)$$

计算结果表明三种产品的总成本报告期比基期增长 25.38%，在绝对数上增加 3 300 元。

(2) 各因素的影响情况：

三种产品产量变动及影响程度为

$$产量总指数 = \frac{\sum q_1 z_0}{\sum q_0 z_0} = \frac{15\,800}{13\,000} = 121.54\%$$

$$产量变动对总成本的影响额 = \sum q_1 z_0 - \sum q_0 z_0 = 15\,800 - 13\,000$$
$$= 2\,800(元)$$

计算结果表明三种产品的产量报告期比基期增长 21.54%，由此导致总成本增加 2 800 元。

三种产品出厂价格变动及影响程度为

$$单位成本总指数 = \frac{\sum q_1 z_1}{\sum q_1 z_0} = \frac{16\,300}{15\,800} = 103.16\%,$$

$$单位成本变动对总成本的影响额 = \sum z_1 q_1 - \sum z_0 q_1 = 16\,300 - 15\,800$$
$$= 500(元)$$

计算结果表明三种产品的单位成本报告期比基期增长 3.16%，由此导致总成本增加 500 元。

(3) 用指数体系反映：

在相对数上：121.54% × 103.16% = 125.38%

在绝对数上：2 800 + 500 = 3 300（元）

由此可见，由于三种产品产量报告期比基期上升 21.54%，使总成本增加 2 800元；又由于三种产品单位成本报告期比基期上升 3.16%，使总成本增加 500 元。两者共同作用的结果是三种产品的总成本报告期比基期上升 25.38%，总成本增加 3 300 元。

2. 多因素分析

社会现象是复杂的，有些现象的变动可能要受到三个或三个以上因素的影响，当某项总量指标的变动可以表示为三个或三个以上因素指标变动的连乘积时，同样可以利用指数体系测定各因素变动对总量指标变动的影响。这种分析就是对总量指标变动的多因素分析。

多因素现象构成的指数体系，由于所包括的影响因素较多，指数的编制过程比较复杂，必须注意以下两个问题：

(1) 必须正确排列指数体系中各因素的顺序。要具体分析现象总体的经济内容，依据各现象因素之间的关系加以确定。

一般顺序是：数量指标在前，质量指标在后，并保证相邻指标间的联系有一定的经济意义。如根据影响原材料费用各因素之间的经济联系，排列顺序应该是

原材料费用额 = 产品产量(a) × 原材料单耗(b) × 原材料单价(c)

在确定数量指标与质量指标时,应根据指标所说明现象的内容不同和因素间的联系来判断。如对于原材料单耗来说,产品产量属于数量指标,而原材料单价则属于质量指标。

(2)在编制多因素指标综合指数时,为了测定某一个因素指标的变动影响,必须将其他因素全部加以固定。

一般是当编制数量指标指数时,将作为同度量因素的质量指标固定在基期,当编制质量指标指数时,将作为同度量因素的数量指标固定在报告期。

[例7-7] 某工厂生产甲、乙两种产品,原材料消耗情况见表7-8,根据表中资料分析该厂两种产品原材料费用总额的变动以及各因素变动对其影响程度。

表7-8 某工厂原材料消耗

产品名称	原材料名称	产品产量(a)		原材料单耗(b)		原材料单价(c)/元	
		基期 a_0	报告期 a_1	基期 b_0	报告期 b_1	基期 c_0	报告期 c_1
甲(台)	m/千克	1 000	1 200	400	390	80	84
乙(套)	n/米	5 000	5 100	3.0	2.8	60	65

组成的指数体系为

原材料费用总额指数 = 产品产量指数 × 原材料单耗指数 × 原材料价格指数

即

$$\frac{\sum a_1 b_1 c_1}{\sum a_0 b_0 c_0} = \frac{\sum a_1 b_0 c_0}{\sum a_0 b_0 c_0} \times \frac{\sum a_1 b_1 c_0}{\sum a_1 b_0 c_0} \times \frac{\sum a_1 b_1 c_1}{\sum a_1 b_1 c_0}$$

$$\sum a_1 b_1 c_1 - \sum a_0 b_0 c_0 = \left(\sum a_1 b_0 c_0 - \sum a_0 b_0 c_0 \right) + \left(\sum a_1 b_1 c_0 - \sum a_1 b_0 c_0 \right) + \left(\sum a_1 b_1 c_1 - \sum a_1 b_1 c_0 \right)$$

原材料费用计算表见表7-9。

表7-9 原材料费用计算表 万元

产品	$a_0 b_0 c_0$	$a_1 b_0 c_0$	$a_1 b_1 c_0$	$a_1 b_1 c_1$
甲	3 200	3 840.0	3 744.00	3 931.20
乙	90	91.8	85.68	92.82
合计	3 290	3 931.8	3 829.68	4 024.02

原材料费用总额指数 $= \dfrac{\sum a_1 b_1 c_1}{\sum a_0 b_0 c_0} = \dfrac{4\ 024.02}{3\ 290} = 122.3\%$

原材料费用总额变动绝对数:

$\sum a_1 b_1 c_1 - \sum a_0 b_0 c_0 = 4\ 024.02 - 3\ 290 = 734.02(万元)$

产品产量指数 $= \dfrac{\sum a_1 b_0 c_0}{\sum a_0 b_0 c_0} = \dfrac{3\ 931.8}{3\ 290} = 119.5\%$

产量变动对原材料费用额影响的绝对数：

$$\sum a_1 b_0 c_0 - \sum a_0 b_0 c_0 = 3\,931.8 - 3\,290 = 641.8（万元）$$

原材料单耗指数 $= \dfrac{\sum a_1 b_1 c_0}{\sum a_1 b_0 c_0} = \dfrac{3\,829.68}{3\,931.8} = 97.4\%$

原材料单耗变动对原材料费用额影响的绝对数：

$$\sum a_1 b_1 c_0 - \sum a_1 b_0 c_0 = 3\,829.68 - 3\,931.8 = -102.12（万元）$$

原材料价格指数 $= \dfrac{\sum a_1 b_1 c_1}{\sum a_1 b_1 c_0} = \dfrac{4\,024.02}{3\,829.68} = 105.1\%$

原材料价格变动对原材料费用额影响的绝对数：

$$\sum a_1 b_1 c_1 - \sum a_1 b_1 c_0 = 4\,024.02 - 3\,829.68 = 194.34（万元）$$

以上计算结果表现为

$$122.3\% = 119.5\% \times 97.4\% \times 105.1\%$$
$$734.02 = 641.8 + (-102.12) + 194.34$$

计算结果表明，该厂两种产品消耗的原材料费用总额报告期比基期增长22.3%，是产量增长19.5%、原材料单耗下降2.6%和原材料价格上升5.1%共同作用的结果。

原材料费用总额报告期比基期增加734.02万元，其中产量增长19.5%使其增加641.8万元，原材料单耗下降2.6%使其减少102.12万元，原材料价格上升5.1%使其增加194.34万元。

第四节　平均指标变动的因素分析

一、平均指标指数的概念

平均指标指数是指用两个不同时期的同一经济内容的总体平均指标对比所形成的指数。一般公式是

$$\bar{K} = \dfrac{\bar{x}_1}{\bar{x}_0} = \dfrac{\dfrac{\sum x_1 f_1}{\sum f_1}}{\dfrac{\sum x_0 f_0}{\sum f_0}} = \dfrac{\sum x_1 \cdot \dfrac{f_1}{\sum f_1}}{\sum x_0 \cdot \dfrac{f_0}{\sum f_0}}$$

式中，$\bar{K}$ 表示平均指标指数；$\bar{x}_1$ 表示报告期总体平均指标；$\bar{x}_0$ 表示基期总体平均指标。

常见的平均指标指数有平均工资指数、平均单位成本指数、平均劳动生产率指数、平均亩产量指数等。

二、平均指标指数体系及其分析

加权算术平均数 $\bar{x} = \dfrac{\sum xf}{\sum f} = \sum x\left(\dfrac{f}{\sum f}\right)$ 受两个因素的影响：一个是各组水平 x；另一个是各组结构 $\dfrac{f}{\sum f}$。如果平均指标 $\left(\dfrac{\bar{x}_1}{\bar{x}_0}\right)$ 发生变化，显然是 x 和 $\dfrac{f}{\sum f}$ 变动的结果。因此，可以采用类似前面总量指标两因素分析的方法对平均指标的变动作因素分析，即利用指数体系从各组水平 x 和各组结构 $\dfrac{f}{\sum f}$ 的变动对平均指标变动的影响情况进行分析。

平均指标的变动也就是平均指标指数，又称为可变构成指数，它反映平均指标的实际变动方向和程度。记为

$$\text{可变构成指数} = \dfrac{\sum x_1 f_1}{\sum f_1} \div \dfrac{\sum x_0 f_0}{\sum f_0}$$

分子与分母的差额

$$\dfrac{\sum x_1 f_1}{\sum f_1} - \dfrac{\sum x_0 f_0}{\sum f_0}$$

表示平均指标增加或减少的数额。

为了分析各组水平 x 和各组结构 $\dfrac{f}{\sum f}$ 两因素的变动对平均指标变动的影响情况，每次分别固定一个因素，考虑另一个因素的变化。

首先分析各组水平 x 的变动对平均指标变动的影响，这时将各组结构 $\dfrac{f}{\sum f}$ 固定在报告期，由此得到的指数称为固定构成指数，它反映了各组水平 x 的变动方向和程度。记为

$$\text{固定构成指数} = \dfrac{\sum x_1 f_1}{\sum f_1} \div \dfrac{\sum x_0 f_1}{\sum f_1}$$

分子与分母的差额

$$\dfrac{\sum x_1 f_1}{\sum f_1} - \dfrac{\sum x_0 f_1}{\sum f_1}$$

表示由于各组水平变动而使平均指标变化的数额。

其次分析各组结构 $\dfrac{f}{\sum f}$ 的变动对平均指标变动的影响,这时将各组水平固定在基期,由此得到的指数称为结构影响指数。记为

$$结构影响指数 = \dfrac{\sum x_0 f_1}{\sum f_1} \div \dfrac{\sum x_0 f_0}{\sum f_0}$$

分子与分母的差额

$$\dfrac{\sum x_0 f_1}{\sum f_1} - \dfrac{\sum x_0 f_0}{\sum f_0}$$

表示由于各组结构变动而使平均指标变化的数额。

上述三个指数在相对数上构成下列等式:

$$可变构成指数 = 固定构成指数 \times 结构影响指数$$

即

$$\dfrac{\dfrac{\sum x_1 f_1}{\sum f_1}}{\dfrac{\sum x_0 f_0}{\sum f_0}} = \dfrac{\dfrac{\sum x_1 f_1}{\sum f_1}}{\dfrac{\sum x_0 f_1}{\sum f_1}} \times \dfrac{\dfrac{\sum x_0 f_1}{\sum f_1}}{\dfrac{\sum x_0 f_0}{\sum f_0}}$$

绝对量上存在如下等式:

$$\dfrac{\sum x_1 f_1}{\sum f_1} - \dfrac{\sum x_0 f_0}{\sum f_0} = \left(\dfrac{\sum x_1 f_1}{\sum f_1} - \dfrac{\sum x_0 f_1}{\sum f_1}\right) + \left(\dfrac{\sum x_0 f_1}{\sum f_1} - \dfrac{\sum x_0 f_0}{\sum f_0}\right)。$$

由此可知,可变构成指数、固定构成指数与结构影响指数组成一个指数体系。我们称之为平均指标指数体系。

[例7-8] 某企业职工的工资资料见表7-10。要求:分析职工工资水平和工人结构的变动对总平均工资的影响。

表7-10 平均工资因素分析表

职工类别	月平均工资/元		职工人数/人		工资总额/元		
	基期 x_0	报告期 x_1	基期 f_0	报告期 f_1	$x_0 f_0$	$x_0 f_1$	$x_1 f_1$
学徒	450	500	60	180	27 000	81 000	90 000
熟练工人	500	600	180	270	90 000	135 000	162 000
管理人员	1 000	1 100	240	150	240 000	150 000	165 000
合计	—	—	480	600	357 000	366 000	417 000

解:(1)总平均工资的变动如下:

$$\text{可变构成指数} = \frac{\dfrac{\sum x_1 f_1}{\sum f_1}}{\dfrac{\sum x_0 f_0}{\sum f_0}} = \frac{\dfrac{417\,000}{600}}{\dfrac{357\,000}{480}} = \frac{695}{743.75} = 93.45\%$$

$$\frac{\sum x_1 f_1}{\sum f_1} - \frac{\sum x_0 f_0}{\sum f_0} = 695 - 743.75 = -48.75(元)$$

计算结果表明，该企业全体职工的月平均工资报告期比基期下降 6.55%，人均减少 48.75 元。

(2) 总平均工资受各因素影响的情况如下：

$$\text{固定构成指数} = \frac{\dfrac{\sum x_1 f_1}{\sum f_1}}{\dfrac{\sum x_0 f_1}{\sum f_1}} = \frac{\dfrac{417\,000}{600}}{\dfrac{366\,000}{600}} = \frac{695}{610} = 113.93\%,$$

$$\frac{\sum x_1 f_1}{\sum f_1} - \frac{\sum x_0 f_1}{\sum f_1} = 695 - 610 = 85(元)$$

计算结果表明，由于各组工资上涨 13.93%，使人均工资增加 85 元。

$$\text{结构影响指数} = \frac{\dfrac{\sum x_0 f_1}{\sum f_1}}{\dfrac{\sum x_0 f_0}{\sum f_0}} = \frac{\dfrac{366\,000}{600}}{\dfrac{357\,000}{480}} = \frac{610}{743.75} = 82.02\%,$$

$$\frac{\sum x_0 f_1}{\sum f_1} - \frac{\sum x_0 f_0}{\sum f_0} = 610 - 743.75 = -133.75(元)。$$

计算结果表明，由于职工人数结构变动工资下降 17.98%，使人均工资减少 133.75 元。

(3) 用指数体系反映：

在相对数上：93.45% = 113.93% × 82.02%

在绝对数上：−48.75（元）= 85 + (−133.75)

上式表明：由于各组工资水平上涨 13.93%，总平均工资增加 85 元；由于职工人数结构变动工资下降 17.98%，总平均工资减少 133.75 元。两因素共同影响使总平均工资下降 6.55%，减少 48.75 元。

第五节 几种常用的经济指数

我国统计实践中，常用的经济指数主要有商品零售价格指数、居民消费价格指数、农产品收购价格指数、农业生产资料指数、工业生产指数、工农业商品综合比价指数、工业品出厂价格指数、固定资产投资价格指数、生产价格指数、股票价格指数、货币购买力和进出口商品价格指数与贸易条件指数等。其中与人民生活关系最为密切的是商品零售价格指数和居民消费价格指数。

一、零售价格指数

零售价格指数是反映城乡商品零售价格变动趋势的一种相对数。它的变动直接影响到城乡居民的生活支出和国家财政收入，影响居民购买力和市场供需平衡以及消费和积累的比例。因此，零售价格指数是观察和分析经济活动的重要工具之一。

我国目前的零售价格指数的编制采用加权算术平均数的形式。它采用抽样调查的方法，从成千上万的商品中选择部分有代表性的商品，进行定时定点采价，经过加权逐级计算出来的。其计算公式为

$$\bar{K} = \frac{\sum k\omega}{\sum \omega}$$

式中，k 为商品价格个体指数或各层的类指数；ω 为权数。

二、居民消费价格指数

居民消费价格指数是反映一定时期内城乡居民所购买的生活消费品价格和服务项目价格的变动趋势和程度的一种相对数。通过这一指数，可以观察消费价格的变动水平及对消费者货币支出的影响，研究实际收入和实际消费水平的变动状况。通过城镇居民消费价格指数，可以分析生活消费品和服务项目价格变动对职工货币工资的影响，为研究职工生活和制定工资政策提供依据。

居民消费价格指数可就城乡分别编制城市居民消费价格指数和农村居民消费价格指数，也可就全社会编制全国居民消费价格总指数。城市居民消费价格指数是反映城市职工及其家庭所购买的生活消费品和服务项目价格变动趋势和程度的相对数，其编制过程与零售价格指数类似，但内容有所不同。消费价格指数包括消费品价格和服务项目价格两个部分。编制该指数时，首先要对消费品和服务项

目进行分类，并选择代表消费品和服务项目。目前，居民消费价格指数分为食品类、衣着类、家庭设备及用品类、医疗保健用品类、交通和通讯工具类、娱乐教育文化用品类、居住类、服务项目类等。其中服务项目分为房租、水电费、交通费、邮电费、医疗保健费、学杂保健费、文娱费、修理费及其他服务费等8大类。指数中的权数原则上应采用居民消费支出的构成资料，但由于数据来源的限制，目前仍根据社会商品零售额和服务行业的营业额来确定。最后，分别求出消费品价格指数和服务项目价格指数，并将二者进行加权平均汇总。其计算公式为

$$\bar{K}_p = \frac{\sum k_p \omega}{\sum \omega}$$

式中，k_p 为类指数；ω 为权数，分别为消费品零售价格和服务项目营业额占二者总和的比重。

三、工业生产指数

工业生产指数是综合反映工业产品产量增减变化的相对数，可以用来表明一个国家国民经济发展的状况。世界上大多数国家都十分重视编制工业生产指数，而且都以基期的增加值 $p_0 q_0$ 为权数，依据代表产品的个体指数 k_q，采用加权算术平均法的形式计算总指数，其公式为

$$\bar{K}_q = \frac{\sum k_q p_0 q_0}{\sum p_0 q_0}$$

式中，$k_q = \dfrac{q_1}{q_0}$ 为某一具体代表产品的个体指数；$p_0 q_0$ 为相应的代表产品的基期增加值。在实际应用中，也有采用各工业部门增加值在全部工业增加值中所占的比重作为权数的方法。如美国和日本就是采用这种固定权数加权算术平均数法编制工业生产指数，其公式为

$$\bar{K}_q = \frac{\sum k_q \omega}{\sum \omega}$$

四、农产品收购价格指数

农产品收购价格指数，是反映国家农产品收购价格变动趋势和程度的相对数，它是研究农产品收购价格变化对农民收入、国家财政支出等的影响，又是计算工农业产品综合比价指数的依据。由于农产品收购季节性强，时间比较集中，产品品种比较少。这样，在年末能够较快地取得各类农产品实际收购金额和各代

表规格品价格的资料,从而可以用报告期农产品实际收购金额作为权数,对各类代表规格品价格个体指数采用加权调和平均法计算农产品收购价格指数,其公式为

$$\bar{K}_p = \frac{\sum p_1 q_1}{\sum \dfrac{p_1 q_1}{k_p}}$$

式中,k_p 为各类代表规格品的收购指数;$p_1 q_1$ 为相应各类代表规格品的报告期收购金额。

五、股票价格指数

股票价格变动是股票市场(证券市场)最重要的经济现象之一,它既可以为投资者带来利益,也可以使投资者遭受损失。股票价格指数是用来表示多种股票价格一般变化趋势的相对数。

股票价格指数一般由证券交易所、金融服务机构、咨询研究机构或新闻单位编制和发布。其编制的步骤如下。

(1)根据上市公司的行业分布、经济实力、资信等级等因素,选择适当数量有代表性的股票,作为编制指数的样本股票。样本股票可以随时更换或作数量上的增减,以保持良好的代表性。

(2)按期到股票市场上采集样本股票,简称采样。

(3)利用科学的方法和先进的手段计算指数值。

(4)通过新闻媒体向社会公众公开发布。

为保持股价指数的连续性,使各个时期计算出来的股价指数相互可比,有时还需要对指数作相应的调整。

编制股票价格指数的主要方法是加权综合法。即以样本股票的发行量或交易量为同度量因素(权数)计算的股价指数。其计算公式按同度量因素所属时期不同分为两种:

$$\text{基期加权综合股价指数} = \frac{\sum p_1 q_0}{\sum p_0 q_0}$$

$$\text{报告期加权综合股价指数} = \frac{\sum p_1 q_1}{\sum p_0 q_1}$$

式中,p_0、p_1 分别为基期、报告期的股价;q_0、q_1 分别为基期、报告期的发行量或交易量。其中,以发行量加权的综合股价指数,称市价总额指数;以交易量加权的综合股价指数,称为成交总额指数。

六、货币购买力指数

所谓货币购买力,是指单位货币所能购买商品和服务的数量。货币购买力的变化,直接反映币值的变化。根据货币流通的规律,如果货币发行量过多,货币就会贬值,货币购买力就会下降。对人民生活来说,货币购买力的变化,直接影响生活水平的变化。影响人民生活水平提高的不只是货币收入的多少,而且还有货币购买力的大小。因此,反映货币购买力的变化,对分析货币流通量是否正常;对研究人民生活水平的变动都有重要的意义。

货币购买力的大小同商品和服务价格变化成反比。统计根据这种关系,通过编制居民消费价格指数,来反映货币购买力的变化。其公式为

$$货币购买力指数 = \frac{1}{居民消费价格指数}$$

由于物价的变动影响货币购买力,因此,不同时期等量的货币收入,其实际收入就存在着差异。所以,在观察居民收入水平变化时,必须考虑到物价变动或货币购买力的变化。它们之间存在如下的关系:

$$实际收入指数 = 货币收入指数 \times 货币购买力指数$$

对职工而言,则有

$$实际工资指数 = 货币工资指数 \times 货币购买力指数。$$

此外,还有工业产品出厂价格指数、外贸商品价格指数、贸易条件指数等。限于篇幅,不逐一介绍。

案例 2010 年 6 月份中国制造业采购经理指数再现回落

2010 年 6 月,中国制造业采购经理指数(PMI)为 52.1%,低于上月 1.8 个百分点,该指数已连续两个月出现回落,但仍位于临界点——50% 以上。表明制造业经济总体继续保持增长态势,但在国家近期出台的宏观经济政策以及世界经济复苏步伐放慢等因素作用下,增速趋缓。如图 7-1 所示。

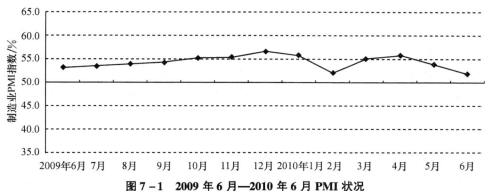

图 7-1 2009 年 6 月—2010 年 6 月 PMI 状况

2010年6月,构成制造业PMI的5个分类指数均有不同程度回落。

生产指数为55.8%,比上月下降2.4个百分点,连续17个月置于临界点以上。表明制造业生产总体上继续呈现增长态势,但增幅有所收窄。从行业情况看,农副食品加工及食品制造业、金属制品业、纺织服装鞋帽制造及皮革毛羽制品业、纺织业、电气机械及器材制造业、专用设备制造及仪器仪表文化办公机械制造业等行业生产量增长显著;造纸及印刷业、木材加工木竹藤棕草制品及家具制造业、黑色金属冶炼及压延加工业、有色金属冶炼及压延加工业、石油加工及炼焦业等高耗能行业生产量大幅回落。从企业规模看,大、中型企业生产继续保持快速增长,而小型企业生产指数已连续两个月位于临界点以下,企业生产形势不容乐观。

新订单指数为52.1%,与上月相比下降2.7个百分点,连续两个月明显回落,为2009年3月以来最低点,但仍位于临界点以上,表明制造业新订单数量虽然呈温和增长态势,但国内外市场需求增势减缓。从行业看,纺织业、烟草制品业、金属制品业、农副食品加工及食品制造业等行业新订单量继续保持快速增长态势;黑色金属冶炼及压延加工业、有色金属冶炼及压延加工业、石油加工及炼焦业、木材加工木竹藤棕草制品及家具制造业、造纸及印刷业等行业新订单数量锐减。从企业规模看,大、中型企业新订单平稳增长,并好于制造业总体状况;而小型企业新订单环比数量回落较大。调查显示,6月份出口订单指数下滑至51.7%,低于上月2.1个百分点,但仍位于临界点之上,显示我国制造业出口继续保持回升势头。由于受世界经济复苏放缓、贸易摩擦加剧、欧洲主权债务危机以及近期国家出台的出口退税政策等因素影响,出口订单增长继续放慢,未来出口形势严峻。

主要原材料库存指数为49.4%,比上月下降1.6个百分点,低于临界点,表明随着制造业市场需求减弱,企业对主要原材料的采购更为谨慎,以消耗前期的库存满足生产需要,导致本月制造业主要原材料库存有所减少。从行业情况看,黑色金属冶炼及压延加工业、有色金属冶炼及压延加工业、木材加工木竹藤棕草制品及家具制造业、电气机械及器材制造业、专用设备制造及仪器仪表文化办公机械制造业等行业主要原材料库存明显减少。

从业人员指数为50.6%,比上月下降1.5个百分点,仍高于临界点,表示制造业劳动力需求略有增长。从行业情况看,金属制品业、农副食品加工及食品制造业等行业企业用工有所增长;饮料制造业、专用设备制造及仪器仪表文化办公机械制造业、化学纤维制造及橡胶塑料制品业等行业从业人员数量环比减少。

供应商配送时间指数为50.0%,位于临界点,表明制造业原材料供应商交货时间与上月相比差别不大。

调查显示,主要原材料购进价格指数为51.3%,低于上月7.6个百分点,为2009年4月以来的最低点,连续两个月大幅回落,但仍位于临界点以上,表明受近期钢铁、有色金属、石油等大宗商品价格下跌，市场需求增长放缓等影响，制造业主要原材料购进价格涨幅持续回落，通胀压力有所缓解。从行业情况看，纺织业、木材加工木竹藤棕草制品及家具制造业、医药制造业、农副食品加工及食品制造业等行业主要原材料购进价格指数仍保持在 60% 左右的较高水平；化学纤维制造及橡胶塑料制品业、石油加工及炼焦业、金属制品业、黑色金属冶炼及压延加工业等行业原材料价格显著下降。

调查还显示，产成品库存指数为 51.3%，比上月回升 1.5 个百分点，是自 2008 年 12 月以来首次上升至临界点以上，表明制造业产成品库存呈现逐渐增长态势，尤其是钢铁行业最为明显，未来市场供需矛盾的压力加大值得进一步关注。见表 7-11。

表 7-11 中国制造业 PMI 指数（经季节调整） %

	2010 年 6 月	2010 年 5 月
PMI	52.1	53.9
生产	55.8	58.2
新订单	52.1	54.8
主要原材料库存	49.4	51.0
从业人员	50.6	52.1
供应商配送	50.0	50.9

习 题

一、单项选择题

1. 反映个别事物动态变化的相对指标叫做（　　）。
① 总指数　　　② 综合指数　　　③ 定基指数　　　④ 个体指数

2. 说明现象总的规模和水平变动情况的统计指数是（　　）。
① 质量指标指数　② 平均指标指数　③ 数量指标指数　④ 环比指数

3. 某公司所属三个工厂生产同一产品，要反映三个工厂产量报告期比基期的发展变动情况，三个工厂的产品产量（　　）。
① 能够直接加总　　　　　　　② 不能够直接加总
③ 必须用不变价格作同度量因素，才能相加
④ 必须用现行价格作同度量因素，才能相加

4. 若销售量增长 5%，零售价格增长 2%，则商品销售额增长（　　）。
① 7%　　　② 10%　　　③ 7.1%　　　④ 15%

5. 加权算术平均数指数，要成为综合指数的变形，其权数（　　）。
① 必须用 $q_1 p_1$　　　　　　② 必须用 $q_0 p_0$

③ 必须用 q_0p_1　　　　　　　　　　④ 前三者都可用

6. 加权调和平均数指数，要成为综合指数的变形，其权数（　　）。
① 必须是 q_1p_1　　　　　　　　　　② 必须是 q_1p_0
③ 可以是 q_0p_0　　　　　　　　　　④ 前三者都不是

7. 某工厂今年总生产费用比去年上升 50%，产量增加 25%，则单位成本提高了（　　）。
① 25%　　② 2%　　③ 75%　　④ 20%

8. 某企业今年职工工资总额比去年减少 2%，而平均工资上升 5%，则职工人数减少（　　）。
① 3%　　② 10%　　③ 7%　　④ 6.7%

9. 价格总指数：$\bar{K} = \dfrac{\sum p_1 q_1}{\sum p_0 q_1}$ 是（　　）。
① 质量指标指数　　　　　　　　　　② 平均数指数
③ 平均指标指数　　　　　　　　　　④ 数量指标指数

10. 派氏价格的综合指数公式是（　　）。
① $\dfrac{\sum K p_0 q_0}{\sum p_0 q_0}$　　② $\dfrac{\sum p_1 q_0}{\sum p_0 q_0}$　　③ $\dfrac{\sum p_1 q_1}{\sum \dfrac{p_1 q_1}{K}}$　　④ $\dfrac{\sum p_1 q_1}{\sum p_0 q_1}$

11. 广义上的指数是指（　　）。
① 反映价格变动的相对数　　　　　　② 反映物量变动的相对数
③ 反映动态的各种相对数　　　　　　④ 各种相对数

12. 狭义上的指数是指（　　）。
① 反映价格变动的相对数　　　　　　② 反映动态的各种相对数
③ 个体指数　　　　　　　　　　　　④ 总指数

13. $\dfrac{\sum p_1 q_1}{\sum p_0 q_0} = \dfrac{\sum p_1 q_1}{\sum p_0 q_1} \times \dfrac{\sum p_0 q_1}{\sum p_0 q_0}$ 所表示的指数体系是（　　）。
① 个体指数体系　　　　　　　　　　② 综合指数体系
③ 加权平均数指数体系　　　　　　　④ 平均指标指数体系

14. 在由 3 个指数所组成的指数体系中，两个因素指数的同度量因素通常（　　）。
① 都固定在基期　　　　　　　　　　② 都固定在报告期
③ 一个固定在基期一个固定在报告期　④ 采用基期和报告期的平均数

15. 固定权数的加权算术平均数价格指数的计算公式是（　　）。

① $\dfrac{\sum \dfrac{p_1}{p_0}W}{\sum W}$ ② $\dfrac{\sum \dfrac{q_1}{q_0}W}{\sum W}$ ③ $\dfrac{\sum W}{\sum \dfrac{1}{K}}$ ④ $\dfrac{\sum W}{\sum \dfrac{p_1}{p_0}W}$

16. 某企业的产值，2005 年比 2004 年增长 21%，其原因是（　　）。
① 产品价格上升 9%，产量增加 12%
② 产品价格上升 10%，产量增加 11%
③ 产品价格上升 10.5%，产量增加 10.5%
④ 产品价格上升 10%，产量增加 10%

17. 如果生活费用指数上涨 20%，则现在 1 元钱（　　）。
① 只值原来的 0.8 元　　　　② 只值原来的 0.83 元
③ 与原来的 1 元钱等值　　　④ 无法与原来比较

18. 在掌握基期产值和几种产品产量个体指数资料的条件下，要计算产量总指数，应采用（　　）。
① 综合指数　　　　　　　　② 加权算术平均数指数
③ 加权调和平均数指数　　　④ 可变构成指数

19. 在掌握报告期几种产品实际生产费用和这些产品的成本个体指数资料的条件下，要计算产品成本的平均变动，应采用（　　）。
① 综合指数　　　　　　　　② 加权算术平均数指数
③ 加权调和平均数指数　　　④ 可变构成指数

20. 在分别掌握 3 个企业报告期和基期的劳动生产率和人数资料的条件下，要计算 3 个企业劳动生产率总平均水平的变动，应采用（　　）。
① 质量指标指数　　　　　　② 可变构成指数
③ 固定构成指数　　　　　　④ 结构影响指数

二、多项选择题

1. 某企业 2005 年三种不同产品的实际产量为计划产量的 105%，这个指数是（　　）。
① 个体指数　　② 总指数　　③ 数量指标指数
④ 质量指标指数　　⑤ 静态指数

2. 加权算术平均数指数是一种（　　）。
① 平均数指数　　② 综合指数　　③ 总指数
④ 个体指数　　⑤ 平均指标对比指数

3. 同度量因素的作用有（　　）。
① 平衡作用　　② 比较作用　　③ 权数作用
④ 稳定作用　　⑤ 同度量作用

4. 某农户的小麦播种面积报告期为基期的 120%，这个指数是（　　）。

① 个体指数　　　② 总指数　　　　③ 数量指标指数
④ 质量指标指数　　⑤ 动态指数

5. 下列属于质量指标指数的有（　　）。
① 劳动生产率指数　② 商品销售量指数　③ 价格指数
④ 产品成本指数　　⑤ 职工人数指数

6. 编制综合指数的一般原则是（　　）。
① 质量指标指数以报告期数量指标作为同度量因素
② 数量指标指数以基期的质量指标作为同度量因素
③ 质量指标指数以基期数量指标作为同度量因素
④ 数量指标指数以报告期质量指标作为同度量因素
⑤ 随便确定

7. 指数的应用范畴包括（　　）。
① 动态对比　　　② 不同地区对比　③ 不同部门对比
④ 不同国家对比　⑤ 实际与计划的对比

8. 指数体系中，指数之间的数量对等关系表现在（　　）。
① 总量指数等于它的因素指数的乘积
② 总量指数等于它的因素指数的代数和
③ 总量指数等于它的因素指数之间的比例
④ 与总量指数相应的绝对增长额等于它的各因素指数所引起的绝对增长额的代数和
⑤ 与总量指数相应的绝对增长额等于它的各因素指数所引起的绝对增长额的乘积

9. 以 q 代表销售量，以 p 代表商品价格，那么 $\sum p_1 q_1 - \sum p_0 q_1$ 的意义是（　　）。
① 由于销售额本身变动而增减的绝对额
② 由于物价的变动而增减的销售额
③ 由于销售量变动而增减的销售额
④ 由于物价变动使居民购买商品多支出或减少的人民币
⑤ 由于销售量变动而使居民购买商品多支出或少支出的人民币

10. 已知某工业企业报告期生产费用（$\sum z_1 q_1$）为 2 850 万元，比基期增长 14%，又知报告期假定生产费用（$\sum z_0 q_1$）为 3 000 万元，则（　　）。
① 成本降低 5%
② 产量增加 20%
③ 报告期生产费用比基期增加 350 万元
④ 由于成本降低而节约的生产费用为 150 万元

⑤ 由于产量增加而多支出的生产费用为 500 万元

11. 指数的作用是（　　）。
① 综合反映现象的变动方向
② 综合反映现象的变动程度
③ 分析现象总变动中各因素影响方向和程度
④ 研究现象在长时期内变动趋势
⑤ 解决不同性质数列之间不能对比的问题

12. 综合指数的特点是（　　）。
① 综合反映多种现象的平均变动程度
② 两个总量指标对比的动态相对数
③ 固定一个或一个以上因素，反映另一个因素的变动
④ 分子与分母是两个或两个以上因素乘积之和
⑤ 分子或分母中有一项假定指标

13. 某市按不变价格计算的工业总产值，今年相当于去年的 124%，这是（　　）。
① 数量指标指数　　② 质量指标指数　　③ 总指数
④ 综合指数　　　　⑤ 平均指标数

14. 在各类指数中，可以编制指数体系的是（　　）。
① 个体指数
② 综合指数
③ 用综合指数变形权数加权的平均数指数
④ 用固定权数加权的平均数指数
⑤ 平均指标对比指数

15. 若用某企业职工人数和劳动生产率分组资料来进行分析时，该企业总的劳动生产率变动主要受到（　　）。
① 企业全部职工人数变动的影响
② 企业劳动生产率变动的影响
③ 企业各类职工人数在全部职工人数中所占比重的变动影响
④ 企业各类工人劳动生产率的变动影响
⑤ 受各组职工人数和相应劳动生产率两因素的影响

三、简答题
1. 什么叫综合指数？有什么特点？
2. 综合指数和平均数指数有何联系和区别？
3. 平均数指数在什么条件下才能成为综合指数的变形？
4. 什么叫同度量因素？作用是什么？
5. 指数体系中指数之间的数量对等关系如何理解？

6. 平均指标指数和平均指标对比指数有何区别？

四、计算题

1. 用同一数量人民币，报告期比基期多购买5%的商品，问物价是如何变动的？

2. 报告期和基期购买等量的商品，报告期比基期多支付50%的货币，物价变动否？是如何变化的？

3. 依据下列资料计算产量指数和价格指数。

产品	计量单位	产量		出厂价格/元	
		2004年	2005年	2004年	2005年
甲	件	100	100	500	600
乙	台	20	25	3 000	3 000
丙	米	1 000	2 000	6	5

4. 某厂产品成本资料：

产品名称	计量单位	单位成本/元		产品产量	
		基期	报告期	基期	报告期
甲	件	10	9	1 000	1 100
乙	个	9	9	400	500
丙	米	8	7	700	800

计算：（1）成本个体指数和产量个体指数；

（2）综合成本指数；

（3）总生产费用指数。

5. 某厂所有产品的生产费用2005年为12.9万元，比上年多0.9万元，单位产品成本平均比上年低3%。试确定：（1）生产费用总指数；（2）由于成本降低而节约的生产费用。

6. 某印染厂产量资料：

产品名称	上年实际产值 $q_0 p_0$/万元	本年实际产值 $q_1 p_1$/万元	产量本年比上年增长 $\left(\dfrac{q_1}{q_0}-100\%\right)$/%
甲	200	240	25
乙	450	485	10
丙	350	480	40
合计	1 000	1 205	—

依据上表资料计算加权算术平均指数，以及由于产量增长，使产值增加多少。

7. 某机床厂总生产费用资料：

产品名称	上年生产费用 z_0q_0/万元	本年生产费用 z_1q_1/万元	单位成本本年比上年降低 $\left(\dfrac{z_1}{z_0}-100\%\right)$/%
车床	750	780	−5
铣床	500	520	−3
合计	1 250	1 300	—

依据上表资料计算加权调和平均数指数，以及确定生产费用是否节约。

8. 某工厂工人和工资情况见下表：

	平均人数/人		平均工资/元	
	基期	报告期	基期	报告期
技术工人	200	300	800	1 000
一般工人	400	900	500	600
合计	600	1 200	—	—

计算：平均工资的可变构成指数，固定构成指数和结构影响指数，并分析。

9. 某工业企业甲、乙、丙三种产品产量及价格资料如下：

产品名称	计量单位	产量		价格/元	
		基期	报告期	基期	报告期
甲	套	300	320	360	340
乙	吨	460	540	120	120
丙	台	60	60	680	620

要求：（1）计算三种产品的产值指数、产量指数和价格指数；
（2）计算三种产品报告期产值增长的绝对额；
（3）从相对数和绝对数上简要分析产量及价格变动对总产值变动的影响。

10. 某市纺织局所属企业有关资料如下：

企业名称	工人数/人		劳动生产率/元	
	基期	报告期	基期	报告期
甲	6 000	6 400	5 000	6 000
乙	3 000	6 000	4 000	5 000
丙	1 000	3 600	2 500	3 000

要求：计算劳动生产率可变构成指数、固定构成指数和结构影响指数；并从相对数和绝对数上对劳动生产率的变动原因进行简要分析。

11. 某地工业局所属3个生产同种产品的企业单位产品成本及产量资料如下：

企业名称	单位产品成本/元		产量/万架	
	基期	报告期	基期	报告期
代表符号	z_0	z_1	q_0	q_1
甲	18	18	40	80
乙	20	18	60	80
丙	24	12	60	40

要求：（1）计算该局所属3个企业基期及报告期的总平均单位产品成本水平及指数；

（2）从相对数和绝对数上分析说明总平均单位产品成本变动中，受单位产品成本水平与产量结构变动的影响。

第 8 章
抽样调查

【教学目的和要求】

要求理解抽样调查的基本概念、特点和作用；掌握抽样调查的组织方法；掌握抽样误差的概念和抽样平均误差的计算；掌握样本容量的确定方法；运用抽样推断的方法对全及总体指标进行推断。

【重点和难点】

抽样调查的基本概念；抽样误差的概念和抽样平均误差的计算；样本容量的确定方法。

第一节 抽样调查概述

一、抽样调查的概念、特点和作用

（一）抽样调查的概念

抽样调查是按照随机原则，从总体中抽选一部分单位进行观察，计算样本指标，并根据样本指标从数量方面推断总体相应指标的一种非全面调查。

所谓随机原则，又叫机会均等原则或同等可能性原则，是指抽取调查单位的确定完全由随机因素来决定，单位中选或不中选不受主观因素的影响，即保证总体中各个单位都有同样的机会被抽中。例如，对某灯泡生产企业的灯泡产品质量进行检查时，从该企业全部灯泡产品中抽取一小部分进行检测，计算出产品的合格率，以此来推断全部灯泡产品的合格率。

抽样调查包括调查和推断两部分，即按照随机原则从调查对象的全部单位中抽取部分单位进行调查，取得各项准确的样本数据；然后运用数理统计原理，根据准确的样本数据，对研究对象全体的数量特征做出具有一定可靠程度的估计和判断，以达到对现象总体的认识。抽样调查不仅是一种科学的、非全面的调查方式，而且是一种花费少、灵活性强、根据非全面资料推算全面情况的统计研究方式。

（二）抽样调查的特点

抽样调查具有如下几个特点。

（1）抽样调查是专门组织的一次性非全面调查，抽样调查不同于全面调查，它是通过组织抽样调查取得部分单位的实际资料，来估计和判断总体的数量特征，以达到认识总体的目的。抽样调查具有节约人力、物力、财力、时间和灵活性强的特点，这一特点使得它不同于全面调查与其他非全面调查。

（2）抽选部分单位时要遵循随机原则，其他非全面调查如典型调查和重点调查等，一般是要根据统计调查目的，有意识地选取若干个单位进行调查。而抽样调查不同，从总体中抽取部分单位时，必须非常客观，毫无偏见，也就是严格按照随机原则抽取调查单位，不受调查人员任何主观意图的影响。遵循随机原则使得当抽取的单位足够多时，样本就能够反映出总体的数量特征。

（3）抽样调查是由部分推算总体的一种认识方法。

抽样调查是采用部分单位的指标数值去推断和估计总体的指标数值，这是抽样调查的根本目的所在，离开了这一目的，抽样调查也就失去了意义。这一特点也是它与其他非全面调查的一个重要区别。

（4）抽样推断的误差可以事先计算并加以控制，用样本指标估计和推断相应的总体指标，肯定会存在一定的误差。但抽样误差的范围，可以事先通过有关资料加以计算，并可采取必要的措施来控制这一误差范围，保证抽样推断的结果达到一定的可靠程度，这是其他非全面调查做不到的。

总之，抽样调查是必不可少的一种调查方法，但是，抽样调查也有它的弱点。它只能提供整个总体情况的统计资料，而不能提供各级状况的详细的统计资料，这就难以满足各级领导和管理部门的要求。抽样调查也很难提供各种详细分类的统计资料。因此，抽样调查和全面调查是不能相互代替的。

（三）抽样调查的作用

抽样调查的特点，使它成为统计调查方法的主体，有广泛的应用范围。从原则上讲，为取得大量社会经济现象数量方面的统计资料，在许多场合都可以运用抽样调查方法取得；在某些特殊场合，甚至还必须应用抽样调查的方法取得。

1. 和全面调查相比较，抽样调查能节约人力、费用和时间

抽样调查的调查单位比全面调查少得多，因而既能节约人力、费用和时间，又能比较快地得到调查的结果，这对许多工作都是很有利的。特别对于总体范围很大、单位很多的现象，抽样调查更显优越性。

2. 抽样调查的灵活性

抽样调查组织方便，调查项目可多可少，考察范围可大可小。只要需要，随时都可以组织，如市场信息、评估测验等，都可以因地制宜地组织抽样调查。

3. 有些事物在测量或检验时有破坏性，不能进行全面调查

例如，灯泡寿命检查、电视机抗震能力试验、轮胎的里程试验、砖块的抗压程度等，都是有破坏性的，只能使用抽样的方法进行试验观察。

4. 有些总体从理论上讲可以进行全面调查，但实际上办不到

例如，了解某森林区有多少棵树、职工家庭生活状况如何等。从理论上讲这是有限总体，可以进行全面调查，但实际上办不到，也没有必要。对这类情况的了解，一般采取抽样调查方法。

5. 利用抽样推断的方法，可以对某种总体的假设进行检验，来判断这种假设的真伪，以决定行动取舍

例如，新教学法的采用、新工艺新技术的改革、新医疗方法的使用等是否收到明显效果，可以作出某种假设，然后利用抽样调查的方法，进行检验，并在行动上做出抉择。

6. 抽样推断可以用于工业生产过程的质量控制

抽样推断法可以有效地应用于对工业产品的成批或大量连续生产过程进行质量控制，以检查生产过程是否正常，并及时提供有关信息，以便于采取措施，防止废品的发生。

随着抽样理论的发展，抽样技术的进步，抽样方法的完善，抽样调查方法将在社会经济生活中得到越来越广泛的应用。

二、抽样调查中几个基本概念

（一）全及总体和抽样总体

1. 全及总体

全及总体简称总体，是指所要认识对象的全体。例如，我们要研究某工业企业职工的生活水平，则该工业企业全部职工即构成全及总体。

全及总体按其单位标志性质不同，可以分为变量总体和属性总体两类。构成变量总体的各个单位可以用一定的数量标志加以计量，例如，研究某地居民的收入水平，该地区每户居民的收入就是它的数量标志。但并非所有标志都是可以计量的，有的标志只能用一定的文字加以描述。例如，当我们研究全国商业企业的经济成分时，只能用"国有经济""集体经济""股份制经济""私营经济"等文字作为品质标志来描述商业企业的属性特征，这种用文字描写属性特征的总体称为属性总体。

对于变量总体可分为无限总体和有限总体两类。无限总体所包含的单位无限多，因而各单位的变量也就有无限多的取值。这种无限变量又有两种情况：一种是可列的无限变量，即变量值的大小可以按照顺序一一列举直至无穷；另一种情

况则是不可列的无限变量,它是一种连续变量,在任何一个区间内都有无限多的变量,不可能按顺序加以一一列举。我们所说的无限总体主要是指后一种情况来说的。有限总体所包含的单位数则是有限的,因而它的变量值也是有限的,当然可以按顺序加以一一列举。通常全及总体的单位数用 N 来表示。对无限总体的认识只能采用抽样的方法,而对于有限总体的认识,理论上虽可以应用全面调查来搜集资料,但实际上往往由于不可能或不经济而借助抽样的方法以求得对有限总体的认识。

2. 抽样总体

抽样总体,简称样本,是从全及总体中按随机原则抽取出来的那部分单位所组成的小总体。抽样总体的单位数通常用 n 表示,又称样本容量。对于全及总体单位数 N 来说,n 是个很小的数。一般来说,样本单位数达到或超过30个称为大样本,而在30个以下称为小样本。社会经济现象的抽样调查多取大样本,而自然实验观察则多取小样本。

如果说全及总体是唯一确定的,那么,抽样总体就完全是随机的。一个全及总体可能抽取很多个抽样总体,全部样本的可能数目和每一样本的容量有关,它也和随机抽样的方法有关。不同的样本容量和取样方法,样本的可能数目也有很大的差别,抽样本身是一种手段,目的在于对总体做出判断,因此,样本容量要多大,要怎样取样,样本的数目可能有多少,它们的分布怎样,这些都关系到对总体判断的准确程度,都需要加以认真的研究。

(二) 全及指标和抽样指标

1. 全及指标

根据全及总体各个单位的标志值计算的综合指标,称为全及指标。常用的全及指标有:全及平均数、全及成数、总体数量标志的标准差和方差、总体是非标志的标准差和方差。

(1) 全及平均数。又称总体平均数,是根据总体各单位某一数量标志的各个标志值所计算出来的平均数,用 $\bar{X}$ 表示。

在总体未分组情况下:

$$\bar{X} = \frac{\sum X}{N} \tag{8-1}$$

在总体分组情况下:

$$\bar{X} = \frac{\sum XF}{\sum F} \tag{8-2}$$

(2) 全及成数。又称总体成数,用 P 表示,它说明总体中具有某种标志表现的单位数在总体中所占的比重。

设总体 N 个单位中，有 N_1 个单位具有某种属性，N_0 个单位不具有某种属性，$N_1 + N_0 = N$，P 为总体中具有某种属性的单位数所占的比重，Q 为不具有某种属性的单位数所占的比重，则总体成数为

$$P = \frac{N_1}{N} \tag{8-3}$$

$$P = \frac{N_0}{N} = \frac{N - N_1}{N} = 1 - P \tag{8-4}$$

（3）总体方差 σ^2 和总体标准差 σ。全及指标还有总体方差 σ^2 和总体标准差 σ，它们都是测量总体标志值分散程度的指标。

在总体未分组情况下：

$$\sigma^2 = \frac{\sum (X - \bar{X})^2}{N} \tag{8-5}$$

$$\sigma^2 = \sqrt{\frac{\sum (X - \bar{X})^2}{N}} \tag{8-6}$$

在总体分组情况下：

$$\sigma^2 = \frac{\sum (X - \bar{X})^2 F}{\sum F} \tag{8-7}$$

$$\sigma^2 = \sqrt{\frac{\sum (X - \bar{X})^2 F}{\sum F}} \tag{8-8}$$

2. 抽样指标

由抽样总体各单位标志值计算的综合指标称为抽样指标。与全及指标相对应有抽样平均数 $\bar{x}$、抽样成数 p、样本标准差 s 和样本方差 s^2 等。

（1）抽样平均数。又称样本平均数，它是根据抽样总体各单位某一数量标志的标志值计算出来的平均数，用 $\bar{x}$ 表示。其计算公式为

$$\bar{x} = \frac{\sum x}{n} \text{（资料未分组）} \tag{8-9}$$

$$\bar{x} = \frac{\sum xf}{\sum f} \text{（资料已分组）} \tag{8-10}$$

（2）抽样成数

设样本 n 个单位中有 n_1 个单位具有某种属性，n_0 个单位不具有某种属性，$n_1 + n_0 = n$，p 为样本中具有某种属性的单位数所占比重，q 为不具有某种属性的单位数所占的比重，则抽样成数为

$$p = \frac{n_1}{n} \quad (8-11)$$

$$q = \frac{n_0}{n} = \frac{n - n_1}{n} = 1 - p \quad (8-12)$$

(3) 样本的方差和样本标准差

在资料未分组的情况下:

$$s^2 = \frac{\sum (x - \bar{x})^2}{n} \quad (8-13)$$

$$s = \sqrt{\frac{\sum (x - \bar{x})^2}{n}} \quad (8-14)$$

在资料分组的情况下:

$$s^2 = \frac{\sum (x - \bar{x})^2 f}{\sum f} \quad (8-15)$$

$$s = \sqrt{\frac{\sum (x - \bar{x})^2 f}{\sum f}} \quad (8-16)$$

由于一个全及总体可以抽取多个样本,样本不同,抽样指标的数值也就不同,所以抽样指标都是随机变量。

(三) 重复抽样与不重复抽样

1. 重复抽样

又称回置抽样,是指从全及总体 N 个单位中随机抽取一个容量为 n 的样本,每次抽中的单位经记录其有关标志表现后又放回原来的总体中重新参加下一次的抽选。每次从总体中抽取一个单位,可看做是一次试验,连续进行 n 次试验就构成了一个样本。因此,每次试验均是在相同的条件下完全按照随机原则进行的。

2. 不重复抽样

又称不回置抽样,是指从全及总体 N 个单位中随机抽取一个容量为 n 的样本,每次抽中的单位记录其有关标志表现后不再放回原来的总体中参加下一次的抽选,每抽一次,原来的总体中就会减少一个单位。因此,不重复抽样上一次的抽选结果会直接影响到下一次抽选的样本,它是经 n 次相互联系的连续试验形成的。

三、抽样调查的组织方法

在进行抽样调查时，由于所研究现象的特点和工作条件的不同，可以设计各种不同的抽样组织方式。常用的调查组织方式有简单随机抽样、分层抽样、等距抽样、整群抽样和多阶段抽样等。

（一）简单随机抽样（Simple random sampling）

简单随机抽样，又称纯随机抽样，是最基本的抽样形式。它是指从总体 N 个单位中任意抽取 n 个单位作为样本，使每个可能的样本被抽中的概率相等的一种抽样方式，它是完全随机地选择样本。在组织简单随机抽样时，一种方法是先把全及总体各单位全部加以编号，按照总体单位的编号制成相应的号签，然后将号签充分混合后，用手工逐个抽取，直至抽到需要的抽样单位数为止；另一种方法就是把全及总体各单位全部加以编号，利用随机数字表依照概率抽取样本单位。显然这种编号抽签的工作量较大，尤其当总体的单位数很大时，并且当总体单位标志值的差异很大时，就需要扩大抽样单位数，才能保证样本的代表性。所以，它比较适合总体单位数不多，总体单位标志值差异不很大，或对抽样推断的要求又不十分高的情况下采用。

（二）分层抽样（Reduced sampling）

分层抽样，又称为类型抽样。它是将总体按某一标志分成若干类型或"层"，然后在各类型或层中随机抽取样本单位。其特点是：由于通过分类或分层，增大了各类型或各层中单位间的共同性，容易抽出具有代表性的样本。该方法适用于总体情况复杂、各单位之间差异较大、单位数较多的情况。分层抽样可防止简单随机抽样造成的样本构成与总体构成不成比例的现象。

分层抽样将分组法和抽样原理结合使用。具体可分为两种方法：等比例分层抽样和不等比例分层抽样。等比例分层抽样是各组按相同比例抽取样本单位；不等比例分层抽样则是各组不按同一比例抽取样本单位。等比例分层抽样简单易行，但有时候采用不等比例抽样更好。例如，各组的单位标志值相差悬殊，若按全及总体等比例分配样本单位数，对那些包含总体单位数少的组就会抽得太少，这样会影响样本的代表性。此时，可适当多抽一些样本单位数，以提高样本代表性。有的组虽然包含的单位数很多，但该组各单位的标志值差异却很小，就可适当地少抽取一些样本单位数，这样并不减少样本的代表性。总之，各组单位数的分配应以取得最小的抽样平均误差为准。

（三）等距抽样

等距抽样，又称系统抽样（Systematic sampling）或机械抽样。它是将总体各单位按某一标志排队，然后按相等的距离或间隔抽取样本单位。其特点是：抽出的单位在总体中是均匀分布的，且抽取的样本可少于简单随机抽样。这一方法也比较常用，有时还可与整群抽样法和分层抽样法结合使用。例如，可采用系统抽样去抽取选择"群"或个体，也可在某一"层"的范围内进行系统采样。

等距抽样是不重复抽样，通常可以保证被抽取的单位在总体中分布均匀，缩小各单位的差异程度，提高样本的代表性，等距抽样误差的大小与总体各单位的排列顺序有关。因此在进行等距抽样时，需要对总体结构有一定的了解。

根据排队依据的标志不同，有两种等距抽样方法：无关标志排队法和有关标志排队法。若排队的顺序与所研究的标志是无关的，则为无关标志排队法。例如，调查职工收入水平时，按姓氏笔画排队抽样，这里职工的收入水平与姓氏笔画之间没有必然联系。若采用与调查项目有关的标志作为排队的依据，则称为有关标志排队法。例如，调查职工收入水平按职工收入高低的顺序排队。排队后需要计算抽样距离，然后随机确定第一个样本单位作为起点，根据抽样距离每隔一个距离抽取一个样本单位，直至抽到最后一个样本单位为止。

（四）整群抽样（Cluster sampling）

首先将全部总体分为若干部分，每一部分称为一个群，把每一群作为一个抽样单位，成群地进行抽样；然后，在被抽中的群中做全面调查。其特点是：调查单位比较集中，调查工作的组织和进行比较方便。但调查单位在总体中的分布不均匀，准确性较差。例如，在市场调查的入户调查中，可以对被选作抽样单位的某个大院的每家每户进行调查。

前面讲述简单随机抽样、分层抽样和等距抽样，都是从全及总体中抽取样本单位，整群抽样则是抽取由若干样本单位组成的群。整群抽样的组织工作比较简单，花费较少，一般都采用不重复抽样，但抽样误差往往较大。因此，在群间差异不大或不适宜单个地抽选调查样本的情况下，可采用这种方式。

（五）多阶段抽样

前面介绍的四种抽样方式都属于单阶段抽样，即通过一次抽选就可以直接确定样本单位的抽选方法。在调查范围较小，调查单位比较集中时常采用单阶段抽样。但在社会经济调查中，一般调查对象中调查单位很多，分布面很广，直接抽选样本单位是很困难的，这种状况要采用多阶段抽样。

多阶段抽样就是把选取样本单位的过程分为两个或两个以上的阶段进行。先从总体中选取若干大的样本单位,也叫第一阶段单位;然后从被抽中的若干大的单位中抽选较小的样本单位,也叫第二阶段单位。依此类推,直到最后抽出最终样本单位。如果第二阶段单位是最终样本单位就是两阶段抽样,如果第三阶段单位是最终样本单位就是三阶段抽样。例如,要调查某地区小学生平均每周的学习时间,可以先在该地区选出一些小学作为代表,然后再从这几所选定的学校中选出一些班级,通过统计这些班级学生的平均学习时间来推断该区小学生每周的平均学习时间。

第二节 抽样误差与抽样估计

一、抽样误差的概念

抽样误差是指样本指标和总体指标数量上的差别。因为在随机抽样中,由样本得出的估计值随着抽取的样本不同而发生变化,即使观察完全正确,它和总体指标之间也往往存在差异,这种差异纯粹是抽样引起的,所以称之为抽样误差。如抽样平均数与总体平均数之差、抽样成数与总体成数之差。抽样误差的大小能够说明抽样指标估计总体指标是否可行,抽样效果是否理想等调查性问题。比如某年级 100 名同学的平均身高为 $\bar{x} = 165$ 厘米,现随机地抽取 10 名同学为样本,其平均身高 $\bar{x} = 164$ 厘米,若用 164 厘米估计 165 厘米,则误差为 $164 - 165 = -1$(厘米);如果重新抽 10 名同学,若测得 $\bar{x} = 167$ 厘米,则其误差为 $167 - 165 = 2$(厘米)。这种只抽取部分样本而产生的误差,称为抽样误差。

由上例不难看出,抽样误差既是一种随机性误差,也是一种代表性误差。说其是代表性误差,是因为利用总体的部分资料推算总体时,不论样本选取有多么公正,设计多么完善,总还是一部分单位而不是所有单位,产生误差是无法避免的。说其是随机性误差,是指按随机性原则抽样时,由于抽样的不同而产生的误差。抽样误差中的代表性误差是抽样调查本身所固有的、无法避免的,但随机性误差则可利用大数定律精确地计算并能够通过抽样设计程序加以控制。

抽样误差不包括调查误差和系统误差。调查误差,又叫登记误差或工作误差,是指在调查过程中由于观察、测量、登记、计算上的差错而引起的误差;无论是全面调查还是非全面调查,都会产生这种误差的。系统误差,又称偏差,是指由于破坏随机原则而有意地选择较好或较差单位进行调查造成样本代表性不足所引起的误差。调查误差和系统误差这两种误差都是可以防止和避免的。

二、抽样平均误差及计算

(一) 抽样平均误差的概念

一个总体可能抽取很多个样本,因此样本指标就有不同的数值,它们与总体指标的离差(即抽样误差)也就不同。抽样平均误差就是反映抽样误差一般水平的指标,也可以说是样本指标的标准差,即所有可能出现的样本指标与总体指标之间的标准差。

抽样总体是从全及总体中随机抽取一部分单位所组成的整体,一个全及总体可以形成许多个可能的样本总体,而样本总体的结构不可能与全及总体的结构完全一样,各个不同样本单位数所组成的样本总体又各有不同的样本平均数和样本成数,而且与总体指标又各有不同的抽样实际误差。而抽样实际误差又是无法计算的,因为总体指标虽是唯一确定的但又是未知的,所以,我们就必须计算所有可能出现的样本指标的标准差,即抽样平均误差。抽样推断中的抽样误差通常指的是抽样平均误差。

(二) 影响抽样平均误差的因素

为了减少抽样误差,就需要了解影响抽样平均误差的因素。影响抽样平均误差的因素主要有:

1. *总体各单位标志值的差异程度*

总体内各单位标志值的差异程度越小,在其他条件给定下,抽样误差就越小;反之,抽样误差就越大。

2. *抽样单位数的多少*

在其他条件不变的情况下,大量观察总比小量观察易于发现总体规律或特征,因此样本容量越大越能代表总体特征,抽样误差就越小;反之,样本容量越小,抽样误差就可能越大。

3. *抽样方法*

抽样方法不同,抽样误差也不同。一般说来,采用重复抽样方法,抽样误差较大;采用不重复抽样方法,抽样误差较小。

4. *抽样的组织形式*

抽样组织形式不同,也会有不同的抽样误差。采用等距抽样和分层抽样,抽样平均误差小;采用简单随机抽样和整群抽样,抽样误差较大。

抽样平均误差概括地反映了整个抽样过程中可能出现的误差,表明抽样平均数或抽样成数与总体平均数或总体成数的平均误差程度,所以它是衡量抽样指标对全及指标代表性大小的尺度,又是计算抽样指标与全及指标之间变异范围的主要依据，在抽样推断或估计中具有重要的意义。

（三）抽样平均误差的计算

虽然抽样实际误差是无法计算的，但根据抽样平均误差的定义，抽样平均误差也是无法计算的，因为无法掌握所有可能出现的样本指标以及与总体指标之间的离差资料。尽管如此，根据数理统计的方法，仍然可以导出计算抽样平均误差的计算公式。

1. 样本平均数的抽样平均误差

（1）在重复抽样的方法下，样本平均数的抽样平均误差的计算公式为

$$\mu_{\bar{x}} = \sqrt{\frac{\sigma^2}{n}} = \frac{\sigma}{\sqrt{n}} \qquad (8-17)$$

式中，$\mu_{\bar{x}}$ 表示样本平均数的平均误差；σ 表示总体的标准差；n 表示样本容量。

它说明在重复抽样的条件下，抽样平均误差与总体标准差成正比，与样本容量的平方根成反比。

[例 8-1] 某车间 5 个工人的日产量分别为（单位：件）：60、80、100、120、140。用重复抽样的方法，从中随机抽取 2 个工人的日产量，用以代表这 5 个工人的总体水平，则抽样平均误差为多少？

解：根据题意可得：$\bar{X} = \dfrac{60+80+100+120+140}{5} = 100$（件）

总体标准差 $\sigma = \sqrt{\dfrac{\sum(X-\bar{X})^2}{N}} = \sqrt{\dfrac{4\,000}{5}} = \sqrt{800}$（件）

则

抽样平均误差 $\mu_{\bar{x}} = \dfrac{\sigma}{\sqrt{n}} = \mu_{\bar{x}} = \dfrac{\sqrt{800}}{\sqrt{2}} = 20$（件）

（2）在不重复抽样的方法下，样本平均数的抽样平均误差的计算公式为

$$\mu_{\bar{x}} = \sqrt{\frac{\sigma^2}{n} \cdot \frac{(N-n)}{(N-1)}} \qquad (8-18)$$

当总体单位数 N 很大时，这个公式可近似表示为

$$\mu_{\bar{x}} = \sqrt{\frac{\sigma^2}{n}\left(1 - \frac{n}{N}\right)} \qquad (8-19)$$

式中，$\left(1 - \dfrac{n}{N}\right)$ 称为抽样误差的修正系数；$\dfrac{n}{N}$ 的是抽样比例。

与重复抽样相比，不重复抽样平均误差是在重复抽样平均误差的基础上，现乘以 $\sqrt{1-\dfrac{n}{N}}$，而 $\sqrt{1-\dfrac{n}{N}}$ 总是小于 1，所以不重复抽样的平均误差也总是小于重

复抽样的平均误差。当 N 很大时，n 相对于 N 来说是个很小的数，而 $\left(1-\dfrac{n}{N}\right)$ 是一个非常接近 1 的数，此时，不论用重复抽样还是不重复抽样公式计算的抽样平均误差，其结果相差很小。所以，在实际工作中，经常采用不重复抽样方法进行抽样，而用重复抽样的公式计算抽样平均误差。

如前例，若改用不重复抽样方法，则抽样平均误差为

$$\mu_{\bar{x}} = \sqrt{\dfrac{\sigma^2}{n}\dfrac{(N-n)}{(N-1)}} = \sqrt{\dfrac{800}{2}\times\dfrac{(5-2)}{(5-1)}} = 17.32(件)$$

需要说明的是，计算抽样平均误差时，通常得不到总体标准差的资料，一般可以用样本标准差来代替总体标准差。

2. 抽样成数的抽样平均误差

在重复抽样方法下，抽样成数的抽样平均误差的计算公式为

$$\mu_p = \sqrt{\dfrac{P(1-P)}{n}} \tag{8-20}$$

式中，P 表示总体成数（可以表现为总体是非标志的平均数）。

成数的平均数是成数本身，成数的方差是 $P(1-P)$，它的标准差 $\sigma = \sqrt{P(1-P)}$。当总体成数未知时，可以用样本成数来代替，也可以采用最大成数 0.5，即成数方差 $P(1-P)$ 的最大值是 0.25。

$$\mu_p = \sqrt{\dfrac{P(1-P)}{n}\dfrac{(N-n)}{(N-1)}} \tag{8-21}$$

当总体单位数 N 很大时，可近似地写成：

$$\mu_p = \sqrt{\dfrac{P(1-P)}{n}\left(1-\dfrac{n}{N}\right)} \tag{8-22}$$

[例 8-2] 某企业生产一批灯泡，按正常生产经验，合格率为 90%，现从 5 000 件产品中抽取 50 件做耐用时间试验，求合格率的抽样平均误差。

解：根据题意，在重复抽样方法下，合格率的抽样平均误差为

$$\mu_p = \sqrt{\dfrac{P(1-P)}{n}} = \sqrt{\dfrac{0.9\times 0.1}{50}} = 4.24\%$$

在不重复抽样条件下，合格率的抽样平均误差为

$$\mu_p = \sqrt{\dfrac{P(1-P)}{n}\left(1-\dfrac{n}{N}\right)} = \sqrt{\dfrac{0.9\times 0.1}{50}\times\left(1-\dfrac{50}{5000}\right)} = 4.22\%$$

三、抽样极限误差

前面所讲的抽样平均误差指标只能说明样本指标与总体指标之间的一般离差水平，还不能直接利用它对总体指标做出数量上的推断。总体是唯一确定的，因

而总体指标也是唯一确定，但它是未知的；一个总体可以有许多样本总体，因而样本指标是一个随机变量，样本指标与总体指标之间的误差也是一个随机变量，它可能大于或小于平均误差。因此，对于每项抽样调查来说，就一定会要求有一个允许误差的范围，即抽样极限误差。

所谓抽样极限误差，又称允许误差，它是一定概率下抽样误差的最大可能范围。换句话说，抽样极限误差就是在一定的把握程度下保证样本指标与总体指标之间的抽样误差不超过某一给定的最大可能范围。一般用 Δ 表示抽样极限误差。对于一项调查，根据客观要求一般应有一个允许的误差限，若抽样误差在这个限度之内就认为是可允许的，我们就认为这一允许的误差限度就是抽样极限误差。作为样本的随机变量——抽样指标值（x 或 P），是围绕以未知的唯一确定的全及指标真值（x 或 P）为中心上下波动，它与全及指标值可能会产生正离差或负离差，这些离差均是抽样指标的随机变量，因而难以避免，只能将其控制在预先要求的误差范围（即 $\Delta_{\bar{x}}$ 或 Δ_p）内。

平均数的抽样极限误差：$\Delta_{\bar{x}} = |\bar{x} - \bar{X}|$ (8 – 23)

成数的抽样极限误差：$\Delta_{\bar{x}} = |p - P|$ (8 – 24)

由于 $\Delta_{\bar{x}}$ 和 Δ_p 是预先给定的抽样方案中所允许的误差范围，所以利用 $\Delta_{\bar{x}}$ 和 Δ_p 可以反过来估计未知的全及指标取值可能的范围。

例如，某种产品的合格率为 95%，如果确定允许的误差极限为 3%，则样本的估计值必须在 92% 到 98% 之间才符合要求；又如，农产品调查中，若平均亩产为 600 千克，允许的误差限为 20 千克，则必须要求样本的估计值在（600 ± 20）千克的范围之内，即 580 ~ 620 千克才是符合要求的。

抽样平均误差 μ 是所有可能样本指标值与总体指标值之间的平均离差；而抽样极限误差 Δ 是单个样本值与总体指标值之间的绝对离差，反映样本指标与总体指标在某种条件下可能达到的误差范围，这种可能性的大小就决定了允许误差范围的大小。在数理统计中，把这种可能性称为概率度，一般用 t 表示。抽样极限误差、概率度和抽样平均误差三者的关系可表示为

$$\Delta = t\mu \quad (8-25)$$

$$\left.\begin{array}{l}\Delta_{\bar{x}} = t\mu_{\bar{x}} \\ \Delta_p = t\mu_p\end{array}\right\} \quad (8-26)$$

用抽样极限误差与抽样平均误差相比即得 $t = \dfrac{\Delta_{\bar{x}}}{\mu_{\bar{x}}}$ 及 $t = \dfrac{\Delta_p}{\mu_p}$，从而使抽样极限误差用抽样平均误差来衡量，表示允许的极限误差为抽样平均误差的若干倍。如果前面的例子中产量合格率的抽样平均误差为 2%，则 $t = \dfrac{\Delta_p}{\mu_p} = \dfrac{3\%}{2\%} = 1.5$；农产量的抽样平均误差为 20 千克，则 $t = \dfrac{\Delta_{\bar{x}}}{\mu_{\bar{x}}} = \dfrac{20}{20} = 1$。$t$ 值与样本估计值落入该允许误

差范围内的概率相关,所以概率是概率度 t 的函数。常用的概率与概率度的关系见表 8–1。

表 8–1 概率与概率度关系表

概率/%	概率度 t	误差范围 Δ
68.27	1.00	1.00μ
90.00	1.64	1.64μ
95.00	1.96	1.96μ
95.45	2.00	2.00μ
99.73	3.00	3.00μ

在抽样实践中,通常还需计算抽样误差系数,抽样误差系数记作 Δ',反映了抽样误差的相对程度。其计算公式为

$$\Delta'_{\bar{x}} = \frac{\Delta'_{\bar{x}}}{\bar{x}} \tag{8-27}$$

$$\Delta'_p = \frac{\Delta_p}{p} \tag{8-28}$$

则抽样估计精度(A)公式为

$$\left.\begin{array}{l} A_{\bar{x}} = 1 - \Delta'_{\bar{x}} \\ A_p = 1 - \Delta'_p \end{array}\right\} \tag{8-29}$$

在上述例子中,产品合格率的抽样误差系数为

$$\Delta'_p = \frac{\Delta_p}{p} = \frac{3\%}{95\%} \times 100\% = 3.2\%$$

农产量的抽样误差系数为

$$\Delta'_{\bar{x}} = \frac{\Delta'_{\bar{x}}}{\bar{x}} = \frac{20}{600} \times 100\% = 3.3\%$$

用 1 减去抽样误差系数可得到估计的精度,在上例中产品合格率的估计精度为 $1-3.2\%=96.8\%$,农产量的估计精度为 $1-3.3\%=96.7\%$。

四、抽样估计

(一)抽样估计的可靠程度

由于样本估计值一个随机变量,因此抽样指标落在抽样误差的可能范围(置信区间)内不可能成为必然事件,只能视为一个可能事件,这样就必定要用一定的概率来给予保证。抽样误差的可能范围是估计的准确性问题,而保证抽样指标落在抽样误差的可能范围之内则是估计的可靠性问题。所以抽样估计可靠程度又称置信度。具体地说,置信区间是以不定期的概率把握程度确定总体指标所

在区间。置信度是总体指标落在某个区间的概率把握程度。

抽样估计的可靠程度即概率用 P 表示，P 是 t 的函数。而 $P = F(t)$ 表明概率分布是概率度 t 的函数。确定抽样估计的可靠程度，就是要确定抽样平均数（$\bar{x}$）或抽样成数（p）落在置信区间（$\bar{x} - \Delta_{\bar{x}}$，$\bar{x} + \Delta_{\bar{x}}$）或（$P - \Delta_p$，$P + \Delta_p$）中的概率 P。$F(t)$ 的函数形式为：

$$P(|\bar{x} - \bar{X}| \leqslant t\mu_{\bar{x}}) = F(t)$$

$$P(|p - P| \leqslant t\mu_{\bar{x}}) = F(t)$$

由此可知，t 增大，Δ 也就是 μ 就增大，这表明所要求误差范围增大，说明从总体中随机抽取一个样本，其样本值落在这个较大置信区间内的可能性或把握性愈大；反之，t 减小，Δ 也就是 μ 就减小，这表明所要求误差范围减小，说明从总体中随机抽取一个样本，其样本值落在这个较小的置信区间内的可能性或把握性愈小。

（二）抽样估计的方法

1. 点估计

又称定值估计。它是用样本指标数值代替总体指标数值。点估计的方法有矩估计法、顺序统计量法、最大似然法、最小二乘法等。这里仅介绍最为简单直观又常用的矩估计法。

（1）矩估计法。在统计学中，矩是指以期望为基础而定义的数字特征，一般分为原点矩和中心矩。

设 X 为随机变量，对任意正整数 k，称 $E(X^k)$ 为随机变量 X 的 k 阶原点矩，记为

$$m_k = E(X^k)$$

当 $k = 1$ 时

$$m_1 = E(X) = \mu$$

可见一阶原点矩为随机变量 X 的数学期望。

$C_k = E[X - E(X)]^k$ 称为以 $E(X)$ 为中心的 k 阶中心矩。

显然，当 $k = 2$ 时

$$C_2 = E[X - E(X)]^2 = \sigma^2$$

可见二阶中心矩为随机变量 X 的方差。

[例 8-3] 已知某种灯泡的寿命 $X \sim N(\mu, \sigma^2)$，其中，μ、σ^2 都是未知的，今随机取得 4 只灯泡，测得寿命（单位：小时）为 1 502，1 453，1 367，1 650，试估计 μ 和 σ。

解：由于 μ 是全体灯泡的平均寿命，$\bar{x}$ 为样本的平均寿命，因此，可用 $\bar{x}$ 去估计 μ；同理，用 S 去估计 σ。由于

$$\bar{x} = \frac{1}{4} \times (1\,502 + 1\,453 + 1\,367 + 1\,650) = 1493(小时)$$

$$S^2 = \frac{(1\,502 - 1\,493)^2 + (1\,453 - 1\,493)^2 + (1\,367 - 1\,493)^2 + (1\,650 - 1\,493)^2}{4}$$

$$= 10\,551.5$$

$$S = 102.72(小时)$$

故 μ 及 σ 的估计值分别为 1 493 小时和 102.72 小时。

矩估计法简便、直观，比较常用，但是矩估计法也有其局限性。首先，它要求总体的 k 阶原点矩存在，若不存在则无法估计；其次，矩估计法不能充分利用估计时已掌握的有关总体分布形式的信息。

（2）点估计的优良性准则。在对总体特征做出估计时，并非所有的估计量都是优良的，因此必须对样本统计量的优良性进行评价和分析，评价估计量的标准主要有如下三条。

① 无偏性。如果样本统计量的数学期望等于所估计的总体参数的值，该样本统计量称作总体参数的无偏估计量。无偏性的定义如下：

如 $E(\hat{\theta}) = \theta$，则称样本统计量 $\hat{\theta}$ 是总体参数 θ 的无偏估计。

式中，θ 表示总体的参数，如总体均值、总体标准差和总体比率等；$\hat{\theta}$ 代表相应的样本统计量，如样本均值、样本标准差和样本比率；$E(\hat{\theta})$ 为样本统计量 $\hat{\theta}$ 的数学期望。

因此，样本无偏统计量的所有可能值的期望值或均值等于被估计的总体参数。

② 有效性。假定含 n 个元素的一个简单随机样本用于给出同一总体参数的两个不同的无偏点估计量。这时，我们偏好于用标准差较小的点估计量，因为它给出的估计值与总体参数更接近。例如，有较小标准差的点估计量比其他点估计量更为有效。

③ 一致性。如果当样本容量更大时，点估计量的值更接近于总体参数，则称该点估计量是一致的；换言之，大样本比小样本趋于接近一个更好的点估计。注意到对样本均值 $\bar{x}$，证明标准差 $\sigma_{\bar{x}} = \sigma/\sqrt{n}$。由于 $\sigma_{\bar{x}}$ 与样本容量相关，较大的样本容量得到的 $\sigma_{\bar{x}}$ 的值更小，得出大样本容量趋于给出的点估计更接近于总体均值 μ。在这个意义上，可以说样本均值是总体均值 μ 的一个一致估计量。

但由于在实际抽样调查中一次只是随机抽取一个样本，导致估计值会因样本的不同而不同，甚至产生很大的差异。所以说，点估计只是一种估计或推断，其缺点是既没有解决参数估计的精确问题，即没有表明抽样估计的误差；也没有考虑估计的可靠性程度，只有区间估计才能解决这两个问题，所以区间估计是更好的估计方法。不过，由于点估计直观、简单，对于那些要求不太高的判断和分析，可以使用此种方法。

2. 区间估计

用样本指标来估计总体指标，要达到100%的准确而没有任何误差，几乎是不可能的，所以在估计总体指标时就必须同时考虑估计误差的大小。区间估计是以一定的概率保证估计包含总体参数的一个范围，即根据样本指标和抽样平均误差推断总体指标的可能范围，这个范围称作置信区间。它包括两部分内容：一是置信区间的范围；二是总体指标落在这个置信区间的概率。

区间估计必须同时具备三个要素：估计值、误差范围和概率度。误差范围决定抽样估计的准确性，概率保证程度决定抽样估计的可靠性，二者密切联系，但同时又是一对矛盾，所以，对估计的精确度和可靠性的要求应慎重考虑。

在实际抽样调查中，区间估计根据给定的条件不同，有两种估计方法：给定误差范围，要求对总体指标做出区间估计；给定概率保证程度，要求对总体指标做出区间估计。

根据前面的介绍，区间估计使被估计的参数 $\bar{X}$、P 落在区间 $[\bar{x}-\Delta_{\bar{x}}, \bar{x}+\Delta_{\bar{x}}]$ 和 $[P-\Delta_p, P+\Delta_p]$ 内的概率为 $1-\alpha$，即

$$P[\bar{x}-\Delta_{\bar{x}} \leq \bar{X} \leq \bar{x}+\Delta_{\bar{x}}] = 1-\alpha \qquad (8-30)$$

$$P[P-\Delta_p \leq P \leq P+\Delta_p] = 1-\alpha \qquad (8-31)$$

称区间 $[\bar{x}-\Delta_{\bar{x}}, \bar{x}+\Delta_{\bar{x}}]$ 和 $[P-\Delta_p, P+\Delta_p]$ 为置信区间，$1-\alpha$ 为置信度或概率，表示区间估计的可靠程度，仅为显著性水平。

[例 8-4] 某企业对某批电子元件进行检验，随机抽取 100 只，测得平均耐用时间为 1 000 小时，标准差为 50 小时，合格率为 94%，求：

（1）以耐用时间的允许误差范围 $\Delta_{\bar{x}} = 10$ 小时，估计该批产品平均耐用时间的区间及其概率保证程度。

（2）以合格率估计的误差范围不超过 2.45%，估计该批产品合格率的区间及其概率保证程度。

（3）试以 95% 的概率保证程度，对该批产品的平均耐用时间做出区间估计。

（4）试以 95% 的概率保证程度，对该批产品的合格率做出区间估计。

解：（1）$\mu_{\bar{x}} = \dfrac{\sigma}{\sqrt{n}} = \dfrac{50}{\sqrt{100}} = 5$（小时）

根据给定 $\Delta_{\bar{x}} = 10$ 小时，计算总体平均数的上、下限。

下限：$\bar{x} - \Delta_{\bar{x}} = 1\,000 - 10 = 990$（小时）

上限：$\bar{x} + \Delta_{\bar{x}} = 1\,000 + 10 = 1\,010$（小时）

$$t = \frac{\Delta'_{\bar{x}}}{\mu_{\bar{x}}} = \frac{10}{5} = 2$$

查表得 $F(t) = 95.45\%$

由以上计算结果，估计该批产品的平均耐用时间在 990～1 010 小时之间，有 95.45% 的概率保证程度。

(2) $\sigma^2 = p(1-p) = 0.94 \times 0.06 = 0.0564$

$$\mu_p = \sqrt{\frac{p(1-p)}{n}} = \sqrt{\frac{0.0564}{100}} = 2.37\%$$

根据给定的 $\Delta_p = 2.45\%$，计算总体合格率的上、下限：

下限：$p - \Delta_p = 94\% - 2.45\% = 91.55\%$

上限：$p + \Delta_p = 94\% + 2.45\% = 96.45\%$

$$t = \frac{\Delta_p}{\mu_p} = \frac{2.45\%}{2.38\%} = 1.03$$

查表得 $F(t) = 69.70\%$

由以上计算结果，估计该批产品的合格率在 91.55% ~ 96.45%，有 69.70% 的概率保证程度。

(3) $\mu_{\bar{x}} = \frac{\sigma}{\sqrt{n}} = \frac{50}{\sqrt{100}} = 5$（小时）

根据给定的 $F(t) = 95\%$，查概率表得 $t = 1.96$。

根据 $\Delta_{\bar{x}} = t\mu_{\bar{x}} = 1.96 \times 5 = 9.8$ 计算总体平均耐用时间的上、下限：

下限：$\bar{x} - \Delta_{\bar{x}} = 1\,000 - 9.8 = 990.2$（小时）

上限：$\bar{x} + \Delta_{\bar{x}} = 1\,000 + 9.8 = 1\,009.8$（小时）

由以上计算结果，以 95% 的概率保证程度估计该批产品的平均耐用时间在 990.2 ~ 1 009.8 小时。

(4) $\sigma^2 = p(1-p) = 0.94 \times 0.06 = 0.0564$

$$\sigma_p = \sqrt{\frac{p(1-p)}{n}} = 2.37\%$$

$$\Delta_p = t \cdot \mu_p = 1.96 \times 2.37\% = 0.046 = 4.6\%$$

下限：$P - \Delta_p = 94\% - 4.6\% = 89.4\%$

上限：$P + \Delta_p = 94\% - 4.6\% = 89.4\%$

由以上计算结果，以 95% 的概率保证程度估计该批产品的合格率在 89.4% ~ 98.6%。

[例 8-5] 某种零件的长度服从正态分布，从该批产品中随机抽取 9 件，测得它们的平均长度为 21.4 毫米，已知总体标准差为 $\sigma = 0.15$ 毫米，试建立该种零件平均长度的置信区间，假定给定置信水平为 0.95。

解：已知 $\bar{x} = 21.4$，$n = 9$，$1 - \alpha = 0.95$

根据中心极限定理

$$U = \frac{\bar{x} - \mu}{\sqrt{\sigma^2/n}} \sim N(0, 1)$$

所以对于给定的置信水平 0.95，有

$$P\left\{-U_{\alpha/2} < \frac{\bar{x} - \mu}{\sqrt{\sigma^2/n}} < +U_{\alpha/2}\right\} = 0.95$$

当 $\alpha = 0.05$ 时，$U_{\alpha/2} = 1.96$，于是有

$$P\left\{21.4 - 1.96 \times \frac{0.15}{\sqrt{9}} < \mu < 21.4 + 1.96 \times \frac{0.15}{\sqrt{9}}\right\} = 0.95$$

即总体均值的置信区间为 [21.302，21.498]。

[**例 8-6**] 从全校近万名学生中，随机抽取 100 名学生，测得其平均身高为 165cm。根据以往经验学生身高的标准差为 3cm，现要求以最大不超过 0.6cm 的允许误差，来推断全体学生的平均身高及其可能性。

解：因为 $\Delta_{\bar{x}} = 0.6$，$\bar{x} = 165$，所以估计的区间 [164.4，165.6]

又因为 $\sigma = 3$，$n = 100$，所以 $\mu_{\bar{x}} = \sqrt{\frac{\sigma^2}{n}} = \sqrt{\frac{9}{100}} = 0.3$（cm）

则：$U_{\alpha/2} = $（即 t）$= \frac{\Delta_{\bar{x}}}{\mu_{\bar{x}}} = \frac{0.6}{0.3} = 2$

查标准正态概率表得 $U_{\alpha/2}$，即 $1 - \alpha = 0.9545$。可见该校学生平均身高在 [164.4，165.6] 的可能性有 95.45%。

第三节 样本容量的确定

样本容量就是抽样数目。在参数区间估计的讨论中，估计值 $\hat{\theta}$ 和总体的参数 θ 之间存在着一定的差异，这种差异是由样本的随机性产生的。在样本容量不变的情况下，若要增加估计的可靠度，置信区间就会扩大，估计的精度就降低了。若要在不降低可靠性的前提下，增加估计的精确度，就只能扩大样本容量。但同时抽样数目越多，耗费人力、物力和时间也越多，所以需要在满足一定估计精确度和概率把握程度（置信度）的条件下，尽可能恰当地确定必要抽样数目。

一、影响样本容量的因素

要在满足一定估计精确度和概率把握程度（置信度）的条件下，尽可能恰当地确定必要抽样数目，首先就要分析影响样本容量的因素。影响样本容量的因素主要有如下几个方面。

（一）总体各单位标志变异程度，即总体方差 σ^2 或 $P(1-P)$ 的大小

在其他条件相同的情况下，有较大的总体方差，样本的容量应该大一些，反

之则应该小一些。例如：在正态总体均值的估计中，抽样平均误差为 $\sigma/\sqrt{n}$。它反映了样本均值相对于总体均值的离散程度。所以，当总体方差较大时，样本的容量也相应要大，这样才会使较 $\sigma/\sqrt{n}$ 小，以保证估计的精确度。

（二）允许误差的大小，即 Δ 的大小

允许误差指允许的抽样误差。一般有样本均值与总体均值之间的允许误差和样本成数和总体成数之间的允许误差 Δ_p。允许误差说明了估计的精度，所以，在其他条件不变的情况下，如果要求估计的精度高，允许误差就小，那么样本容量就要大一些；如果要求的精确度不高，允许误差可以大些，则样本容量可以小一些。

（三）概率度的大小（即 t 的大小）

在其他条件不变的情况下，如果要求较高的可靠度，概率度 t 就大，则要增大样本容量；反之，可以相应减少样本容量。

（四）抽样方法不同

在相同的条件下，重复抽样的抽样平均误差比不重复抽样的抽样平均误差大，所需要的样本容量也就不同。重复抽样需要更大的样本容量，而不重复抽样的样本容量则可小一些。

（五）抽样方式不同

不同的抽样组织方式有不同的抽样平均误差。采用分层抽样、等距抽样的样本容量要小于简单随机抽样的样本容量。

二、必要样本容量的确定

（一）总体平均数估计时的样本容量确定

1. 重复抽样条件下

在平均数的区间估计里，置信区间是由 $\bar{x} \pm t\mu_{\bar{x}}$ 确定的，而允许误差 $\Delta_{\bar{x}}$ 的计算公式可以表示为 $\Delta_{\bar{x}} = t\mu_{\bar{x}} = t\sqrt{\dfrac{\sigma^2}{n}}$，则经过变形整理可得到样本容量的计算公式为

$$n = \frac{t^2 \sigma^2}{\Delta_{\bar{x}}^2} \qquad (8-32)$$

2. 不重复抽样的条件下

在平均数的区间估计里，置信区间是由 $\bar{x} \pm t\mu_{\bar{x}}$ 确定的，在不重复抽样条件下，抽样允许误差 $\Delta_{\bar{x}}$ 的计算公式可以表示为 $\Delta_{\bar{x}} = t\mu_{\bar{x}} = \sqrt{\dfrac{\sigma^2}{n}\left(1 - \dfrac{n}{N}\right)}$，则经过变形整理后得到重复抽样条件下的样本容量公式为

$$n = \dfrac{Nt^2\sigma^2}{N\Delta_{\bar{x}}^2 + t^2\sigma^2} \quad (8-33)$$

[**例 8 – 7**] 某厂要检验本季度生产的 1 000 袋某产品的重量，根据以往的资料，这种产品每袋重量的标准差为 25 克。如果要求在 95.45% 的置信度下，平均每袋重量的误差不超过 5 克，应抽查多少袋产品？

解：由题意可知 $N = 1\,000$ 袋，$\sigma = 25$ 克，$\Delta_{\bar{x}} = 10$ 克，根据置信度 $1 - \alpha = 95.45\%$，有 $t = 2$。

在重复抽样的条件下

$$n = \dfrac{t^2\sigma^2}{\Delta_{\bar{x}}^2} = \dfrac{2^2 \times 25^2}{5^2} = 100(\text{袋})$$

在不重复抽样的条件下

$$n = \dfrac{Nt^2p(1-p)}{N\Delta_p^2 + t^2p(1-p)} = \dfrac{1\,000 \times 2^2 \times 25^2}{1\,000 \times 2^2 + 5^2 + 25^2} = 91(\text{袋})$$

由计算结果可知：在其他条件相同的情况下，重复抽样所需要的样本容量大于不重复抽样所需要的样本容量。

在计算样本容量时，必须知道总体的方差，而在实际抽样调查前，总体的方差是往往未知的。在实际操作时，可以用过去资料，若过去曾有若干个方差，应该选择最大的，以保证抽样估计的精确度；也可以进行一次小规模的调查，用调查所得的样本方差来替代总体的方差。

（二）总体成数估计时样本容量的确定

1. 重复抽样时

因为允许误差 $\Delta_p = t\mu_{\bar{x}} = t\sqrt{\dfrac{p(1-p)}{n}}$，经过变形整理，则有

$$n = \dfrac{t^2p(1-p)}{\Delta_p^2} \quad (8-34)$$

2. 不重复抽样时

因为允许误差 $\Delta_p = t\mu_{\bar{x}} = t\sqrt{\dfrac{p(1-p)}{n}\left(1 - \dfrac{n}{N}\right)}$，经过变形整理，则有

$$n = \frac{Nt^2p(1-p)}{N\Delta^2 + t^2p(1-p)} \qquad (8-35)$$

在估计成数时，计算样本容量需要总体的成数，但是总体的成数通常是未知的，在实际的抽样调查时，可先进行小规模的试调查求得样本的成数来代替；也可用历史的资料，如果有若干成数可供选择，则应选择使方差最大的那个成数；如果都没有则应选择成数 $P=0.5$，使样本成数的方差最大，以保证估计的精确度。

[例 8-8] 某企业对生产的 10 000 个产品的合格率进行抽样调查，根据以往经验合格率为 90%，如果要求估计的允许误差不超过 0.027 5，置信水平为 95.345%。求应该抽取多少个产品？

解：根据资料，我们应该选择 $p=90\%$ 计算样本容量，置信水平为 0.954 5，有 $t=2$，$\Delta_p = 0.027\ 5$

重复抽样条件下的样本容量：

$$n = \frac{t^2 p(1-p)}{\Delta_p} = \frac{2^2 \times 0.9 \times (1-0.9)}{0.027\ 5} = 476.03 \approx 477(件)$$

不重复抽样条件下的样本容量：

$$n = \frac{Nt^2p(1-p)}{N\Delta_p^2 + t^2p(1-p)} = \frac{1\ 000 \times 2^2 \times 0.9 \times (1-0.9)}{1000 \times 0.027\ 5^2 + 2^2 \times 0.9 \times (1-0.9)}$$

$$= 454.40 \approx 455(件)$$

从计算的结果可以看出，重复抽样应该抽 477 件检验，而不重复抽样应该抽 455 件。可见，在相同条件下，重复抽样需要的样本容量更大。

第四节　全及指标的推断

抽样调查的最终目的就是用抽样指标去推断全及指标。具体来说，就是用抽样平均指标来推算全及平均指标，用抽样成数来推算全及成数，并在此基础上利用全及总体单位数去推算全及总体的总量指标。

一、全及平均指标和全及成数的推断

1. 点估计法

点估计法是不考虑抽样误差，直接以抽样平均指标或抽样成数代表全及平均指标和全及成数。即

$$\left.\begin{array}{c}\bar{X} = \bar{x} \\ P = p\end{array}\right\} \qquad (8-36)$$

2. 区间估计法

区间估计法是以一定可靠程度为保证的抽样误差最大可能范围和样本指标来

估计总体平均数、总体成数的最大可能范围。即

$$\left.\begin{array}{l}\bar{X} = \bar{x} \pm \Delta_{\bar{x}} \\ P = p \pm \Delta_p\end{array}\right\} \qquad (8-37)$$

[**例 8 – 9**] 某地区有水稻 300 亩，抽样调查知某地区水稻的亩产量为第亩 600 千克，其抽样平均误差为 20 千克，如以 90% 的概率保证，则推算其全部 300 亩水稻的平均产量为

点估计：$\bar{X} = \bar{x} = 600$（千克）

这时该地区全部 300 亩水稻的平均产量就是 600 千克。

区间估计：$F(t)$ 90%，则 $t = 1.65$；$\bar{X} = 600 \pm \mu_{\bar{x}} = 600 \pm 1.65 \times 20$（千克）

这时，某地区 300 亩水稻的平均产量以 90% 的概率保证在 [567, 633] 千克的范围内。

二、全及总体总量指标推断

全及总体总量指标的推断是指利用推断的总体平均数 $\bar{X}$ 或总体成数 P 和总体单位数来推算估计全及总体总量指标的问题。对全及总体总量指标推算的方法有直接推算法和修正系数法。

1. 直接推算法

它是用样本指标值（样本平均数和样本成数）或总体指标（总体平均数或总体成数）的区间估计值乘以全及总体单位数来推算出全及总体总量指标的方法。直接推算法也分为点估计和区间估计两种。

（1）点估计法。不考虑抽样误差和推断的可靠程度，直接用样本平均数或成数乘以全及总体单位数来推算全及总量指标。在实际工作中，如果抽取的样本单位数较多，抽样推断的目的只是对总体总量指标作一般性的了解，可直接应用"点估计"进行推算而不计算其推断的误差范围及概率保证程度。

$$\begin{cases} W_1 = N\bar{X} = N_{\bar{x}} \\ W_2 = NP = N_p \end{cases} \qquad (8-38)$$

[**例 8 – 10**] 某地区种小麦 3 000 亩，抽取 10% 进行抽样调查，测得平均亩产量为 600 千克，用点估计法推算该地区的水稻总产量。

解：用点估计法可求得该地区水稻总产量为

$$W_1 = N\bar{X} = N_{\bar{x}} = 300 \times 600 = 1\,800\,000(千克)$$

（2）区间估计法。考虑了抽样误差和推算的可靠程度，利用总体指标（总体平均数或总体成数）的区间估计值乘以全及总体单位数来推断全及总量指标所在范围。

$$\begin{cases} W_1 = N\bar{X} = (N_{\bar{x}} \pm \Delta_{\bar{x}}) \\ W_2 = NP = N(p \pm \Delta_p) \end{cases} \qquad (8-39)$$

[**例 8-11**] 在例 8-10 中,若极限误差为 20 千克,以 90% 的概率保证,推断该地区的水稻总产量的范围。

该地区的水稻总产量的范围内:

$$W_1 = N\bar{X} = (N_{\bar{x}} \pm \Delta_{\bar{x}}) = 3\,000 \times (600 \pm 20)$$

即

$$3\,000 \times (600 - 20) \leq W_1 \leq 3\,000 \times (600 + 20)$$
$$1\,740\,000 \leq W_1 \leq 1\,860\,000$$

即在 90% 的概率保证下,该地区水稻总产量在 174 000 ~ 1 860 000 千克范围。

2. 修正系数法

它是用样本指标去修正全面统计资料。全面调查由于涉及的面广,工作量大,产生登记误差的可能性总是存在的。修正系数法就是在全面调查后,再从全及总体中抽取一部分单位进行抽样调查,将抽样调查与全面调查资料对比求出差错比率,即修正系数,然后用差错比率修正全面调查结果。

修正全面调查资料的步骤:

(1) 修正系数法的差错比率公式

$$差错比率 = \frac{抽样调查登记数 - 抽样总体全面调查登记数}{抽样总体全面调查登记数} \quad (8-40)$$

(2) 用差错比率修正全面调查结果

$$修正后全面调查数 = 全面调查数 \times (1 + 差错比率) \quad (8-41)$$

[**例 8-12**] 根据全面调查资料,已知某地区的人口总数为 10 803 563 人。为核实这一数据,随机抽取部分单位进行调查,抽样结果为 59 002 人,而这部分单位全面调查的结果为 58 348 人,用修正系数法对该地区全面调查人口总数进行修正。

$$差错比率 = \frac{59\,002 - 58\,348}{58\,348} \times 100\% = 1.1\%$$

根据这个差错比率可以修正该地区的人口总数的全面调查结果,即:修正后全面调查人口总数 = 10 803 562 × (1 + 1.1%) = 10 922 401 (人)

这种方法应用很广,在日常统计工作中都可以用这种方法去核实和修正统计资料。

案例 1 普通居民对新产品的接受程度的调查

为了了解普通居民对某种新产品的接受程度,在一个城市中抽选 1 000 户居民开展市场调查,在每户居民中,选择 1 名家庭成员作为受访者。

一、总体抽样设计

由于一个城市中居民的户数可能多达数百万，除了一些大型的市场研究机构和国家统计部门之外，大多数企业都不具有这样庞大的居民户名单。这种情况决定了抽样设计只能采取多阶段抽选的方式。根据调查要求，抽样分为两个阶段进行，第一阶段是从全市的居委会名单中抽选出 50 个样本居委会，第二阶段是从每个被选中的居委会中，抽选出 20 户居民。

二、对居委会的抽选

从统计或民政部门，我们可以获得一个城市的居委会名单。将居委会编上序号后，用计算机产生随机数的方法，可以简单地抽选出所需要的 50 个居委会。如果在居委会名单中还包括了居委会户数等资料，则在抽选时可以采用不等概率抽选的方法。如果能够使一个居委会被抽中的概率与居委会的户数规模成正比，这种方法就是所谓 PPS（Probability Proportional to Size）抽样方法。PPS 抽样是一种"自加权"的抽样方法，它保证了在不同规模的居委会均抽选 20 户样本的情况下，每户样本的代表性是相同的，从而最终的结果可以直接进行平均计算。当然，如果资料不充分，无法进行 PPS 抽样，那么利用事后加权的方法，也可以对调查结果进行有效推断。

三、在居委会中的抽样

在选定了居委会之后，对居民户的抽选将使用居委会地图来进行操作。此时，需要派出一些抽样员，到各居委会绘制居民户的分布图，抽样员需要了解居委会的实际位置、实际覆盖范围，并计算每一幢楼中实际的居住户数。然后，抽样员根据样本量的要求，采用等距或者其他方法，抽选出其中的若干户，作为最终访问的样本。

四、确定受访者

访问员根据抽样员选定的样本户，进行入户访问。以谁为实际的被调查者，是抽样设计中最后一个问题。如果调查内容涉及的是受访户的家庭情况，则对受访者的选择可以根据成员在家庭生活中的地位确定。例如，可以选择使用计算机最多的人、收入最高的人、实际负责购买决策的人，等等。

如果调查内容涉及的是个人行为，则家庭中每一个成年人都可以作为被调查者，此时就需要进行第二轮抽样，因为如果任凭访问员人为确定受访者，最终受访者就可能会偏向某一类人，例如家庭中比较好接触的老人、妇女等。

在家庭中进行第二轮抽样的方法是由美国著名抽样调查专家 Leslie Kish 发明的，一般称为 KISH 表方法。访问员入户后，首先记录该户中所有符合调查条件的家庭成员的人数，并按年龄大小进行排序和编号。随后，访问员根据受访户的编号和家庭人口数的交叉点，在表中找到一个数，并以这个数所对应的家庭成员作为受访者。

上述案例是一个典型的两阶段入户调查的现场抽样设计，从设计的全过程可以看到，随机性原则分别在选择居委会、选择居民户和入户后选择受访者等环节中得到体现。在任何一个环节中，如果随机原则受到破坏，都有可能对调查结果造成无法估计的偏差。调查中的抽样设计是一个复杂的技术环节，非专业的研究人员对此问题需要给予特殊关注。

案例2　辛辛那提电气公司

辛辛那提电气公司是一个公用事业型公司。它为大辛辛那提地区的居民提供煤气和电力。为改进其服务质量，该公司不断努力满足顾客最新的需求。1991年，该公司进行了一次关于建筑物特征的抽样调查，以了解在其服务范围内的商业建筑物的能源需求量。

调查需要搜集诸如楼面面积、雇员数量、能源最终使用量、建筑物寿命、建筑材料类型及能源节约标准等有关商业建筑物的大量资料。在准备调查期间，该公司的分析家们发现，在该公司服务的范围内，有大约 27 000 个商业建筑物，根据调查可使用的经费和精度的要求，他们建议选择 16 个商业建筑物作为一个调查样本。

用分层简单随机抽样方法选择样本，从公司的记录可以得到，在其服务范围内过去一年每个商业建筑物的总用电量。由于许多建筑物要研究的特征（如规模、雇员数量等）都与用电量有关，因此选择用电量这一标准将建筑物总体划分为 6 层。

第一层包含 100 个商业建筑物。它们都是用电量大户，将这些建筑物中的每一个都包含在样本中。尽管它们的数量仅占总数的 0.2%，但是它们的用电量却占总用电量的 14.4%，对于其他层，建筑物的数量是根据单位成果获得最大精度的基本条件来决定的。

仔细设计调查表，并且在正式调查之前做试验性调查，采用个人采访法搜集资料。最后，搜集到 616 个商业建筑物中的 526 个建筑物的资料，85.4% 的答复率是很不错的。目前，辛辛那提电气公司正在用调查得到的结果，进行能源需求的预测和改进对商业顾客的服务。

有关抽样调查的设计与实施等问题，就像辛辛那提电气公司进行调查所要考虑的问题一样，这些都是统计学家要考虑的问题。抽样调查常常用来树立公司的形象，政府和其他机构也常常利用抽样调查来了解总体各个部分的情况。

习 题

一、单项选择题

1. 随机抽样的基本要求是严格遵守（　　）。
① 准确性原则　　② 随机原则　　③ 代表性原则　　④ 可靠性原则

2. 抽样调查的主要目的是（　　）。
① 广泛运用数学的方法　　　　② 计算和控制抽样误差
③ 修正普查的资料　　　　　　④ 用样本指标来推算总体指标

3. 抽样总体单位亦可称（　　）。
① 样本　　　② 单位样本数　　③ 样本单位　　④ 总体单位

4. 反映样本指标与总体指标之间抽样误差可能范围的指标是（　　）。
① 样本平均误差　② 抽样极限误差　③ 可靠程度　　④ 概率程度

5. 在实际工作中，不重复抽样的抽样平均误差的计算，采用重复抽样的公式的场合是（　　）。
① 抽样单位数占总体单位数的比重很小时
② 抽样单位数占总体单位数的比重很大时
③ 抽样单位数目很少时
④ 抽样单位数目很多时

6. 在其他条件不变的情况下，抽样单位数目和抽样误差的关系是（　　）。
① 抽样单位数越大，抽样误差越大
② 抽样单位数越大，抽样误差越小
③ 抽样单位数的变化与抽样误差的数值无关
④ 抽样误差变化程度是抽样单位数变动程度的 $\frac{1}{2}$

7. 用简单随机抽样（重复抽样）方法抽取样本单位，如果要使抽样平均误差降低 50%，则样本容量需扩大到原来的（　　）。
① 2 倍　　　　② 3 倍　　　　③ 4 倍　　　　④ 5 倍

8. 事先将全及总体各单位按某一标志排列，然后依固定顺序和间隔来抽选调查单位的抽样组织形式，被称为（　　）。
① 分层抽样　　② 简单随机抽样　　③ 整群抽样　　④ 等距抽样

9. 全及总体按其各单位标志性质不同，可以分为（   ）。
① 有限总体和无限总体   ② 全及总体和抽样总体
③ 可列无限总体和不可列无限总体   ④ 变量总体和属性总体

10. 抽样指标是（   ）。
① 确定性变量   ② 随机变量   ③ 连续变量   ④ 离散变量

11. 用考虑顺序的重置抽样方法，从 4 个单位中抽选 2 个单位组成一个样本，则样本可能数目为（   ）。
① $4^2 = 16$ ② $\frac{5!}{2!\ 3!} = 10$ ③ $\frac{4!}{2!} = 12$ ④ $\frac{4!}{2!\ 2!} = 6$

12. 无偏性是用抽样指标估计总体指标应满足的要求之一，无偏性是指（   ）。
① 样本平均数等于总体平均数   ② 样本成数等于总体成数
③ 抽样指标等于总体指标   ④ 抽样指标的平均数等于总体指标

13. 抽样平均误差就是抽样平均数（或抽样成数）的（   ）。
① 平均数   ② 平均差   ③ 标准差   ④ 标准差系数

14. 在同样条件下，不重置抽样的抽样平均误差与重置抽样的抽样平均误差相比，有（   ）。
① 前者小于后者   ② 前者大于后者   ③ 两者相等   ④ 无法判断

15. 抽样调查中（   ）。
① 既有登记性误差，也有代表性误差
② 只有登记性误差，没有代表性误差
③ 没有登记性误差，只有代表性误差
④ 既没有登记误差，也没有代表性误差

16. 在抽样设计中，最好的方案是（   ）。
① 抽样误差最小的方案   ② 调查单位最少的方案
③ 调查费用最省的方案   ④ 在一定误差要求下费用最少的方案

17. 随着样本单位数的无限增大，样本指标和未知的总体指标之差的绝对值小于任意小的正整数的可能性趋于必然性，称为抽样估计的（   ）。
① 无偏性   ② 一致性   ③ 有效性   ④ 充足性

18. 能够事先加以计算和控制的误差是（   ）。
① 抽样误差   ② 登记误差   ③ 标准差   ④ 标准差系数

19. 在一定抽样平均误差的条件下，要提高推断的可靠程度，必须（   ）。
① 扩大误差   ② 缩小误差   ③ 扩大极限误差   ④ 缩小极限误差

20. 根据抽样调查的资料，某企业生产定额平均完成百分比为 165%，抽样平均误差为 1%，概率为 0.954 5 时，可据以确定生产定额年均完成百分比为（   ）。
① 不大于 167%   ② 不大于 167% 和不小于 163%

③ 不小于 167%   ④ 不大于 163% 和不小于 167%

21. 对 400 名大学生抽取 19% 进行不重复抽样调查，优等生比重为 20%，概率为 0.954 5，优等生比重的极限抽样误差为（　　）。

① 4.0%　　　② 4.13%　　　③ 9.18%　　　④ 8.26%

22. 事先确定总体范围，并对总体的每个单位编号，然后根据《随机数码表》或抽签的方式来抽取调查单位数的抽样组织形式，被称为（　　）。

① 简单随机抽样　② 机械抽样　　③ 分层抽样　　④ 整群抽样

23. 先将全及总体各单位按主要标志分组，再从各组中随机抽取一定单位组成样本，这种抽样调查组织方式被称为（　　）。

① 简单随机抽样　② 机械抽样　　③ 分层抽样　　④ 整群抽样

24. 按地理区域划片所进行的区域抽样，其抽样方法属于（　　）。

① 简单随机抽样　② 等距抽样　　③ 类型抽样　　④ 整群抽样

25. 整群抽样采用的抽样方法（　　）。

① 只能是重置抽样　　　　　　② 只能是不重置抽样
③ 主要是重置抽样　　　　　　④ 主要是不重置抽样

26. 抽样平均误差反映了样本指标与总体指标之间的（　　）。

① 实际误差　　　　　　　　　② 实际误差的绝对值
③ 平均误差程度　　　　　　　④ 可能误差范围

27. 抽样平均误差与抽样极限误差比较，一般来说（　　）。

① 大于抽样极限误差　　　　　② 小于抽样极限误差
③ 等于抽样极限误差　　　　　④ 可能大于、可能小于、可能等于

28. 所谓小样本一般是指样本单位数（　　）。

① 30 个以下　　② 30 个以上　　③ 100 个以下　　④ 100 个以上

29. 点估计具体推断方法是（　　）。

① $\bar{x} = \bar{X}$, $p = P$, $s^2 = \sigma^2$　　　② $\bar{x} = \bar{X}$, $p = P$, $s^2 \neq \sigma^2$
③ $\bar{x} + \Delta = \bar{X}$, $p + \Delta = P$, $s^2 + \Delta = \sigma^2$　　　④ $\bar{x} \pm \Delta = \bar{X}$, $p \pm \Delta = P$, $s^2 \pm \Delta = \sigma^2$

30. 在区间估计中，有三个基本要素，它们是（　　）。

① 概率度、抽样平均误差、抽样数目
② 概率度、点估计值、误差范围
③ 点估计值、抽样平均误差、概率度
④ 误差范围、抽样平均误差、总体单位数

31. 对某单位职工的文化程度进行抽样调查，得知其中 80% 的人是高中毕业，抽样平均误差为 2%。当概率为 95.45% 时，该单位职工中具有高中文化程度的比重是（　　）。

① 等于 78%　　　　　　　　　② 大于 84%
③ 76% ~ 84%　　　　　　　　④ 小于 76%

二、多项选择题

1. 抽样法是一种（   ）。
① 搜集统计资料的方法
② 对现象的总体进行科学估计和推断的方法
③ 随机性的非全面调查的方法
④ 快速、准确的调查方法
⑤ 抽选少数典型单位所进行的调查方法

2. 抽样推断中的抽样误差（   ）。
① 是不可避免要产生的
② 是可以通过改进调查方法来消除的
③ 是可以事先计算出来的
④ 只能在调查结束后才能计算
⑤ 其大小是可以控制的

3. 影响抽样误差的因素有（   ）。
① 是有限总体还是无限总体
② 是重复抽样还是不重复抽样
③ 总体被研究标志的变异程度
④ 抽样单位数目的多少
⑤ 抽样组织方式不同

4. 抽样法的基本特点是（   ）。
① 根据部分实际资料对全部总体的数量特征做出估计
② 深入研究某些复杂的专门问题
③ 按随机原则从全部总体中抽选样本单位
④ 调查单位少，调查范围小，了解总体基本情况
⑤ 抽样推断的抽样误差可以事先计算并加以控制

5. 用抽样指标估计总体指标应满足的要求是（   ）。
① 一致性   ② 准确性   ③ 客观性
④ 无偏差   ⑤ 有效性

6. 抽样平均误差（   ）。
① 是抽样平均数（或抽样成数）的平均数
② 是抽样平均数（或抽样成数）的平均差
③ 是抽样平均数（或抽样成数）的标准差
④ 是反映抽样平均数（或抽样成数）与总体平均数（或总体成数）的平均误差程度
⑤ 是计算抽样极限误差的衡量尺度

7. 要增大抽样推断的概率保证程度，可以（   ）。
① 缩小概率度   ② 增大抽样误差范围   ③ 缩小抽样误差范围
④ 增加抽样数目   ⑤ 增大概率度

8. 抽样方案的检查包括（   ）。
① 准确性检查   ② 及时性检查   ③ 全面性检查

④ 代表性检查　　⑤ 预测性检查

9. 在其他条件不变的情况下，抽样极限误差的大小和概率的保证程度的关系是（　　）。

① 允许误差范围越小，概率保证程度越大

② 允许误差范围越小，概率保证程度越小

③ 允许误差范围越大，概率保证程度越大

④ 成正比关系

⑤ 成反比关系

10. 在一定误差范围的要求下（　　）。

① 概率度大，要求可靠性低，抽样数目相应要多

② 概率度大，要求可靠性高，抽样数目相应要多

③ 概率度小，要求可靠性低，抽样数目相应要少

④ 概率度小，要求可靠性高，抽样数目相应要少

⑤ 概率度小，要求可靠性低，抽样数目相应要多

三、简答题

1. 什么是随机原则？在抽样调查中为什么要坚持随机原则？

2. 什么是抽样估计？它有什么特点？

3. 什么是抽样误差？影响抽样误差的因素有哪些？

4. 假定抽样单位数增加 4 倍、1.5 倍时，随机重复抽样平均误差是如何变化的？当抽样单位数减少 50% 或减少 30% 时重复抽样的平均误差又如何变化？

四、计算题

1. 进行随机抽样为使误差减少 50%、10% 和 5%，抽样单位数应如何改变？

2. 某工厂 4 500 名职工中，随机抽选 20%，调查每月看电影次数，所得分配数列如下：

看电影次数	0~2	2~4	4~6	6~8	8~10
职工人数（对总数的百分数%）	8	22	40	25	5

试以 95.45% 的可靠性：（1）估计平均每月看电影次数；（2）确定每月看电影在 4 次以上的比重，其误差不超过 3%。

3. 某地区采用纯随机抽样的方法，对职工文化程度进行调查，抽查 100 名职工，每个职工文化程度的分配数列如下表：

文化程度/年	组中值	人数
3~5	4	15
6~8	7	55
9~11	10	24
12~15	13.5	6
合计	—	100

试求：(1) 抽样平均误差；(2) 在概率度 $t=2$ 的条件下的平均文化程度的变化范围。

4. 已知某企业职工的收入情况如下：

不同收入类型	职工人数/人	抽样人数（5%）	年平均收入/元	各类职工收入的标准差/元
较高的	200	10	13 200	480
一般的	1 600	80	8 040	300
较低的	1 200	60	6 000	450
合计	3 000	150		

根据上表资料计算：

(1) 抽样年平均收入；

(2) 年平均收入的抽样平均误差；

(3) 概率为 0.95 时，职工平均收入的可能范围。

5. 某日化工厂用机械大量连续包装洗衣粉，要求每袋按一千克包装，为保证质量，生产过程中每隔 8 小时检验一小时产品，共检验 20 次，算出平均重量为 1.005 千克，抽样总体各群方差平均数 0.002 千克。

计算：(1) 抽样平均误差；(2) 要求概率 99.73%，使产品的质量不低于 (1 ± 0.03) 千克为标准，问上述检验的产品能否合格。

6. 在 500 个抽样产品中，有 95% 一级品。试测定抽样平均误差，并用 0.954 5 的概率估计全部产品一级品率的范围。

7. 某乡 1995 年播种小麦 2 000 亩，随机抽样调查其中 100 亩，测得亩产量为 225 千克，标准差为 25 千克。现要求用 100 亩的情况推断 2 000 亩的情况，试计算。

(1) 抽样平均亩产量的抽样平均误差；

(2) 概率为 0.997 3 的条件下，平均亩产量的可能范围；

(3) 概率为 0.997 3 的条件下，2 000 亩小麦总产量的可能范围。

8. 某电子元件厂日产 10 000 只，经多次一般测试一等品率为 92%，现拟采用随机抽样方式进行抽检，如要求误差范围在 2% 之内，可靠程度为 95.45%，试求需要抽取多少只电子元件？

第 9 章
相关分析与回归分析

【教学目的和要求】

了解相关关系的概念、种类及其与回归关系的联系与区别；掌握积差相关系数和等级相关系数的测定及其显著性检验；熟悉一元线性回归模型的建立与检验；了解几种常见的非线性回归模型。

【重点和难点】

相关关系的概念；几种常见的非线性回归模型。

第一节 相 关 关 系

一、函数关系与相关关系

世界是普遍联系的，孤立的现象或事物是不存在的。事物或现象之间相互联系、相互制约，构成错综复杂的客观世界，构成世界的运动和发展。这种现象之间的关系存在着两种不同的类型：函数关系与相关关系。

（一）函数关系

函数关系反映着现象之间存在着严密的依存关系，在这种关系中，对于某一变量的一个数值，都有另一变量的确定值与之对应，如 $S = \pi r^2$，表示圆的面积 S 与半径 r 是函数关系，r 值发生变化，则有确定的 S 值与之对应。在客观世界广泛存在着函数关系。

（二）相关关系

相关关系是指现象之间确实存在的、但关系值不确定的相互依存关系，即对于某一变量的每一个数值，另一变量的值虽然不确定，但它仍按某种规律在一定的范围内变化。如：身高 1.80 米的人可以表现为许多不同的体重；施肥量与粮食亩产量之间，一定的施肥量，其亩产量数值也可能各不相同。之所以发生这种情况，是因为体重、亩产量受很多因素的影响。但是，很明显施肥量与亩产量之间、身高与体重之间的关系是非常密切的。在各种经济活动和生产过程中，许多经济的、技术的因素之间都存在着这种相关关系。分析这种关系的内在联系和表现形式是统计研究的一项重要任务。

二、相关关系的特点

（一）现象之间表现为数量的相互依存关系

相关关系表现为数量上的相互依存关系，即一个现象在数量发生变化，另一个现象也会相应地发生数量上的变化。例如，企业劳动生产率的提高，利润就会增多；银行存款利率提高，存款就会增多等现象。因为企业劳动生产率和利润、银行存款利率与存款之间存在着相关关系，当一个现象发生数量上的变化，另一个现象也会随之发生变化。

（二）现象之间数量上的关系是非确定性的

存在相关关系的两个变量之间，当一个变量取某个值时，另一个变量可能有多个数值与之对应。例如，对于同一个存款利率下有多种存款额与之对应。这是因为任一现象的产生是由于多个原因引起的，就可能产生多种现象。这样变量之间的因果关系就表现为这种非确定性的依存关系。

三、相关关系的种类

（一）按影响因素的多少分为单相关与复相关

1. 单相关

单相关是指两个变量间的相关关系，如自变量 x 和因变量 y 的关系。例如，身高与体重、降雨量与亩产量，等等。

2. 复相关

复相关是指多个自变量与因变量之间的相关关系。例如，销售量、销售价格、采购成本、销售费用与销售利润的相关关系。在社会各种现象之中，许多现象都是相互依存、彼此关联的，它们都是复相关。

（二）按相关关系的表现形态分为直线相关和曲线相关

1. 直线相关

直线相关又成为线性相关，是指两个变量的对应取值在坐标图中大致呈一条直线。

2. 曲线相关

曲线相关又称为非线性相关，是指两个变量的对应取值在坐标图中大致呈一条曲线，如抛物线、指数曲线、双曲线等。

（三）按变量之间相关关系的方向分为正相关与负相关

1. 正相关

两个变量的变化方向一致称正相关，或者说它们的相关系数大于零，即，一个变量变大时，另一个变量值也随之变大；反之，当一个变量值变小时，另一个变量值也随之变小。

2. 负相关

两个变量的变化方向相反称负相关，或者说它们的相关系数小于零，即，一个变量变大时，另一个变量值也随之变小；反之，当一个变量值变小时，另一个变量值也随之变大。

（四）按相关的程度分为完全相关、不完全相关和不相关

1. 完全相关

完全相关是指两个变量之间有确定的函数关系，当一个变量发生变化，则另一个变量发生明显的变化。

2. 不完全相关

不完全相关是指两个变量之间有一定的关系，当一个变量变化时，另一变量也会因此发生变化，但不存在严格的函数关系。

3. 不相关

不相关是指两个变量之间各自独立，当一个变量变化，另一个变量不变化，或呈不规则变化，或者两者之间没有依存关系。

（五）按相关性质分为"真实相关"和"虚假相关"

1. "真实相关"

"真实相关"是指两种现象之间的相关确实具有内在的联系。例如，需求与价格和收入的相关、消费与收入的相关等都可以说是"真实相关"。

2. "虚假相关"

"虚假相关"是指两种现象之间的相关只是表面存在，实质上并没有内在的联系。例如，有人通过观察认为GDP与癌症患者人数存在相当高的正相关，这种相关就是一种比较典型的虚假相关。GDP与癌症患者的关系缺乏实质性科学依据，之所以呈现正相关是由于它们都与另一个因素即人口总量有着内在的相关关系。

四、相关关系与其他关系的联系与区别

(一) 相关关系和函数关系的联系与区别

函数关系是指两个变量之间存在着相互依存关系，但是它们的关系值是固定的，而具有相关关系的变量之间的关系值是不固定的。相关关系与函数关系也是有联系的，由于有观察或测量误差等原因，函数关系在实质中往往通过相关关系表现出来。

(二) 相关关系与变量之间的联系与区别

相关关系是变量之间关系值不确定的相互依存关系，但在一定条件下，变量之间又可能存在着某种确定的函数关系，要找出这种关系要应用统计中的回归分析与相关分析的方法。

(三) 相关关系与因果关系的联系与区别

从相关关系的内容来讲，有许多是由于因果关系而产生的，如施肥量和亩产量、劳动生产率和成本等；但它也包括互为因果的关系，如身高和体重、生产量和销售量。同时它还包括非直接的因果关系，如哥哥高，妹妹也高，这产生于同一原因，即父母亲的身材比较高。所以相关关系比因果关系的概念要广泛。但是这种关系必须是客观存在的真实关系。

(四) 相关分析与回归分析的联系与区别

相关分析是确定特定变量之间是否存在相关关系，并根据观察资料建立比较合适的回归方程，从而分析变量之间相互关系的密切程度。回归分析是根据一个或几个变量的数值，预测或控制另一个变量的数值，并且了解这种预测或控制的精确度。因此，相关分析是回归分析的基础，回归分析是把变量的相关关系转变为函数关系，并建立变量关系的数学表达式，用数学模型来研究变量之间的这种数量变动关系。

第二节 相 关 分 析

一、相关分析的概念与特点

(一) 相关分析的概念

相关分析是研究两个或两个以上变量之间相关关系及其密切程度的分析和检

验。判断相关关系及密切程度，一般可以进行定量与定性分析，编制相关图表，计算相关系数等指标，反映相关方向和密切程度。其目的在于对现象之间的依存关系和依存程度及所表现出的规律性作出推断和认识，以便进行预测和决策。

（二）相关分析的特点

相关分析具有以下特点：
（1）变量之间是对等关系。
（2）两个变量之间只能计算出一个相关系数，相关系数的绝对值在 0～1，其值大小反映两变量间相关的密切程度。
（3）相关系数有正、负之分。

二、相关分析的步骤

（一）进行定性判断

现象之间有无相关关系，是相关分析的出发点，这是第一步。定性判断就是根据经济理论、专业知识和实践经验判断变量间是否相关。只有判断出变量与变量间确实有相互依存关系，进而才能进行定量分析。不能不加分析地将两个或两个以上的时间数列资料凑合在一起进行定量分析，这样很容易得出虚假相关的结论。

（二）绘制相关表和相关图

编制相关表，绘制相关图，可以直观地判断现象之间大致上呈现何种关系的形式，进而易于选择何种拟合模型。

（三）计算相关系数

相关表和相关图只能大体上反映变量之间的相关关系，而不能表明相关的密切程度。相关系数正是表明变量之间相关密切程度的一种测度，记为 r。

三、相关表和相关图

相关表与相关图是研究相关关系的直观工具。一般在进行详细的定量分析之前，可以先用它们对现象之间存在的相关关系的方向、形式和密切程度做大致的判断。进行相关分析必须具备若干个自变量与因变量对应的实际（观察）资料，作为相关分析的原始数据，一般来讲，资料越多越全面，越有利于分析和研究。

(一) 简单相关表和相关图

进行相关分析，先要将原始统计资料进行整理。根据总体单位的原始资料，将其中一个变量的数值按一定的顺序排列，同时列出与之对应的其他变量的变量值，这样形成的表格称为简单相关表。例如，某企业 2009 年商品销售额与广告费支出的关系见表 9-1。

表 9-1　某企业 2009 年商品销售额与广告费支出的相关表

月　份	广告费支出/万元	商品销售额/百万元
1	4	7
2	7	12
3	9	17
4	12	20
5	14	23
6	17	26
7	20	29
8	22	32
9	25	35
10	27	40
11	29	46
12	31	50

从上述相关表可以看出，随着广告费支出的增加，其商品销售额有增加的趋势。

相关图也称散点图，是根据原始数据，在直角坐标中绘制出两个变量相对应的观察值的所有点，从这些点的分布情况观察、分析两个变量间的关系，这个图称为相关图。该图表明相关点分布状况，如将表 9-1 中的资料画在同一坐标系中，以横坐标代表广告费支出，纵坐标代表商品销售额，各点的分布状况如图 9-1 所示，即散点图（相关图）。

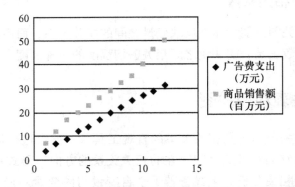

图 9-1　某企业 2009 年商品销售额与广告费支出的相关图

从图 9-1 中的点的分布情况可以看出，广告费支出越大，商品销售额越高，点的分布接近一直条线，该直线是从左下角至右上角，即变量之间呈正相关，另外，从图中还可以看出，各点是比较密集的，说明这两个变量之间的相关关系是比较密切的。

（二）分组相关表和相关图

当相关资料包括的对应数值很多时，直接根据两变量各原始数值编制相关表、绘制相关图进而计算各相关指标，工作量很大，且相关表会很长，也不方便，相关图也不好绘制，在这种情况下，可编制分组相关表或绘制分组相关图。

分组相关表就是将原始资料进行分组而编制的相关表。根据分组的情况不同，分组相关表有两种：一是单变量分组表，一是双变量分组表。

1. 单变量分组表

单变量分组表是将自变量分组并计算次数，而对应的因变量不分组。也就是说在具有相关关系的两个变量中，只对自变量进行分组的相关表，见表9-2。根据资料的具体情况，对自变量分组，可以是单项式分组，也可以是组距式分组。如表9-2就是组距式单变量分组表。

表9-2　某班同学《统计学原理》期终考试成绩表

按成绩分组/分	人数/人	所占比例/%
60分以下	4	8
60~70	7	14
70~80	24	48
80~90	12	24
90分以上	3	6
合计	50	100

2. 双变量分组表

双变量分组表就是对自变量和因变量都进行分组而编制的相关表，见表9-3。这种表形似棋盘，故又称棋盘式相关表。

表9-3　化肥施用量与稻谷单位产量分组相关表

按单产量分组/(千克·公顷$^{-1}$①)	按化肥施用量分组/(千克·公顷$^{-1}$)					田块合计
	300	450	600	750	900	
3 000以下				1	2	3
3 000~4 500			1	2	1	4
4 500~6 000		1	2			3
6 000~7 500		2	1			3
7 500~9 000	2	1				3
田块合计	2	4	4	3	3	16

① 1公顷=100平方米。

四、相关系数的测定及其显著性检验

通过编制相关表和绘制相关图，对现象之间的关系还只是做了初步的了解，它们之间关系的密切程度如何，还需计算相关系数。相关系数是说明两个变量之间有无直线相关关系及相关关系密切程度的统计指标。相关系数计算方法有多种，如积差、等级相关系数，另外还可根据回归方程方差分析来测定相关系数，这里主要介绍积差相关系数和等级相关系数两种相关系数。

（一）积差相关系数

1. 积差相关系数（又称积矩相关系数）

这是 20 世纪初英国统计学家皮尔逊（K. Pearson）提出的一种计算两个变量线性相关的系数，通常用 r 或 r_{xy} 表示，它实际上是考察两个变量 y 与 x 组成的二维随机向量 (x, y) 的样本相关系数。若对 (x, y) 作了 n 次观测，得到 n 对数据 $(x_1, y_1), \cdots, (x_n, y_n)$。

其计算公式为

$$r = \frac{\sum(x-\bar{x})(y-\bar{y})}{\sqrt{\sum(x-\bar{x})^2 \cdot \sum(y-\bar{y})^2}} \qquad (9-1)$$

$$r = \frac{n\sum xy - (\sum x)(\sum y)}{\sqrt{n\sum x^2 - (\sum x)^2} \cdot \sqrt{n\sum y^2 - (\sum y)^2}} \qquad (9-2)$$

从公式中可以看出相关系数有如下性质：

（1）r 取正值或负值决定于分子，当分子为正值，得出 r 为正，变量 x 与 y 是正相关；当分子为负值，得出为负，变量 x 与 y 是负相关。

（2）r 是一个相对数，不受主量单位影响，无论 x 与 y 的计算单位如何，x 与 y 相关的相关系数只有一个。其数值在 +1 ~ -1，即 $-1 \leq r \leq 1$。

（3）当 $0 < |r| < 1$ 时，表示 x 与 y 存在着一定的线性相关。$|r|$ 的数值越接近于 1，表示 x 与 y 直线相关程度越高；反之，$|r|$ 数值越接近于 0，表示 x 与 y 直线相关程度越低。

为判断时有个标准，有人提出了相关关系密切程度的等级，下面介绍一种四级划分法：

$\|r\| < 0.3$	弱相关
$0.3 \leq \|r\| < 0.5$	低度相关
$0.5 \leq \|r\| < 0.8$	显著相关
$0.8 \leq \|r\| < 1$	高度相关

按以上标准来判断,计算相关系数的原始资料要比较多,这样判断的关系程度是可以相信的,否则相信的程度会降低,即判断相关关系的起点值要高。

(4) 当 $|r|=1$ 时,x 与 y 变量完全线性相关,x 与 y 之间存在着确定的函数关系。

(5) 当 $r=0$ 时,表明 y 的变化与 x 无关,即 x 与 y 完全没有线性相关,但并不表明其间不存在其他类型的关系,可能还有其他非线性相关关系。

2. 积差相关系数的显著性检验

设 ρ 表示 x 与 y 的总体相关系数,当 $\rho=0$ 时,称 x 与 y 不相关,利用样本相关系数 r 可以检验 $H_0:\rho=0$。

当 (x,y) 为二元正态变量时,可以证明:

$$t = \frac{r\sqrt{n-2}}{\sqrt{1-r^2}} \qquad (9-3)$$

利用该检验 H_0 的拒绝域为 $C\{t:|t|>t_0\}$,这里 t_0 为自由度 $(n-2)$ 分布的分位数 $t_{\alpha/2}$。若 $|t| \geqslant t_0$,表明 r 是显著性的;若 $|t| \leqslant t_0$,表明 r 不是显著性的。

[例 9-1] 现以表 9-4 中的数据,用简捷的公式计算相关系数,并判别其相关程度。

表 9-4　2003—2009 年某地区国内生产总值与商品零售总额相关系数计算表

年份	国内生产总值 x/亿元	商品零售总额 y/亿元	xy	x^2	y^2
2003	39	780	1 521	400	
2004	45	22	990	2 025	484
2005	52	26	1 352	2 704	676
2006	63	34	2 142	3 969	1 156
2007	70	36	2 520	4 900	1 296
2008	80	39	3 120	6 400	1 521
2009	85	40	3 400	7 225	1 600
Σ	434	217	14 304	28 744	7 133

解:由公式 9-2 得

$$r = \frac{n\sum xy - (\sum x)(\sum y)}{\sqrt{n\sum x^2 - (\sum x)^2} \cdot \sqrt{n\sum y^2 - (\sum y)^2}}$$

$$= \frac{7 \times 14\,304 - 434 \times 217}{\sqrt{7 \times 28\,744 - 434^2}\sqrt{7 \times 7\,133 - 217^2}}$$

$$= 0.985$$

显著性检验:假定 H_0 为真时,$H_0:\rho=0$

计算出 $t = \dfrac{r\sqrt{n-2}}{\sqrt{1-r^2}} = \dfrac{0.985 \times \sqrt{7-2}}{\sqrt{1-0.985^2}} = 12.76$

因为 $|t| = 12.76 \geq t_0 = 2.5706$（假定 $\alpha = 5\%$）

由此可判断该地区商品零售总额与国内生产的总值呈显著性有关。

(二) 等级相关系数

1. 等级相关系数的计算

相关系数是测定变量之间相关程度的最常用指标，但它主要是测定数值之间的相关程度。但在实际中，有些现象是难以用数字确切计量的，如才智高低、艺术水平等，要测定这些变量的相关程度，就需要计算等级相关系数。常用的等级相关系数称为斯皮尔曼等级相关。

设 (x_i, y_i) $(i = 1, 2, 3, \cdots, n)$ 是 (x, y) 的 n 组观测值，将全部观测值 $x_1, x_2, x_3, \cdots, x_n$ 按递增顺序排成一列，x_i 在排列中的顺序号为 s_i $(i = 1, 2, 3, \cdots, n)$，S_i 称作 x_i 的等级。当若干个观测值相等时，则以各观测值顺序号的平均值作为这些观测值的等级。若以 s_i 和 t_i 分别表示 x_i 和 y_i 的等级，则其对应关系见表 9-5。

表 9-5 和的等级对应关系

编号	1	2	…	n
x_i 的等级 s_i	s_1	s_2	…	s_n
y_i 的等级 t_i	t_1	t_2	…	t_n
$d_i = s_i - t_i$	d_1	d_2	…	d_n

斯皮尔曼等级相关系数的计算公式为

$$r_p = \frac{\sum (s - \bar{s})(t - \bar{t})}{\sqrt{\sum (s - \bar{s})^2} \sqrt{\sum (t - \bar{t})^2}} \quad (9-4)$$

式中，$\bar{s}$，$\bar{t}$ 分别为 x_i，y_i 等级的算术平均数。

若没有重复观测值时，斯皮尔曼等级相关系数的公式可变为

$$r_p = \frac{6 \sum d_i^2}{n(n^2 - 1)} \quad (9-5)$$

式中，r_p 为等级相关系数（等级相关系数 r_p 相关数 r 的作用或者说意义相同）；n 为样本容量；d_i 为两个变量的等级差数，即 $d_i = s_i - t_i$。

2. 等级相关系数的显著性检验

(1) 若 $n > 30$，可对 $H_0: L = 0$，作 t 检验。

(2) 若 $4 \leq n \leq 30$ 可查相关系数临界值表，对给定的显著水平 α，当 $|r_p| > r_\alpha$ 时，否定 H_0，认为 x 与 y 有显著的线性相关关系，当 $|r_p| > r_\alpha$ 时，不能拒绝 H_0，即认为 x 与 y 无显著的等级相关关系（查 r_α 的自由度 $df = n - 2$）。

[例9-2] 在某次唱歌比赛中，甲乙两名专家分别对参赛的 8 名歌手的表演进行评定，评定等级见表 9-6。

表 9-6　两名专家对 8 名参赛歌手的评定等级

歌手编号	1	2	3	4	5	6	7	8
专家甲评定等级	5	1	8	4	2	7	3	6
专家乙评定等级	4	2	7	6	3	8	1	5

解：根据上述资料，斯皮尔曼等级相关系数为

$$r_p = 1 - \frac{6 \sum d^2}{n(n^2 - 1)} = 1 - \frac{6 \times 14}{8 \times (64 - 1)} = 0.84$$

计算结果表明甲乙两名专家对参赛的 8 名歌手的表演评定等级基本一致。

第三节　线性回归分析

一、回归分析的概念与特点

（一）回归分析的概念

相关系数是说明在直线相关条件下两个现象相关的方向和相关的紧密程度，这只是研究相关问题的一个方面，它不能指出两变量相互关系的基本形式，也无法进行数量上的推算。相关分析的另一方面，就是要研究变量之间数量变化的一般关系，通常把测定现象之间数量变化上的一般关系所使用的数学方法称为回归分析法，回归分析能够解决相关系数不能解决的问题。

相关关系是变量之间数量关系不严格、不固定的相互依存关系，要找出这种数量关系变化的一般关系值或者平均值，也就是找出这种关系数量变化的一般规则，其方法是配合相应的直线或曲线，这条直线称回归直线方程，曲线称为回归曲线。其中两个变量之间的回归称简单回归，三个变量之间的回归称复回归。由于简单回归分析中的简单一元线性回归是最基本、也是最常用的分析方法，故本节主要以简单一元线性回归为主介绍回归分析法。

（二）回归分析的特点

回归分析具有以下五个方面的特点。
（1）两变量中，一个是自变量，一个是因变量。
（2）回归方程不是抽象的数学模型，而是用自变量数值推算因变量数值的

根据，必须反映变量之间关系的一般变动情况。

（3）对于没有明显因果关系的两个变量，可以确定两个不能互相替代的回归方程，一是以 x 为自变量，以 y 为因变量的回归直线方程；另一个是以 x 为因变量，以 y 为自变量的回归直线方程，这两条回归直线方程斜率不同，意义不同。需要注意的是，一个回归方程只能做出一种推算，即只能根据自变量的取值推算因变量的可能值，不能反过来由因变量推算自变量，尽管在数学形式上这样计算是可能的，但在实际意义上却是不允许的。

（4）一元线性回归方程系数即斜率有正有负，正回归系数表明两变量之间是正相关，负回归系数表明两变量之间是负相关，至于回归系数数值的大小，视原数列使用的计算单位而定，这不能表明两个变量之间的变动程度。

（5）计算回归方程的资料要求是，因变量为随机的，而自变量是给定的数值，求出回归方程后，也是给定自变量值，代入方程中，推算出因变量的一般值或平均数值。

二、回归分析与相关分析的区别与联系

（一）回归分析与相关分析的区别

相关分析与回归分析的区别主要表现在以下三个方面。

（1）相关关系是用来度量变量与变量之间关系紧密程度的一种方法，在本质上只是对客观存在关系的测度；而回归分析是根据所拟合的回归方程研究自变量与因变量一般关系值的方法，可由已给定的自变量数值来推算因变量的数值，它具有推理的性质。

（2）在研究相关关系时，不需要确定哪个是自变量，哪个是因变量，但回归分析的首要问题就是要确定哪个是自变量，哪个是因变量。

（3）现象之间的相关关系的研究，只能计算一个相关系数；而回归分析时回归系数可能有两个，也就是两现象互为因果关系时，可以确定两个独立回归方程，从而就有两个不同的回归系数。

（二）回归分析与相关分析的联系

相关分析与回归分析虽有区别，但又有密切联系，其联系主要表现在：

1. 相关分析是回归分析的基础和前提

相关分析与回归分析两者是相辅相成的，由相关分析法测定的变量之间相关的密切程度，对是否有必要进行回归分析以及进行回归分析意义的大小起着决定的作用，相关程度大，进行回归分析的意义也大，相关程度小，进行回归分析的意义就小，甚至没有必要进行回归分析。

2. 回归分析是相关分析的继续和深入

仅仅说明现象之间具有密切的相关关系是不够的，只有进行了回归分析，拟合了回归方程，才可能进行有关分析的回归预测，相关分析才有实际意义；同时，相关系数还是检验回归系数的标准，由回归分析的结果也可以推算相关系数。

因此，如果仅有回归分析而缺少相关分析，将会因为缺乏必要的基础和前提而影响回归分析的可靠性；如果仅有相关分析而缺少回归分析，就会降低相关分析的意义。只有将两者结合起来，才能达到统计分析的目的。相关分析与回归分析是相互补充、密切联系的，相关分析需要回归分析来表明现象数量关系的基本形式，而回归分析则应建立在相关分析的基础上。

三、一元线性回归方程的建立和求解

两个变量的相关关系最简单的形式就是直线相关，其直线方程称为一元一次方程。即

$$y = a + bx \tag{9-6}$$

式中，y 为因变量；x 为自变量，a 与 b 是待定参数。a 为直线的截距，代表社会经济现象经过修匀的基础水平；b 为直线斜率，又称 y 对 x 的回归系数，表明每变动一个单位时，影响 y 平均变动的数量。参数 0、b 的确定方法有随手画法、最小平方法（又称最小二乘法），统计中使用最多的是最小平方法，用这种方法求出的回归直线方程是原资料最适合的方程，也就是这条直线是代表 x 与 y 之间关系最优的一条直线。

若用 (x, y) 表示几对观察值，y_c 为回归估计值，则拟合的回归直线方程的形式为

$$y_c = a + bx \tag{9-7}$$

用最小平方法求回归直线，就是要使观察值 y 与估计值 y_c 的离差平方和最小，即直线的误差平方和最小，也就是 Q 需要取最小值，来确定参数 a 和 b。即

$$Q = \sum -(y - y_c)^2 = \sum (y - a - bx)^2 = 最小值 \tag{9-8}$$

可以得到

$$\left. \begin{array}{l} a = \bar{y} - b\bar{x} \\ b = \dfrac{n\sum xy - \sum x \sum y}{n\sum x^2 = (\sum x)^2} \end{array} \right\} \tag{9-9}$$

解出参数 a，b，并代入回归直线方程，得到一个确定的回归直线方程。该回归直线方程的意义是，自变量每增加 1 个单位，因变量平均变动 b 个单位。

四、一元线性回归方程的特征

（1）回归直线是一条平均线。

（2）观察值与回归值之差的平方和最小，即 $\sum (y - y_c)^2$ 取最小值。

（3）观察值与回归值的离差之和为零，即 $\sum (y - y_c)^2 = 0$。

（4）回归直线 $y_c = a + bx$ 必定经过 x 与 y 的交点即点 (x, y)。

（5）回归直线的走向由 b 决定。

当 $b > 0$，直线走向是由左下角至右上角，两变量为线性正相关；

当 $b < 0$，直线走向是由左上角至右下角，两变量为线性负相关；

当 $b = 0$，直线平行于 x 轴，说明 x 与 y 之间无线性相关关系。

不难看出，一元线性回归方程中的回归系数与相关系数的符号是一致的，它们都能判断两变量线性相关的方向，但相关的密切程度则只能由相关系数值判断。同时，还可根据回归系数计算相关系数。

[例 9 - 3] 现以表 9 - 7 中的数据，用一元线性回归模型配合回归方程。

表 9 - 7　几个地区 2009 年农业增加值和财政收入统计表　　　　万元

农业增加值 x	国内生产总值 x /亿元	商品零售总额 y /亿元	Xy	X^2	y^2	$(y - y_c)^2$
20	8	160	400	64	7.716	0.807
22	9	198	484	81	8.872	0.164
25	10	250	625	100	10.606	0.367 2
27	12	324	729	144	11.762	0.056 6
29	12	348	841	144	12.918	0.842 7
30	14	420	900	196	13.496	0.254 0
32	15	480	1 024	225	14.652	0.121 1
185	80	2 180	5 003	954	80.022	1.738 7

解： 由公式（9 - 9）有：

$$b = \frac{n \sum xy - \sum x \sum y}{n \sum x^2 - (\sum x)^2} = \frac{7 \times 2\,180 - 185 \times 80}{7 \times 5\,003 - 185^2} = 0.578$$

$$a = \bar{y} - b\bar{x} = \frac{80}{7} - 0.578 \times \frac{185}{7} = -3.844$$

则有

$$y_c = -3.844 + 0.578x$$

五、估计标准差

在建立了回归方程后,就可以利用回归方程进行预测。要进行预测,就需首先测定回归估计值的可靠性,计算估计标准差(s)。估计标准差是用来说明回归方程代表性大小的统计分析指标,即观察值与估计值之间的标准差。根据回归直线方程,当给定某一特定值 x,就可以推算出 y 的数值 $y_c = a + bx$,但是 y_c 的数值并不就是特定 x 值所对应的实际值 y,因为 x 与 y 并不存在函数关系数。估计值 y_c 与对应的观察值 y 之间的离差称为估计误差,这种误差的大小反映回归估计的准确程度,也就是说明回归直线方程代表性的大小,为了说明估计误差,需要从离差的分析开始。

(一) 离差平方和的分解

在一元线性回归中,观察值 y 的取值大小是上下波动的,但这种波动总是围绕其均值而在一定范围内,统计上将 y 取值的这种波动现象称为离差,这种离差的产生是由两方面原因引起的:受自变量变动的影响;其他因素(随机因素)的影响。为了分析这两个方面的影响,需要对总的离差进行分解。

$$\sum (y - \bar{y})^2 = \sum (y - y_c)^2 + \sum (y_c - \bar{y})^2 \quad (9-10)$$

总平方和(总离差) = 剩余平方和(剩余离差) + 回归平方和(回归离差)

(二) 估计标准差的计算

回归标准差是观察值对估计值的平均离差,就一元线性回归来说,这个离差值越小,则所有观察点越靠近回归直线,即关系越密切;而当离差的值越大,则所有观察点离回归直线越远,即关系越不密切。可见这个指标是从另一侧面反映现象关系密切程度的。

剩余标准差是以一元回归直线为中心反映各观察值与估计值平均数之间离差程度的大小,从另一方面看,也就是反映着回归估计值代表性的可靠程度,通常剩余离差也称为估计标准误差。

估计标准误差的计算有两种方法:

$$s_{yx} = \sqrt{\frac{\sum (x - y_c)^2}{n - 2}} \quad (9-11)$$

[**例 9-4**] 由表 9-7 的数据,计算估计标准差:

$$s_{yx} = \sqrt{\frac{\sum (x - y_c)^2}{n - 2}} = \sqrt{\frac{1.7387}{7 - 2}} = 0.35$$

式中，s_{yx} 代表估计标准误差。即 x 为自变量，y 为因变量时的估计标准误差。

此种方法在计算时运算量比较大，也比较麻烦，需计算出所有的估计值。如果已经有了一元线性回归方程的参数值，可用下面方法计算：

$$s_{yx} = \sqrt{\frac{\sum y^2 - a\sum y - b\sum xy}{n-2}} \qquad (9-12)$$

（三）估计标准误差与相关系数的关系

估计标准误差与相关系数存在着密切的关系，二者的关系可由如下表达式描述：

$$r = \pm \sqrt{1 - \frac{s^2}{\sigma^2}} \qquad (9-13)$$

根号前面的正负号表明正相关或负相关，具体取舍由回归系数的符号来确定：$b>0$，则取正；$b<0$，则取负。

在给定相关系数的情况下，估计标准误差的计算公式为

$$s_{xy} = \sigma y \sqrt{1 - r^2} \qquad (9-14)$$

由式 9-14 可知：

（1）r 越小，s_{xy} 就越大，这表明现象间的相关关系越不密切，直线回归方程的精度越差。

（2）$r=0$ 时，s_{xy} 取得最大值，现象间不存在直线相关关系，直线回归方程与 y 轴重合，此时无论 x 怎样变化，y 始终保持平均水平。

（3）r 越大，s_{xy} 就越小，表明现象间完全相关，各相关点均落在回归直线上，此时，对 x 的任何变化，y 总有一个相应的确定值与之对应。

（四）相关系数与回归系数的关系

$$r = b\frac{\sigma_x}{\sigma_y} \qquad (9-15)$$

推导过程如下：

$$b = \frac{n\sum xy - \sum x \sum y}{n\sum x^2 - (\sum x)^2} = \frac{\sigma^2 xy}{\sigma^2 x}$$

$$r = \frac{n\sum xy - \sum x \sum y}{\sqrt{n\sum x^2 - (\sum x)^2}\sqrt{n\sum y^2 - (\sum y)^2}} = \frac{\sigma^2}{\sigma_x \sigma_y}$$

$$r = b \times \frac{\sigma_x}{\sigma_y}$$

六、一元线性回归方程的检验

(一) 拟合优度检验

从前面对离差的分析可知,总离差分为剩余离差和回归离差,其中回归离差反映了影响总离差的因素中已被判明或已被解释了的部分。当总离差的数值越小,而回归离差的数值越大,即表示总离差中已被判明或已解释了的因素(即自变量 x) 的影响越大,在图形上则表现为所有观测点离回归直线越近,这样也就表示自变量 x 对回归的影响越大,而且也表示 x 与 y 的关系越密切。如果所有观测点全在回归直线上,这样 $y=\bar{y}$,就有总离差=回归离差,而剩余离差=0。这时产生的总离差完全由 x 的变动所引起,也就是因变量的变动完全用自变量的变动解释,即 x 与 y 是完全相关的。但在一般情况下,对相关关系,除自变量影响外,还有其他未判明的因素起作用,观测点不是分布在回归直线上,而是分布在它的周围,并表现出上下波动的状况。在这种情况下,已判明因素的影响程度主要根据回归离差对总离差的比率大小而不同,若比率逐渐增加,则说明已判明因素即自变量 x 对因变量 y 的影响逐渐增加;反之,若比率逐渐减小,则说明已判明因素即自变量 x 对因变量 y 的影响也在逐渐降低。由此可知,通过比较回归离差对总离差的关系及比率的变动,可以反映已判明因素在总离差中所占比率的大小,即自变量对线性回归的影响程度,从而反映出回归直线方程的拟合优度。

所谓拟合优度,是指样本观测值聚集在样本回归线周围的紧密程度。判断回归模型拟合优度最常用的指标是可决系数 R^2(又称判定系数 R^2)。其计算公式为

$$R^2 = \frac{\sum (y_c - \bar{y})^2}{\sum (y - \bar{y})^2} \qquad (9-16)$$

R^2 的作用主要在于它已判明因素在总离差中所占的比率,即自变量对因变量的影响程度,这一影响程度的大小是衡量所配合的回归方程是否合适的重要尺度,因此,这一尺度被称为回归直线的拟合程度,其取值范围在 $[0,1]$。$R^2=1$,说明回归方程拟合得越好;$R^2=0$,说明回归方程拟合得越差。

判定系数 R^2 和相关系数既有联系又有各自独立的意义。判定系数 R^2 和相关系数 r 都可以测定两变量线性关系的密切程度,但是相关系数 r 可能是正值,也可能是负值,因此,既能反映正相关,又能反映负相关;而判定系数 R^2 总是正值,不能反映负相关。同时应看到,判定系数 R^2 反映的是已判明因素在总离差中所占的比率,即自变量对因变量的影响程度,是用于评价回归方程拟合优度的指标;而相关系数是用于评价两变量关系密切程度的指标。

(二) 回归系数的显著性检验

回归系数的显著性检验,就是检验每个自变量与因变量之间的线性关系是否显著。通过 t 检验法来进行。

(1) 提出假设。

H_0:$b=0$(没有线性关系)

(2) 计算检验的统计量。

$$t = \frac{b}{s_{yx}} \sim t(n-2) \qquad (9-17)$$

(3) 确定显著性水平 a(通常取 $a=0.05$),并进行决策,$|t| < t\frac{a}{2}$,拒绝 H_0;$|t| > t\frac{a}{2}$,接受 H_0。

(三) 回归方程的显著性检验

检验自变量和因变量之间的线性关系是否显著。具体方法是将回归离差平方和同剩余离差平方和加以比较,应用 F 检验来分析二者之间的差别是否显著,如果显著,两个变量之间存在线性关系;如果不显著,两个变量之间不存在线性关系。具体步骤如下:

(1) 提出假设。

H_0:线性关系不显著

(2) 计算检验统计量 F。

$$F = \frac{\sum(y_c - \bar{y})^2/k}{\sum(y - y_c)^2/(n-k-1)} \sim F_\alpha(k, n-k-1) \qquad (9-18)$$

(3) 确定显著性水平(通常取 $\alpha=0.05$),并根据分子自由度 $k=1$ 和分母自由度 $n-2$ 找出临界值 F_0 做出决策:若 $F \geq F_0(k, n-k-1)$,拒绝 H_0;若 $F < F_0(k, n-k-1)$,接受 H_0。模型的 F 检验未通过,说明模型没有什么实际意义。

第四节 非线性回归分析

一、非线性回归的概念

因变量和自变量之间的相关关系可以用线性方程来近似地反映。但是,在现实生活中,非线性关系是大量存在的。例如,工业总产值与职工人数的关系,就不是线性关系。非线性回归分析必须解决以下两个问题：第一，如何确定非线性回归函数的基本形式。与线性回归分析不同，非线性回归函数有多种多样的基本形式，需要根据问题的性质并结合实际的样本观测值做出恰当的选择；第二，如何估计函数中的参数。非线性回归分析最常用的方法仍然是最小二乘法。但需要根据函数的不同类型，做恰当的处理。

二、非线性回归函数形式的确定原则

（一）方程式要尽可能简单

一般来说，数学形式越简单，其可操作性就越强。过于复杂的函数形式在实际的经济定量分析中，并没有太大的价值。

（二）方程形式应与经济学的基本理论相一致

例如，幂函数能够较好地表现生产函数。

（三）方程有较高的拟合优度

只有这样，才能说明回归方程可以较好地反映现实经济的运行情况。

三、常见的几种非线性回归函数形式

（一）抛物线函数回归模型

抛物线函数回归模型的基本形式为

$$y = a + bx + cx^2 \qquad (9-19)$$

式中，a，b 和 c 为待定参数。

（二）双曲线函数回归模型

双曲线函数回归模型的基本形式为

$$y = a + b\frac{1}{x} \qquad (9-20)$$

式中，a 和 b 为待定参数。

（三）指数函数回归模型

指数函数回归模型的基本形式为

$$y = ab^x \qquad (9-21)$$

式中，a 和 b 为待定参数。

（四）对数函数回归模型

对数函数回归模型的基本形式为

$$y = a + b_{\lg x} \qquad (9-22)$$

式中，a 和 b 为待定参数。

（五）幂函数回归模型

幂函数回归模型的基本形式为

$$y = ax^b \qquad (9-23)$$

式中，a 和 b 为待定参数。

（六）多项式方程回归模型

多项式方程回归模型的基本形式为

$$y = b_o + b_1 x_2 + b_2 x^2 + b_3 x^3 + \cdots + b_k x^k \qquad (9-24)$$

式中，b_0，b_1，b_2，$\cdots$，b_k 和 k 为待定参数。

四、运用相关分析与回归分析时应注意的问题

（一）注意社会经济现象质的数量界限

社会经济现象之间存在的相互依存关系是有一定数量界限的。也就是说，有些现象之间的相关关系在一定的限度内是正相关，而超过某一界限，则可能是负相关；在一定限度内是线性相关，而在另一界限内，则可能是非线性相关。

因此，如果不加以区别，不注意现象之间的数量界限，就可能影响统计分析结论的可信度。

（二）注意社会经济现象的偶然性

社会现象之间是相互联系的，某一现象的发生原因，有可能是另一现象出现的结果。而且，有时某一事件的出现可能导致诸多事件的发生，产生一系列的连锁反应。因此，在统计分析时，要注意现象之间的复杂性，注意偶然性和个别因素的影响。

（三）注意数学模型的拟合精度

数学模型是现象间相关与回归关系的数量描述形式，模型拟合精度，直接影响统计分析结论的准确性。因此，在模型建立后，需要对其精确度进行检验。一般用估计标准误差来测定，估计标准误差小，说明模型的拟合精度高；反之，估

计标准误差大,说明模型的拟合精度低。

(四) 注意定性与定量分析相结合

定性分析与定量分析应该是统一的、相互补充的。定性分析是定量分析的基本前提,没有定性的定量是一种盲目的、毫无价值的定量;定量分析使定性分析更加科学、准确,它可以促使定性分析得出广泛而深入的结论。定性分析则是主要凭分析者的直觉、经验,凭分析对象过去和现在的延续状况及最新的信息资料,对分析对象的性质、特点、发展变化规律做出判断的一种方法。定量分析是依据统计数据,建立数学模型,并用数学模型计算出分析对象的各项指标及其数值的一种方法。事实上,现代定性分析方法同样要采用数学工具进行计算,而定量分析则必须建立在定性预测基础上,二者相辅相成,定性是定量的依据,定量是定性的具体化,二者结合起来灵活运用才能取得最佳效果。

案例 某城市人口数与牛肉消耗量的相关与回归分析

某城市近十几年来人口数与牛肉消耗量的资料见表9-8,根据资料可以判断人口数与牛肉消耗量两变量之间的关系及其关系密切程度,可以建立人口数与牛肉消耗量之间的数学模型,并可以预测未来随着人口数量的增加,牛肉消耗量的变化趋势。

表9-8 某城市近十几年来人口数与牛肉消耗量的资料统计表

年 份	2000	2001	2002	2003	2004	2005	2006	2007	2008	2009
人口数/万人	43.30	45.05	46.52	47.33	48.91	49.82	51.13	52.54	54.16	55.28
牛肉/万千克	3.70	5.21	6.35	7.35	10.35	11.17	13.03	14.88	15.68	17.91

习 题

一、单项选择题

1. 当价格不变时销售额与销售量之间存在着( )。
① 相关关系　② 因果关系　③ 函数关系　④ 比较关系

2. 当自变量按一定数量变化时,因变量也大致按照一个固定的量变化,这时两个变量之间存在着( )。
① 线性相关关系　② 曲线相关关系　③ 负相关关系　④ 正相关关系。

3. 当变量 x 值增加时,变量 y 值随之下降,那 x 和 y 两个变量之间存在着( )。
① 正相关关系　② 负相关关系　③ 曲线相关关系　④ 直线相关关系

4. 相关系数（　　）。
① 只适用于直线相关　　　② 只适用于曲线相关
③ 既适用于直线相关，也适用于曲线相关
④ 既不适用于直线相关，也不适用于曲线相关

5. 已知 $\sum(x-\bar{x})^2$ 是 $\sum(x-\bar{x})(y-\bar{y})$ 的 2.1 倍，而 $\sum(x-\bar{x})^2$ 是 $\sum(y-\bar{y})^2$ 的 3.2 倍，则相关系数 r 为（　　）。

① 不能计算　　② 0.6　　③ 0.85　　④ $\dfrac{2.1}{\sqrt{3.2}}$

6. 相关系数 r 的取值范围是（　　）。
① $0 \leqslant r \leqslant 1$　　② $-1 \leqslant r \leqslant 1$　　③ $-1 \leqslant r \leqslant 0$　　④ $0 < r$

7. 如果变量 x 和变量 y 之间的相关系数为 -0.85，这说明两变量之间是（　　）。
① 高度相关关系　② 完全相关关系　③ 低度相关关系　④ 完全不相关

8. 已知变量 x 与 y 之间的关系，如图所示，下面四个数字最可能是其相关系数的是（　　）。
① -1.01　　② -0.23
③ -0.91　　④ -0.32

9. 如果变量 x 和变量 y 之间的相关系数为 -0.81，而抽样单位数 $n=10$，给定显著性水平 $\alpha=0.05$，$t_{0.025}(8)=2.306$，这说明两变量之间的线性相关关系（　　）。
① 不显著　　　　　　　　　　② 显著
③ 无法判断　　　　　　　　　④ 没有线性相关关系，是曲线相关

10. 已知某工厂甲产品产量和生产成本有直接关系，在这条直线上，当产量为 500 时，其生产成本为 10 000 元，其中不随产量变化的成本为 2 000 元，则成本总额对产量的回归方程是（　　）。
① $y=2\,000+16x$　　　　　　② $y=2\,000+1.6x$
③ $y=16\,000+2x$　　　　　　④ $y=16+2\,000x$

11. 在简单回归直线 $y_c=a+bx$ 中，b 表示（　　）。
① 当 x 增加一个单位时，y 增加 a 的数量
② 当 y 增加一个单位时，x 增加 b 的数量
③ 当 x 增加一个单位时，y 增加 b 的数量
④ 当 y 增加一个单位时，x 的平均增加值

12. 已知某简单线性回归方程的 $SSE=16.94$，$n=20$，则估计标准误差 $s_{xy}=$（　　）。
① 1.92　　② 2.93　　③ 0.99　　④ 0.97

13. 产品的产量 x（千件）与单位产品成本 y（元）之间的回归方程为 $y = 110 - 6.57x$，这意味着产量每提高一个单位（千件），成本就（　　）。

① 提高 110 元　　② 降低 110 元　　③ 降低 6.57 元　　④ 提高 6.57 元

14. 已知 x 与 y 的相关系数 $r = 0.87$，$\sigma_y = 41.40$，则 x 与 y 的线性回归模型的估计标准误差 $S_{xy} = $（　　）。

① 27.3　　　　② 20.41　　　　③ 25.6　　　　④ 32.1

15. 三元线性回归方程 $\hat{y} = a + b_1x_1 + b_2x_2 + b_3x_3$ 中，b_3 说明（　　）。

① x_3 和 $\hat{y}$ 之间的相关程度

② x_3 和 $\hat{y}$ 之间的相关系数

③ x_3 每变化一个单位，$\hat{y}$ 平均变化多少单位

④ x_1，x_2 都不变时，x_3 每变化一个单位，$\hat{y}$ 平均变化多少单位

二、多项选择题

1. 下列现象属于函数关系的是（　　）。

① 圆的半径和圆的周长　　　　② 家庭收入和消费支出

③ 产量和总成本　　　　　　　④ 价格不变时，销售量和销售额

⑤ 身高和体重

2. 按照相关性的密切程度，相关关系可以分为（　　）。

① 正相关　　② 完全相关　　③ 负相关

④ 不完全相关　　⑤ 无相关

3. 相关系数的计算公式有（　　）。

① $\dfrac{\sum (x - \bar{x}) \cdot (y - \bar{y})}{\sqrt{\sum (x - \bar{x})^2} \cdot \sqrt{\sum (y - \bar{y})^2}}$

② $\dfrac{n\sum xy - \sum x \sum y}{\sqrt{n\sum x^2 - (\sum x)^2}\sqrt{n\sum y^2 - (\sum y)^2}}$

③ $\dfrac{\sum xy - n\bar{x} \cdot \bar{y}}{\sqrt{\sum x^2 - n\bar{x}^2}\sqrt{\sum y^2 - n\bar{y}^2}}$

④ $\dfrac{\sum (x - \bar{x})(y - \bar{y})f_{xy}}{\sqrt{\sum (x - \bar{x})^2 f_x (y - \bar{y})^2 f_y}}$

⑤ $\dfrac{\sigma_{xy}^2}{\sigma_x \sigma_y}$

4. 简单线性相关分析的特点是（　　）。

① 两个变量是对等关系　　　　② 只能算出一个相关系数

③ 相关系数有正负号　　　　　④ 相关的两个变量必须都是随机的

⑤ 相关系数的大小反映两个变量之间相关的密切程度

5. 据统计资料证实，银行利率与股票价格指数有依存关系，即随着银行利率的上升，股票指数有下降的趋势，但这种变动不是均等的。可见这种关系是（　　）。
① 函数关系　　　② 相关关系　　　③ 正相关　　　④ 负相关
⑤ 曲线相关

6. 建立回归模型的目的是（　　）。
① 描述变量之间的变动关系　　　② 用因变量推算自变量
③ 用自变量推算因变量　　　　　④ 自变量和因变量互相推算
⑤ 确定两个变量之间的函数关系

7. 简单线性相关分析与简单线性回归分析的区别在于（　　）。
① 相关的两个变量都是随机的，而回归分析中自变量是给定的数值，因变量是随机的
② 回归分析中的两个变量都是随机的，而相关中的自变量是给定的数值，因变量是随机的
③ 相关系数有正负号，而回归系数只能取正值
④ 相关的两个变量是对等关系，而回归分析中的两个量不是对等关系
⑤ 相关分析中根据两个变量只能计算出一个相关系数，而回归分析中根据两个变量可以求出两个回归方程

8. 简单线性回归分析中，下面哪几点正确反映了相关系数 r 和估计标准误差 s_{xy} 关系（　　）。
① r 越大，s_{xy} 越小
② 二者为同向变动关系
③ 其他条件不变，$r=0$ 时，s_{xy} 取最大值
④ $r=-1$，$s_{xy}=0$
⑤ s_{xy} 与 r 是反比例关系

9. 下列那些统计量可以用来衡量回归模型的拟合优度（　　）。
① t – 统计量　　　② F – 统计量　　　③ 估计标准误差
④ 回归变差　　　　⑤ 判定系数

10. 估计标准误差是反映（　　）。
① 回归方程代表性的指标　　　　② 自变量离散程度的指标
③ 因变量数列离散程度的指标　　④ 因变量估计值可靠程度的指标
⑤ 自变量可靠程度的大小

三、简答题

1. 相关关系与函数关系的区别和联系是什么？
2. 相关关系按形式与程度不同分为哪几类？

3. 相关分析的主要内容有哪些？

4. 在直线回归方程 $y_c = a + bx$ 中，参数 a 和 b 的几何意义和经济意义是什么？简单线性回归中，相关系数和估计标准误差有什么关系？

四、计算题

1. 为了调查某商品广告投入对销售收入的影响，某企业记录了五个月的销售收入 y（万元）和广告费用 x（万元），如下：

月　份	1	2	3	4	5	6	7
x	12	23	16	32	43	34	56
y	100	110	90	160	230	150	300

（1）绘制散点图，编制相关表；
（2）判断 x 与 y 之间的相关关系的类型；
（3）计算 x 与 y 的相关系数。

2. 由第 1 题的数据，要求：
（1）对相关系数进行显著性检验（$\alpha = 0.05$）；
（2）建立直线回归方程。

3. 已知：$n = 15$，$\sum x = 40$，$\sum y = 520$，$\sum x^2 = 120$，$\sum y^2 = 26\,780$，$\sum xy = 1\,710$。要求：

（1）计算相关系数；
（2）建立直线回归方程；
（3）计算估计标准误差。

4. 对某地区 1999—2005 年的居民月均收入和商品销售额的资料统计如下：

年　份	1999	2000	2001	2002	2003	2004	2005
月均收入/千元	1.31	1.38	1.49	1.6	1.74	1.78	1.82
商品销售额/万元	2 600	3 060	3 390	4 030	4 210	4 320	4 620

（1）月均收入为自变量，商品销售额为因变量，建立直线回归方程；
（2）根据 2010 年的月均收入 2.01 千元，推算 2010 年的该地区商品销售额。

5. 由第 3 题的数据，计算：
（1）该回归模型的判定系数和估计标准误差；
（2）对该回归模型进行显著性检验（$\alpha = 0.05$）。

6. 已知以下数据：

x	82	93	105	130	144	160	170	180
y	75	78	79	105	120	132	167	190

要求：

（1）计算 x 与 y 的相关系数；

（2）选择适当的回归模型，并对该模型的拟合优度作出评价。

7. 设已求得 y 对 x 的回归方程为 $\hat{y} = 64 - 1.4x$，并知 $\bar{y} = 45$，$\sigma_x = 7.2$，$\sigma_y = 10.5$，

试计算：

（1）$\bar{x}$；（2）r；（3）s_{yx}。

8. 某化妆品公司在 10 个城市销售一种化妆品，有关销量、成年女性人口及人均可支配收入的资料如下表：

城市编号	销售量/万盒	成年女性人口/万人	人均月可支配收入/万元
1	16	27	0.25
2	12	18	0.33
3	22	37	0.38
4	13	20	0.28
5	7	8	0.23
6	17	26	0.38
7	8	10	0.3
8	19	33	0.25
9	12	19	0.21
10	6	5	0.26
合计	132	203	2.87

要求：用 Excel 作如下分析：

（1）以销售量为因变量 y，以成年女性人口数 x_1 和人均月可支配收入 x_2 为自变量构造二元线性回归模型；

（2）计算估计标准误差和判定系数；

（3）对建立的回归模型。

参 考 文 献

[1] 曹刚，李文新. 统计学原理 [M]. 上海：上海财经大学出版社，2007.
[2] 栗方忠. 统计学原理 [M]. 大连：东北财经大学出版社，2009.
[3] 张彦，吴淑凤. 社会调查研究方法. [M]. 上海：上海财经大学出版社，2007.
[4] 风笑天. 社会调查中的问卷的设计. [M]. 天津：天津人民出版社，2002.
[5] 王良健.《娄底市娄星区仙女寨景区控制性详细规划》基础研究专题之二 [R]，2007.
[6] 曹刚，李文新. 统计学原理 [M]. 上海：上海财经大学出版社，2007.
[7] 凌明雁. 柳秀春. 统计学 [M]. 北京：高等教育出版社，2005，（8）.
[8] 刑西治. 统计学院里学习指导与习题解析 [M]. 南京：南京大学出版社，2006.
[9] 杨金秀，胡旺联. 统计学原理 [M]. 长沙：中南大学出版社，2006.
[10] 陈仁恩. 统计学基础 [M]. 厦门：厦门大学出版社，2004.
[11] 金勇进. 统计学教程 [M]. 北京：中国人民大学出版社，2004.
[12] 王吉利等. 统计学教学案例 [M]. 北京：中国统计出版社，2004.
[13] 简明等. 市场调查方法和技术 [M]. 北京：中国人民大学出版社，2004.
[14] 朱建中等. 统计应用软件——EXCEL 和 SAS [M]. 上海：上海财经大学出版社，2004.
[15] 徐国祥. 统计学 [M]. 上海：上海财经大学出版社，2004.
[16] 袁卫，庞皓，曾五一，贾俊平. 统计学 [M]. 北京：高等教育出版社，2005.
[17] 韩兆洲，王斌会. 统计学原理学习指导及 Excel 数据统计分析 [M]. 广州：暨南大学出版社，2002.
[18] 贾俊平，等. 统计学（第三版）[M]. 北京：中国人民大学出版社，2006.
[19] 肖红叶. 国际经济统计分析 [M]. 北京：中国统计出版社，2004.
[20] 谢家发，徐春辉，姜丽娟. 统计分析方法：应用及案例 [M]. 北京：中国统计出版社，2004.
[21] 徐国祥. 统计指数理论及应用 [M]. 北京：中国统计出版社，2004.